新时代中华优秀传统文化
融入高校思想政治理论课研究

魏圆圆 著

东南大学出版社

SOUTHEAST UNIVERSITY PRESS

·南京·

内 容 简 介

　　新时代中华优秀传统文化融入高校思想政治理论课是高质量建设立德树人关键课程、疏通铸魂育人主渠道的重要方式和方法。本书对中华优秀传统文化融入高校思想政治理论课的内涵、依据、价值、现状、目标、原则、方法、实践路径和条件保障等方面进行了探讨,对于找到中华优秀传统文化融入高校思想政治理论课的契入点、培养担当民族复兴大任的时代新人具有重要的现实意义。

　　本书既可供高等学校马克思主义学院、人文学院相关专业的学生尤其研究生阅读,也可供从事思想政治教育、中华优秀传统文化研究的学者参考。

图书在版编目(CIP)数据

新时代中华优秀传统文化融入高校思想政治理论课研究 / 魏圆圆著. —南京:东南大学出版社,2023.11
　　ISBN　978-7-5766-0983-7

　　Ⅰ.①新…　Ⅱ.①魏…　Ⅲ.①中华文化-关系-高等学校-思想政治教育-研究-中国　Ⅳ.①K203②G641

　　中国国家版本馆 CIP 数据核字(2023)第 223550 号

责任编辑:吉雄飞　　**责任校对**:子雪莲　　**封面设计**:顾晓阳　　**责任印制**:周荣虎

新时代中华优秀传统文化融入高校思想政治理论课研究
Xinshidai Zhonghua Youxiu Chuantong Wenhua Rongru Gaoxiao Sixiang Zhengzhi Lilunke Yanjiu

著　　者	魏圆圆
出版发行	东南大学出版社
社　　址	南京市四牌楼 2 号(邮编:210096)
出 版 人	白云飞
经　　销	全国各地新华书店
印　　刷	广东虎彩云印刷有限公司
开　　本	700 mm×1000 mm　1/16
印　　张	14
字　　数	274 千字
版　　次	2023 年 11 月第 1 版
印　　次	2023 年 11 月第 1 次印刷
书　　号	ISBN　978-7-5766-0983-7
定　　价	58.00 元

本社图书若有印装质量问题,请直接与营销部联系,电话:025-83791830。

序 言
— Preface —

　　中华优秀传统文化是中华民族经过长期实践形成并传承至今的精神瑰宝,蕴含着丰富的哲理、德育理念和经验。如今,中华优秀传统文化的内涵不断丰富,实现了创造性转化和创新性发展,彰显了中华优秀传统文化的先进性和强大生命力。党的二十大报告指出:"我们必须坚定历史自信、文化自信,坚持古为今用、推陈出新,把马克思主义思想精髓同中华优秀传统文化精华贯通起来、同人民群众日用而不觉的共同价值观念融通起来,不断赋予科学理论鲜明的中国特色。"

　　新时代中华优秀传统文化融入高校思想政治理论课,是高质量建设立德树人关键课程、疏通铸魂育人主渠道的重要方式和方法。当今世界正经历百年未有之大变局,全面建设社会主义现代化强国、实现中华民族伟大复兴正处于关键时期,不同思想文化的交流与碰撞、价值理念的冲突与融合显得愈加剧烈。因此,找到中华优秀传统文化融入高校思想政治理论课的契合点,对培养担当民族复兴大任的时代新人具有重要意义。而如何挖掘好、融入好、运用好中华优秀传统文化中丰富的思想政治教育资源,将中华优秀传统文化有效融入高校思想政治理论课,则是当前亟待解决的一个重要问题。解决了这一问题,既可以充分体现出中华优秀传统文化的时代价值,又能够提升高校思想政治理论课的实践意义。

　　新时代中华优秀传统文化融入高校思想政治理论课,首先要明确标准。本书认为有五个方面的标准:一要符合社会发展要求,能够适应时代发展;二要能够经得住实践检验;三要能够促进民族团结和振兴;四要能够凝聚民族精神和增强文化自信;五要促进世界文明发展。本书还从理论内涵、价值内涵、时代内涵三个方面进一步明确了融入的内容,厘清了基本概念和内涵,确保融入自然、贴切、有效。

　　新时代中华优秀传统文化融入高校思想政治理论课,有着丰富的理论依据和现实依据。首先是理论依据。马克思、恩格斯、列宁等马克思主义经典作家的相关论述为我们提供了看待中华优秀传统文化的科学态度和方法论,毛泽东思想、中国特色社会主义理论体系特别是习近平新时代中国特色社会主义思想等马克思主义中国化的理论成果中都凝聚着对中华优秀传统文化的正确认识,这些都是新时代中华优秀传统文化融入高校思想政治理论课的指导思想和根本遵循。其次是现实依据。党的十一届三中全会至今各阶段国家出台的相关政策和一些高校的中华优秀传统文化教育实践都获得了良好的效果,这些为本书探讨新时代中华优秀传统文化融入高校思想政治理论课的问题提供了现实依据。

本书分析了新时代中华优秀传统文化融入高校思想政治理论课的价值意蕴,包括理论价值和现实价值,解决了为何要融入、怎样融入和融入情况如何等问题。本书对高校思想政治理论课教师和大学生群体采用了问卷调查的方式,通过对调查结果进行实证分析发现,不论是教师还是学生,对新时代中华优秀传统文化融入高校思想政治理论课都持肯定态度,但同时也认为目前融入效果并不理想,融入的广度和深度都有待提升。可见,确有很多问题需要进一步研究和探索。

为了解决新时代中华优秀传统文化融入高校思想政治理论课存在的问题,本书首先明确了融入的目标、原则和方法。所谓"纲举目张",只有顶层设计科学,新时代中华优秀传统文化融入高校思想政治理论课的路径构建才能更有效。为了解决"怎样融入"的问题,需要明确具体的实践路径,一是选择融入教育的内容;二是融入教育话语体系的构建;三是融入教育的环境建设;四是融入教育有效载体的创新。上述四个方面的路径建设,将有助于融入教育的顺利推进。其次,要使新时代中华优秀传统文化融入高校思想政治理论课的效果能够持续,离不开必要的保障机制。本书认为,一要提升高校思想政治理论课教师队伍的整体素质;二要制定大学生积极主动性的激发机制;三要建立健全相关制度的保障机制;四要完善新时代中华优秀传统文化融入高校思想政治理论课的评价机制。

本书聚焦新时代中华优秀传统文化融入高校思想政治理论课的相关理论和实践问题,坚持理论联系实际,按照提出问题(凝练研究主题)、分析问题(梳理理论与实践依据,分析价值意蕴、实践效果等)、解决问题(明确目标任务、原则方法,探索实践路径和保障机制)的研究路径展开,具有一定的学术价值和应用价值。就学术价值而言,本书对相关理论进行了梳理,为新时代中华优秀传统文化融入高校思想政治理论课找到了理论遵循;就应用价值而言,本书在成书过程中、在作者与同行进行交流和研讨时都得到了肯定。因此,本书的研究对新时代高校思想政治理论课改革创新具有一定的借鉴和启发意义。

钮菊生

2023 年 8 月

目 录
Contents

第一章 导 论

第一节 研究缘起

2019年3月18日,习近平总书记在学校思想政治理论课教师座谈会上强调"思政课是落实立德树人根本任务的关键课程"[①],而中华优秀传统文化对于建设好思想政治理论课至关重要,因为博大精深的中华优秀传统文化为思想政治理论课的建设提供了不竭的精神动力和丰富的资源。高校思想政治理论课在教学上有三个重要任务:一是要对大学生进行系统的马克思主义理论教育,这就要讲清楚马克思主义和马克思主义中国化;二是要讲清楚马克思主义中国化,就要讲清楚马克思主义和中国传统优秀文化的结合,只有讲清楚马克思主义与中华优秀传统文化的结合,才能讲清楚马克思主义为什么能在中国大地开花结果,马克思主义为什么能中国化,马克思主义为什么能指导我们的革命、改革和建设取得胜利;三是要守住社会主义意识形态的重要阵地,加强大学生理想信念教育、价值观教育,这就要从开始引导大学生扣好人生的第一粒扣子,让中华优秀传统文化成为中华民族的精神之源,成为涵养社会主义核心价值观的思想源泉。马克思主义、中华优秀传统文化及其结合是思想政治理论课的根,也是立德树人的根。

2023年6月2日,习近平总书记在北京出席文化传承发展座谈会并发表重要讲话。习近平总书记强调:在新的起点上继续推动文化繁荣、建设文化强国、建设中华民族现代文明,是我们在新时代新的文化使命;要坚定文化自信、担当使命、奋发有为,共同努力创造属于我们这个时代的新文化,建设中华民族现代文明。[②] 中华优秀传统文化在新时代得以复兴和发展,就在于它们经得住时代考验、有着深厚的社会基础。高校思想理论课教育就是要把这些经过时代考验、具有深厚社会基

---

① 习近平. 习近平主持召开学校思想政治理论课教师座谈会强调 用新时代中国特色社会主义思想铸魂育人 贯彻党的教育方针落实立德树人根本任务[N]. 人民日报,2019-03-19.
② 习近平. 担负起新的文化使命 努力建设中华民族现代文明[N]. 人民日报,2023-06-03.

础的中华优秀传统文化转化为大学生们的自觉认同,内化于心,外化于行。因此,把中华优秀传统文化融入高校思想政治课教学就成为高质量建设好立德树人关键课程、疏通铸魂育人主渠道的重要方式和方法。当今世界正经历百年未有之大变局,全面建设社会主义现代化强国、实现中华民族伟大复兴正处于关键时期,不同思想文化的交流与碰撞、价值理念的冲突与融合显得愈加剧烈。因此,找到中华优秀传统文化融入高校思想政治理论课的契入点,对培养担当民族复兴大任的时代新人具有重要意义。

如何挖掘好、结合好、运用好中华优秀传统文化中丰富的思想政治教育资源,将中华优秀传统文化有效融入高校思想政治理论课是当前亟待解决的一个重要问题。解决了这一问题,既可以充分发挥中华优秀传统文化的时代价值,又能够提高高校思想政治理论课的实效性。而对于为什么要研究中华优秀传统文化融入高校思想政治理论课,主要有以下几个方面的原因。

一、新时代发展的必然要求

中国共产党自成立之日起,就自觉肩负起传承发展中华优秀传统文化的历史责任。新时代,面对国内外形势的新变化,我们不断进行着实践创新,同时我们也始终坚持将马克思主义基本原理同中国具体实际相结合,同中华优秀传统文化相结合,促进理论创新,让马克思主义在中国大地不断结出新的果实。特别是习近平新时代中国特色社会主义思想的创立和发展,既彰显了马克思主义理论的真理性和科学性,同时也展现了中华优秀传统文化的包容性和发展性。

新时代的发展,首先需要强调守正。只有守正,不犯颠覆性错误,才能促进我们的事业在新时代取得新的突破,不迷失方向。以习近平同志为核心的党中央高度重视中华优秀传统文化传承发展,中华优秀传统文化中所包含的爱国主义的情感、家国天下的情怀,其实在新时代依然需要。特别是大学生,不仅要学习先进的知识,更要成长为能适应新时代变化发展、愿意为新时代中国特色社会主义发展贡献自身力量的人才,这就需要不断从中华优秀传统文化中汲取精神养分,帮助自己树立起远大理想,从而成长为新时代的爱国青年。这些也都是进行思想政治教育最好的案例和资源,只有将这些资源充分挖掘、合理利用,才能够促进高校思想政治理论课内容的丰富和发展,不断提升教育教学效果。新时代,我们面临着更复杂的国际国内环境,肩负着中华民族伟大复兴千秋伟业,这就需要我们进一步地从中华民族的历史发展中、从中华优秀传统文化中总结经验、汲取智慧,不断延续中华民族的文化基因,从而明确我们"从哪里来"的问题。只有搞清楚了这个问题,才能明确什么是中国特色。而只有清楚了中国特色,才能更好地实现新时代我们事业的发展,广大的青年学生也可以从中不断增强民族自豪感和自信心,为新时代的发展不断努力。新时代的发展,在中华优秀传统文化的传承中可以保证大学生坚持正确的方向,守住我们立德树人的底线。

新时代的发展,还需要不断创新。在新时代,变化日新月异,唯有创新,才能够跟上时代发展的步伐。中华优秀传统文化在新时代需要创造性转化、创新性发展,必须与时代特征相结合,赋予其新的时代内涵,才可能在新时代继续发挥教育引领作用。因此,高校思想政治理论课中要融入的中华优秀传统文化的内容,也必然是能够适应新时代发展要求的、已经创新发展了的部分。中华优秀传统文化自身也有其发展性,否则就不能在几千年漫长的历史长河中始终没有断流。在不同历史阶段,中华优秀传统文化都能够适时地进行创新和调整,保持旺盛的生命力。在新时代双向创新需求的驱动下,中华优秀传统文化势必能够更加支持高校思想政治理论课的改革发展。

历史和现实表明,一个抛弃或者背叛了自己历史文化的民族,不仅不可能发展起来,而且很可能上演一场历史悲剧。这就要求新时代高校思想政治理论课必须植根于中国历史文化沃土,从中汲取丰厚滋养,帮助学生搞清楚"我是谁""我从哪里来"等基本问题。新时代要把培养具有坚定政治立场、铸就崇高理想信念、践行社会主义核心价值观的勇于担当民族复兴大任的时代新人作为重要职责。因此,将中华优秀传统文化融入高校思想政治理论课是新时代发展的必然要求,也为思想政治理论课高质量发展赋予了新时代强大的生命力。

二、回应党和国家高度关切中华优秀传统文化传承发展的必然
　　结果

习近平总书记强调:"中国共产党人始终是中国优秀传统文化的忠实继承者和弘扬者,从孔夫子到孙中山,我们都注意汲取其中积极的养分。"[1]数百年来,不论是在革命、建设还是改革的不同历史时期,中国共产党都非常重视中华优秀传统文化的传承与发展。在庆祝中国共产党成立100周年大会上的讲话中,习近平总书记强调,要"把马克思主义基本原理同中国具体实际相结合、同中华优秀传统文化

---

[1]习近平.在纪念孔子诞辰2565周年国际学术研讨会暨国际儒学联合会第五届会员大会开幕会上的讲话[N].人民日报,2014-09-25.

相结合"①;党的二十大报告也指出,"坚持和发展马克思主义,必须同中华优秀传统文化相结合"②。总之,党和国家高度重视中华优秀传统文化,始终强调促进其创造性转化与创新性发展。

中华优秀传统文化的创造性转化是其之所以优秀的内在要求,也是为了原有的价值体系可以适应新的时代发展的需要。首先,中华优秀传统文化创造性转化是其自我完善的过程。转化形成的新的内容是对原有的传统文化中积极的、优秀的因素加以改造,然后融入时代发展的元素而产生的。因此,这一过程并不是对原有的传统文化的全盘否定,而是既让优秀传统文化获得了新的意义而发展,又使我们在新时代找到解决问题的新答案。其次,中华优秀传统文化创造性转化包括内容和载体的转化。一方面,是对内容的转化,特别是中华优秀传统文化的价值理念,这是新时代需要传承和转化的核心;另一方面,内容总是通过一定的形式、载体表现出来,因此要注重载体的创新发展,以新的形式展现中华优秀传统文化。中华优秀传统文化的创新性发展是指对原有内容的超越和提升,主要表现在三个方面。一是追求中华优秀传统文化的发展,即与新时代的要求相结合的发展,让中华优秀传统文化中的核心价值理念、传统美德、人文精神等能在新时代赋予新内容;二是突出创新的特点,在创新中实现中华优秀传统文化的新飞跃,形成新的文化样态;三是加强融入,既要融入新时代的发展要求,又能融入现代社会的形态当中,从而进一步凸显"以文化人"的价值。

文化是随着人类生产生活实践不断发展的,因此文化只有适应时代发展需求才能展现其强大的生命力。"苟日新,日日新,又日新",中华文明生生不息是离不开其文化特质的,而中华优秀传统文化革故鼎新的特点也不断要求其在不同历史发展时期持续发展,成为建设社会主义文化强国、实现中华民族伟大复兴的重要内容之一。只有这样,我们才能真正做到以文育人,增强文化自信,从容应对当今世界各种错误思潮的影响。将中华优秀传统文化融入高校思想政治理论课,做好大学生的思想政治教育工作,正是回应了我们党高度关切中华优秀传统文化传承发展的必然结果,也顺应了国家未来发展的需要。

三、实现高校立德树人根本任务的必然使命

党的十八大以来,习近平总书记多次强调立德树人是教育的根本任务。中华

---

①习近平.在庆祝中国共产党成立100周年大会上的讲话[N].人民日报,2021-07-02.
②习近平.高举中国特色社会主义伟大旗帜 为全面建设社会主义现代化国家而团结奋斗——在中国共产党第二十次全国代表大会上的报告(2022年10月16日)[M].北京:人民出版社,2022:18.

民族历来重视教育,特别强调立德树人——"才者,德之资也;德者,才之帅也。"中国自古以来就注重对道德修养和意志品格的引导,千百年来积累了丰富的思想教育的理念和资源,这就将高校思想政治理论课的使命与中华优秀传统文化紧密结合在了一起。新时代,高校肩负着培育全面发展的社会主义建设者和接班人的历史使命,中华优秀传统文化经过漫长的历史发展所积淀的价值理念、所形成的精神追求、所铸造的思想瑰宝,都为新时代大学生的成长成才提供了重要的思想源泉和坚实的精神支撑,也是对"培养什么人、如何培养人、为谁培养人"这一根本问题的有力回答。新一代思想尚未成熟、价值观尚未完全定型的大学生们面对的是互联网时代、新媒体时代,多元文化之间的碰撞与融合,各种思潮的冲击,网络世界和现实世界的交织影响,在这样纷繁复杂的世界中要想能成长为时代新人,牢固树立起正确的世界观、人生观、价值观,担负起中华民族伟大复兴大任,就必须到中华优秀传统文化中汲取力量。"立德树人"本身就来自于中华优秀传统文化,儒家、道家、墨家的经典思想中都包括了对个人道德修养问题的论述。今天我们将这些重要的思想归纳为"立德树人",并且赋予了新时代的意义,说明这些思想在今天依然适用,是我们中华民族的瑰宝,这也是对中华优秀传统文化的传承与创新。新时代我们对大学生的培养一定要将德行培养放在首位。"国无德不兴,人无德不立",大学生只有先坚定理想信念,才能更好地实现人生价值;只有先学会做人,才能学会做事,才能做好事情,委以重任。因此,解决好中华优秀传统文化融入高校思想政治理论课的理论与实践问题,是当代思想政治教育者应当直面的重要问题,最终是为了更好实现立德树人的根本任务。

四、提升高校思想政治理论课实效性的必要手段

高校思想政治理论课始终围绕立德树人这一根本任务,而要把政治道理、理论道理、生活道理给大学生讲清楚,引起大学生的共鸣,就要深入了解国家与民族的历史,立足文化根基,动之以情、晓之以理,让学生感到这些道理并不是高高在上的,而是蕴含在我们的学习生活中,只有掌握了这些道理才能够在人生道路上走得更顺利。中华优秀传统文化融入高校思想政治理论课正是解决这一问题的一个切入点。一方面,高校思想政治理论课的亲和力和针对性有待提高,要想所讲的内容能够让大学生有所感触,并将这种情感落实到行动当中,就必须唤起中华优秀传统文化长久以来对大学生潜移默化的影响,加强情感认同;另一方面,虽然高校思想政治理论课内容强调思想性、理论性,但是枯燥的理论说教并不能达到良好的教育效果,如果将中华优秀传统文化中所包含的传统美德、社会道德、爱国主义等思想

与相关的理论讲授结合起来,既能丰富高校思想政治理论课的教育教学内容,又能增加理论的说服力,从而有效增强大学生的心理认同和价值认同。因此,促进中华优秀传统文化融入高校思想政治理论课,不仅可以帮助大学生更好地理解相关理论知识,为大学生成长成才奠定思想基础,而且可以促进高校思想政治理论课实效性的提升。

第二节　研究意义

中华优秀传统文化是将中华民族紧密联系在一起的纽带,是中华民族的基因,更是为马克思主义在中国生根发芽结果提供了肥沃的土壤。将中华优秀传统文化融入高校思想政治理论课既是促进思想政治理论课创新发展,增强亲和力和实效性的重要途径,也是培育青年大学生文化自信的必然要求。本书从中华优秀传统文化融入高校思想政治理论课的理论依据和现实需求出发,结合党和国家对中华优秀传统文化的战略定位、对高校思想政治理论课的战略部署展开相关研究。

一、立足时代背景,明晰"融入"的依据遵循

本书以"融入"为中心点,以落实立德树人根本任务为落脚点,从新时代背景出发来开展理论研究。理论研究可以构建起"融入"的理论框架,在这一框架下进行讨论和研究,既体现了研究的科学性和系统性,又能够使研究深入进行。一方面,本书从审视和梳理融入的内涵、融入的理论依据等着手,有助于将融入放在理论框架下深化对这一问题的认识,而不是局限于泛泛而谈,并进一步从整体上把握中华优秀传统文化的内涵;另一方面,本书以相关国家政策和教育实践的现状作为融入的现实依据,并进一步分析中华优秀传统文化融入高校思想政治理论课的理论价值和现实价值意蕴,解决为什么要"融入"的问题,为后面解决如何"融入"提供依据遵循。

二、总结经验启示,凝练"融入"的现实要求

通过考察马克思主义经典作家和中国共产党对传统文化的认识,总结经验启示,不仅推动了中华优秀传统文化研究向纵深发展,而且总结了相关研究的历史经验,为当前中华优秀传统文化融入高校思想政治理论课提供了启示。研究过去是为了现在和将来,在此基础上,总结融入过程中的成功做法以及存在的问题,结合当前新时代的发展需求,凝练出"融入"的目标任务、原则方法等现实要求,将为探索创新"融入"的实践路径提供基本思路。在研究过程中,还需要突出实证研究,为

研究的结论提供数据支撑。

三、探索创新路径,构建"融入"的实践机制

融入最终要落实到实践中。中华民族历经千年风雨依然能屹立于世界民族之林,离不开中华优秀传统文化独特的精神标识。一方面,在高校思想政治理论课中充分运用好中华优秀传统文化资源更有利于提升课程的文化品质与教学的实际效果,为进一步实现立德树人根本任务提供有效支撑,从而引导大学生自觉增强文化自信;另一方面,高校思想政治理论课改革创新也应当用好中华优秀传统文化资源,做好融会贯通衔接工作,通过融入形式和融入内涵的不断拓展,高校思想政治理论课的教学内容、教学形式、教学评价体系和学生受益程度都将获得质的飞跃和提升,从而能够实现中华优秀传统文化在传承中的创新发展,增强高校思想政治理论课的亲和力、感染力以及针对性和实效性。因此,本书积极探索融入的创新路径和保障机制,目的是为中华优秀传统文化更好地融入高校思想政治理论课提供一些思路。

第三节 研究综述

近几年来,中华优秀传统文化的传承发展被提升到国家战略高度,并对中华优秀传统文化传承发展进行了整体上的规划部署,同时党和国家高度关注、关心高校思想政治理论课建设,相关研究得到了极大的丰富,其中就包括对中华优秀传统文化融入高校思想政治理论课的研讨。已经取得的相关成果为本书的研究和撰写提供了很多方面的借鉴和启示。

一、研究现状

(一)国内研究现状

中华优秀传统文化博大精深,其中包含了丰富的哲学思想和价值理念。只有对中华优秀传统文化有了比较全面和深刻的认识,才能更好地将其融入高校思想政治理论课中,而这也是研究中华优秀传统文化融入高校思想政治理论课的前提。中华优秀传统文化受到了国内外专家学者的广泛关注,产生了不少研究成果,概括来说主要有以下几个方面。

1)关于中华优秀传统文化核心思想理念的研究

一直以来,很多专家学者在这一问题上不断深入地研究,为今天我们能全面准确地认识中华优秀传统文化提供了有力的支持。

钱穆在《历史与文化论丛》(2019)中从时代大势、民族性、社会结构、文化发展等多个方面对中华民族历史与文化进行了论述,透过东西方民族文化异同,看到了传统文化对于中华民族发展延续、中国人安身立命的根本价值,旨在唤醒国人认识与发扬优秀传统文化;在《中国文化精神》(2017)一书中指出,中华民族形成正确的文化精神观念离不开对家国民族的热爱之情;在《文化与教育》(2014)一书中对中国文化之内在物质与脉络、对中国教育之传统与现代的阐述更是精辟之极,揭示出中西方传统与路线之差异,指明中国文化现代转向之途径。楼宇烈在《中国文化的根本精神》(2016)中通过对中国文化精神的阐释和对传统文化的运用分析,指出复兴传统文化的路径。庞朴在《中国文化十一讲》(2008)中深入浅出地剖析了中国传统思想文化中阴阳、五行等最基本、最核心的思想观念,生动活泼地展示了其对中国古代文化的独特看法。龚鹏程在《中国传统文化十五讲》(2006)中由"人"的角度切入,就人在社会生活中的各层面关系进行分析,说明古代文化是如何处理这些关系的;其所形成之文化,在与世界其他文化的比较中又显示了什么型态和优缺点。张岂之在《张岂之谈中华优秀传统文化》(2012)中分别从中华文化的源头、中华文化的传承与创新、中华文化的优良传统、文化自觉与文化育人四个方面论述了文化自信。王东在《文化创新论——中国文化从何处来,向何处去》(2015)中从哲学角度阐述了以中华文明为出发点的当代多元、相容、开放、发展、创新的文化综合创新观。在《中国文化精神与现代社会》(2015)一书中,陆卫明、李红从人文传统、伦理本位、和合精神、实践理性四个方面较详尽地阐述了中国传统文化的核心精神。张岱年、程宜山在《中国文化精神》(2015)中通过中西方文化的对比研究,对中国文化的相关内容进行了通俗的解释。郭齐勇在《中国文化精神的特质》(2018)中归纳出中国传统文化精神的特质,即和而不同,厚德载物;刚健自强,生生不息;仁义至上,人格独立;民为邦本,本固邦宁;整体把握,辩证思维;经世务实,戒奢以俭。许倬云在《中国文化的精神》(2018)一书中充分发掘出中华传统文化的养分。从整体上来看,以上研究一方面是对博大精深的中华优秀传统文化进行了梳理;另一方面,通过研究其内核,为新时代文化传承发展找准了方向。

2) 关于中华优秀传统文化时代价值的研究

越来越多的人意识到中华优秀传统文化的独特魅力,其时代价值可以说是毋庸置疑的,但学者们对其具有怎样的时代价值持不同观点。张岱年在《文化与价值》(2004)一书中从"新时代的价值观""儒道墨在演变中的文化价值""中国传统文化的不朽价值"三个方面探讨了文化与价值问题。王杰在《中国古代历史文化与价值研究》(2021)一书中从历史文化的基础概论入手,叙述了中国历史文化的载体、制度文化、古代教育、古代建筑、器物文化、服饰和饮食、民俗文化等多方面内容,充分审视和把握了历史传统文化的作用和影响。张造群在《优秀传统文化的当代价值——中国特色社会主义视角的省察》(2015)一书中从"五位一体"出发,分析了中华优秀传统文化的当代价值,并讨论了其创造性转化、创新性发展的相关路径。陈先达教授在《文化自信中的传统与当代》(2017)一书中对文化的内涵、中国文化精神、马克思主义和中国传统文化的关系、哲学社会科学工作者的责任等一系列问题进行了深入地分析和论述。《马克思主义同中华优秀传统文化相结合的时代价值》一文认为其时代价值是能为发展当代中国马克思主义、21世纪马克思主义提供文化资源的[1];《马克思主义基本原理同中华优秀传统文化相结合的历程、经验和未来展望》一文认为中国共产党不断把马克思主义基本原理同中华优秀传统文化中的实事求是精神、独立自主精神、与时偕行精神、知行合一精神相结合,纠正了教条主义、经验主义、唯书唯上、形式主义等错误,为中国共产党取得一个又一个伟大成就提供了重要的支撑,积累了宝贵经验[2];《中国式现代化新道路的传统文化底蕴研究——在"两个结合"中坚定中国特色社会主义理论自信》一文认为,新时代全面建设社会主义现代化强国的征程已然开启,我们更应在"两个结合"理论指导下,坚定中国特色社会主义理论自信,以理论创新引领事业发展[3]。总之,新时代中华优秀传统文化应始终坚持转化发展,迸发出新的活力,实现新的价值。

3) 关于中华优秀传统文化融入高校思想政治理论课的研究

党和国家高度重视思想政治理论课建设,而中华优秀传统文化本身就包含着丰富的思想政治教育资源,将其融入高校思想政治理论课,对于传承发展传统文化、促进课程的改革创新都有着非常重要的意义。目前,相关研究成果越来越多,研究的广度和深度也在不断加大。

(1) 关于融入的意义和价值研究。大部分专家学者都赞成融入,只是在分析相关问题时角度有所不同。有的学者认为中华优秀传统文化在培养大学生的品德意志、理想信念方面有着不可替代的作用。曹志斌在《大学生传统文化教育与高校

---

①王炳林,李盖启.马克思主义同中华优秀传统文化相结合的时代价值[J].教学与研究,2021(11).

②燕连福,林中伟.马克思主义基本原理同中华优秀传统文化相结合的历程、经验和未来展望[J].教学与研究,2022(2).

③潘丽蒿,范晓阳.中国式现代化新道路的传统文化底蕴研究——在"两个结合"中坚定中国特色社会主义理论自信[J].西北民族大学学报:哲学社会科学版,2022(1).

文化建设研究》(2018)一书中阐述中国传统文化对培养大学生创新能力的影响及对我国大学文化建设现状分析的基础上,提出了建设我国创新型大学文化的对策。姜颖在《中国传统文化与当代大学生》(2015)一书中强调传统文化能够帮助当代大学生践行社会主义核心价值观。《中华优秀传统文化与大学文化素质教育》一文认为中华优秀传统文化能增强大学师生的民族自豪感、文化自信心和历史认同感,能提升大学师生的历史责任心与经世致用的担当意识,有助于加深大学师生对祖国悠久历史的理解①。有的学者认为高校思想政治教育基于中华优秀传统文化。赵勇在《传统文化和大学生思想政治教育》(2018)一书中分析了儒家、道家、墨家、法家、宋明理学等文化思想对大学生思想政治教育的借鉴作用。李苗、崔巧玲、周振兴在《传统文化与大学生思想政治教育的创新》(2018)一书中阐述了新时代我国思想政治教育工作只有积极发掘传统文化资源才能充分发挥优势、凸显特色。吴江在《中国传统文化的思想政治教育价值研究》(2019)一书中从中国传统文化中的修身智慧(崇德尚仁、爱国、学习)、齐家(忠孝、家风)、治国理念(勤政爱民、依法治国、教育)、平天下(优秀传统文化与治国、优秀传统文化与马克思主义),以及中国传统文化中的创新思维、中国传统文化的思想政治教育价值等方面阐述了我国古代哲学思想及其思想政治教育价值。齐艳在《中国传统文化与高校思想政治教育的融合性研究》(2019)一书中就中国传统文化与高校思想政治教育相融合的价值和意义进行了全新的探讨。郭太铭在《传统文化融入高校思想政治教育研究》(2019)一书中重点阐述了传统文化的道德教育价值、心理教育价值、创新教育价值。

(2) 关于融入的资源挖掘研究。宋静静在《中国传统文化与大学生思想政治教育研究》(2020)一书中研究了中国传统文化中可应用于当代思想政治教育的资源,以及如何避免其中消极的内容等问题。邵鹏等在《大学生思想政治教育中传统文化资源的开发研究》(2020)一书中对大学生思想政治教育中传统文化资源开发的总体思路进行了系统性分析,精选出我国多种富含思想政治教育价值的优秀传统文化资源,如礼仪文化、诚信文化、孝道文化、节日文化、生态文化。李明珠、陈红在《新时代高校思想政治教育的守正与创新》(2020)一书中从中国传统文化中的德育资源出发,阐述了中国传统文化中的德育思想内容、方法、特征,并厘定其时代价值。王兴立在《中国传统文化与当代大学生思想政治教育》(2018)一书中从儒家、道家、宋明理学、墨家、佛家等中国主流思想文化的解读出发,分析了中国传统文化

①张岂之.中华优秀传统文化与大学文化素质教育[J].华夏文化,2021(4).

对大学生的教育启示。《思想政治理论课运用中华优秀传统文化资源的逻辑理路探析》一文认为应紧紧围绕用习近平新时代中国特色社会主义思想铸魂育人的课程任务把握中华优秀传统文化的选取标准,从而确立选取内容①。

（3）关于融入的现状与实践路径研究。亓凤香在《中华优秀传统文化融入思政课教学研究》(2020)一书中阐述了价值追求的融入、理论思维的融入、话语表达的融入等三种融入实现方式,以及融入教学的常规途径主要为课堂教学、经典阅读、实践教学、考试考核等四个方面。崔锁江在《中华优秀传统文化融入高校思想政治理论课研究》(2021)一书中介绍了中华优秀传统文化融入高校思想政治理论课的政策依据、现状调查、现实价值等。刘艳芳在《中华优秀传统文化融入高校思想政治教育研究》(2021)一书中从教书育人、环境育人、家庭育人、制度育人等方面分析了融入路径。《中华优秀传统文化与思想政治理论课教学》一文分析了如何正确对待传统文化中的思想精华和糟粕②。《论中华优秀传统文化与高校思想政治理论课教学的融合》一文提出融入的现实路径可以从经典阅读、课堂教学及实践教学等方面着手③。《中华优秀传统文化融入高校思政课的路径》一文从加强思想建设、丰富教学方式、加强素质教育、完善教育环境和载体、健全保障体制等方面构建了融入路径④。《中华优秀传统文化融入高校思政课的价值与路径》一文从融入教材与课程体系、融入校园与课堂文化、融入高校思政课教师核心素养等三个方面论述了融入路径⑤。《中华优秀传统文化融入高校思政课的思考》一文认为必须认真选取融入内容⑥。《思想政治理论课要重视在马克思主义指导下融入中华优秀传统文化》一文认为要避免由于误读、错解马克思主义本质和中华优秀传统文化的特点而错误地认为两者之间水火不容、非此即彼⑦。《中华优秀传统文化融入高校思想政治理论课的实践路径》一文认为可通过强化融入师资、优化融入内容、整合融入资源、创新融入方式等路径实现融入⑧。

①安丽梅.思想政治理论课运用中华优秀传统文化资源的逻辑理路探析[J].思想理论教育导刊,2020(2).

②佘双好.中华优秀传统文化与思想政治理论课教学[J].理论与改革,2021(1).

③迟成勇.论中华优秀传统文化与高校思想政治理论课教学的融合[J].思想理论教育,2014(12).

④邱冬梅.中华优秀传统文化融入高校思政课的路径[J].学校党建与思想教育,2020(24).

⑤于超,于建福.中华优秀传统文化融入高校思政课的价值与路径[J].中国高等教育,2020(Z3).

⑥黄岩,朱杨莉.中华优秀传统文化融入高校思政课的思考[J].思想政治教育研究,2019(1).

⑦沈江平.思想政治理论课要重视在马克思主义指导下融入中华优秀传统文化[J].思想理论教育导刊,2020(1).

⑧陈爱萍,刘焕明.中华优秀传统文化融入高校思想政治理论课的实践路径[J].思想教育研究,2020(9).

总之，中华优秀传统文化融入高校思想政治理论课，无论是意义价值、相关资源的挖掘，还是最终的实践路径，已经成为各类专家学者们的共识。中华优秀传统文化融入高校思想政治理论课这一研究命题是成立的，研究方向是正确的，并且研究目的明确，研究富有意义。

（二）国外研究现状

国外学者对中华优秀传统文化的价值有着一定的研究。孙隆基（美）在《中国文化的深层结构》（2015）一书中从中国人的"良知系统"、中国人的"个体"等方面对中国文化进行了研究。塞缪尔·亨廷顿（美）在《文明的冲突与世界秩序的重建》（2010）一书中提出冷战后的世界，冲突的基本根源不再是意识形态，而是文化方面的差异，他认为中华文明和伊斯兰文明将与西方文明形成最大的对立。阿尔伯特·克雷格（美）在《哈佛极简中国史》（2016）一书中将中国历史放在人类历史的大背景中予以考察，完整描述了中国主要朝代的变迁，而且论及未来中华文明如何和世界其他文明交流。阿诺德·汤因比（英）在《历史研究》（2010）一书中认为，中国很有可能汲取西方思想进行融合。本杰明·史华兹（美）在《古代中国的思想世界》（2004）一书中通过中西方对比视角分析了先秦思想，认为可以通过文化符号系统认识人类思想。狄百瑞（美）在《东亚文明：五个阶段的对话》（2012）一书中认为，无论是古典形成时期、佛教传入时期、宋明新儒学时期，还是近代东西方碰撞期、后儒家时代，均突出以儒家为价值内核。汪德迈（法）在《新汉文化圈》（2007）一书中分析了汉文化区域各国和各地区在历史进程中的成败得失。

目前，国外学者对中国思想政治教育的研究还不算多，主要聚焦在以下几个方面。一是聚焦中国爱国主义教育。Zhao Suisheng（美）认为中国爱国主义教育运动是"国家领导下的民族主义运动"[1]。二是聚焦中国思想政治教育现状。2013年，来自德国慕尼黑大学、美国斯坦福大学和加州大学伯克利分校及我国北京大学的几位研究者合作对两千名左右的北京大学本科学生开展了一次网上调研，最终发现我国政府引入的新课程成功地改变了大学生对于社会基本方面的看法[2]。Elina Sinkkonen（英）指出具有共产党员身份和农村背景的大学生表现出更强烈的

---

[1]Zhao Suisheng. A State-Led Nationalism：The Patriotic Education Campaign in Post-Tiananmen China[J]. Communist and Post-Communist Studies，1998，31（3）.

[2]Cantoni Davide，Chen Yuyu，Yang D Y，et al. Curriculum and Ideology[R]. NBER Working Paper，No 20112，2014.

爱国思想[1]。三是聚焦中国思想政治教育实现途径。Gay Garland Reed（美）指出学习雷锋的活动影响了大多数青少年[2]。还有一些学者对宣传海报[3]、博物馆[4]的思想教育功能进行了探讨。

近些年，关注中华优秀传统文化和中国思想政治教育的西方学者人数在不断增加，但国内学者对他们的研究成果关注较少，不少学者认为中国思想政治教育是我们自己的事情，而且涉及意识形态领域，西方学者与我们的立场往往不同，因此没有必要进行梳理和研究。其实，作为思想政治教育工作者，一方面应积极应对国外学者的一些观点，尤其错误的地方我们要勇敢出声，正确的地方也可以学习借鉴；另一方面对于中华优秀传统文化的相关问题，可以通过学习交流互通有无，对于一些共性问题还一起探讨和研究。

二、研究述评

综合以上分析可以看出，中华优秀传统文化的关注度逐年上升，已经产生了丰富的研究成果。其中，对于中华优秀传统文化的思想内核、时代价值等核心内容的理论分析，学者们一改原来全盘否定传统文化的错误态度，而是用唯物辩证法正确分析看待中华优秀传统文化，这为进一步的深入研究奠定了基础。但有不少研究内容发生了重叠，一方面说明这些内容是目前研究的热点，得到了普遍关注；另一方面也说明研究还有值得深挖的地方，需要我们不断完善。这里的融入涉及两个热点领域，一个是思想政治理论课，目前大家的关注度都非常高，也非常期待课程的教育教学效果能进一步提升；另一个是中华优秀传统文化，在社会日益发展的今天，中华民族始终能够屹立于世界民族之林离不开中华优秀传统文化的传承与发展。专家学者们从两者相结合的意义和价值入手，不断挖掘中华优秀传统文化中的思想政治教育资源，为两者相结合找到依据，并从现实存在的问题出发，不断探索结合的实践路径，研究的思路越来越开阔，研究成果也越来越丰富。近年来，国外学者对中华优秀传统文化以及中国思想教育的关注度也在进一步提高，这促进

---

[1]Sinkkonen Elina. Nationalism, Patriotism and Foreign Policy Attitudes among Chinese University Students [J]. China Quarterly, 2013, Vol 216.

[2]Reed Gay Garland. Moral /Political Education in the People's Republic of China: Learning Through Role Models[J]. Journal of Moral Education, 1995, 24(2).

[3]Landsberger Stefan R. Learning by What Example? Educational Propaganda in Twenty-first-Century China [J]. Critical Asian Studies, 2001, 33(4).

[4]Vickers Edward. Museums and Nationalism In Contemporary China[J]. Compare — A Journal of Comparative and International Education, 2007, 37(3).

了中外文化的交流互鉴,为中华优秀传统文化"走出去"奠定了良好的基础。他们从不同学科、不同领域对中华优秀传统文化以及中国思想政治教育进行研究,也为我们打开了研究视野,提供了一定的研究参考。但我们应时刻保持清醒的头脑,运用唯物辩证法进行客观分析,避免陷入错误的境地。

虽然学者们的研究成果很丰富,但仍然存在一些不足。第一,聚焦中华优秀传统文化与高校思想政治教育的研究偏多,对融入具体的思想政治理论课程的研究较少,即使有也仅是泛泛而谈,没有聚焦具体的课程和具体的问题;第二,虽然目前对中华优秀传统文化所涉及的理论问题关注度增高,也从马克思主义理论的角度分析了中华优秀传统文化的发展问题,但是从融入本身来说产生的相关理论问题并没有梳理清楚,如依据研究(包括理论依据和现实依据)、价值研究等问题鲜有涉及,也没有形成一定的系统性;第三,相关的实证研究也不是很丰富,更多是从理论到理论的分析与论述,因此研究的结论缺乏一定的实践基础;第四,关于融入的路径研究,虽然有成果涉及,但并没有聚焦课程本身如何进行融入,缺乏整体的把握,即使找到了实践路径,还应该加强条件保障机制的研究,让相关研究能持续深入。本书将把这部分内容作为研究的重点和难点,以期为更好地促进高校思想政治理论课改革创新,提升高校思想政治理论课教育教学效果,促进中华优秀传统文化创新发展献出一份绵薄之力。

第四节　研究思路与主要内容

一、研究思路

本研究将聚焦中华优秀传统文化融入高校思想政治理论课所形成的相关理论问题和实践问题,始终坚持理论与实际相结合,按照提出问题(凝练研究主题)、分析问题(梳理理论与现实依据,分析价值意蕴、当前实际情况等)、解决问题(明确目标任务、原则方法,探索实践路径和保障机制)的研究路径展开。

本研究遵循"是什么—为什么—怎么办"的思路进行总体设计。首先,解决"是什么"的理论问题,即分析清楚融入的内涵,从基本概念、相关理论出发,分析层层递进。其次,解决"为什么"的问题,通过两个维度,一是从依据遵循维度分析"为什么"要融入,包括理论依据和现实依据,并提出其研究价值和必要性;二是从现状研究维度阐述"为什么"融入。最后,在"是什么""为什么"的基础上解决"怎么办"的问题,即从原则方法、实践路径、保障机制等方面讨论融入的实践问题。

二、主要内容

新时代赋予了中华优秀传统文化新的内涵,新时代也给中华优秀传统文化的发展赋予了机会。中华优秀传统文化承载着中华民族的思想精华和文化血脉,是中华民族文化遗产的重要组成部分,如何将中华优秀传统文化予以有效利用,一个非常重要的途径就是通过教育的手段,特别是思想政治教育。中华优秀传统文化融入高校思想政治理论课,是完善高校思想政治理论课的课程内容、提升课程效果的有效手段,是高校思想政治理论课教师发挥铸就灵魂、夯实理想、引领价值等作用的重要手段,更是增强大学生文化自信的必要手段。本书立足新时代,旨在展开对融入教育的分析和研究。

第一,融入的内涵研究。先从中华传统文化的概念出发,提出中华传统文化与中华优秀传统文化的不同之处,构建中华优秀传统文化的衡量标准,进一步明确中华优秀传统文化的理论内涵、价值内涵、时代内涵;再对高校思想政治理论课的内涵进行解读,在此基础上分析清楚中华优秀传统文化融入高校思想政治理论课的内涵、构成要素、基本特点。明确了这些基本问题后,将为更准确地找到融入的契入点做好准备,这也是本书研究的逻辑起点。

第二,融入的依据研究。主要从理论依据和现实依据两个方面构建融入的理论框架。理论依据主要从三个方面进行分析,即马克思主义经典作家的论述、中国化马克思主义理论成果中的理论论述和习近平新时代中国特色社会主义思想中关于中华优秀传统文化的重要论述;从党的十一届三中全会后国家出台的相关政策和现实中已取得较好成效的教育实践两个方面找到相关的现实依据。

第三,融入的价值意蕴研究。从理论价值和实践价值两个方面深入挖掘,突出融入的重要意义,即融入不仅能促进高校思想政治理论课的改革创新,还能促进中华优秀传统文化在新时代的发展。这一融入,不论是对高校教师还是对大学生来说,都是一个不断提升自我、发展自我的过程。

第四,融入的现状研究。主要通过调查问卷的形式,对目前融入的情况进行分析,找到其中存在的共性问题,并进一步分析问题产生的原因,为找到解决问题的方法提供直观的依据。

第五,融入的目标原则方法研究。首先是明确融入的目标任务,这一目标应该是层层递进的,从根本目标到具体目标都应清晰明了,只有明确了目标才能进行融入的下一步工作;然后通过分析融入遵循的原则,为如何融入指明方向;最后从方法论角度阐述融入的方法,包括一般教学方法和具体教学方法的分析,旨在解决如何融入的问题。

第六,融入的实践路径研究。首先从融入的教学内容选择构建,这是融入的基础,如果不明确融入的内容,路径再好也是白费功夫;然后是融入话语体系的转化,教学内容构建好后总是通过一定的话语传递给学生,这对话语转化提出了新要求;最后,教育环境的优化和有效载体的选择创新促进了融入的顺利进行。以上几个方面旨在解决怎样融入的问题。

第七,融入的条件保障研究。主要围绕提升教师队伍的整体素质、制定学生的积极主动性激发机制、建立健全相关制度保障机制、完善中华优秀传统文化教育的评价机制展开,旨在解决融入的持续发展问题。

第二章 中华优秀传统文化融入高校思想政治理论课的内涵

内涵是对事物本质内容的认识,在理论探讨之前应先进行内涵的界定。中华优秀传统文化融入高校思想政治理论课,是新时代高校思想政治理论课建设内涵式发展的重要环节,是思想政治教育学界一个新的重要研究领域,是高校思想政治理论课持续发展的一项重要命题,也是丰富发展中华优秀传统文化的一项重要任务,该命题的内涵值得讨论和研究,而只有将该命题的内涵界定清楚,才能抓住融入的本质,明确"融入到底是什么"的问题。因此,研究融入的内涵及其相关理论内容成为本书研究的逻辑起点。

第一节 相关概念概述

"文化是一个国家、一个民族的灵魂。"[①]任何一个国家、民族在发展的历史长河中都会孕育属于自己的文化,中华民族也不例外。中华文化历史悠久,内容丰富,影响巨大,只有梳理清楚中华优秀传统文化的内涵才能对中华优秀传统文化有一个比较全面客观的认识,才能在此基础上挖掘出适合高校思想政治理论课运用的教育资源。同时,只有对高校思想政治理论课的基本认识分析到位,才能为后面讨论梳理融入的内涵奠定基础。

中华文化、中华传统文化、中华优秀传统文化,虽然只有几字之差,但实际上这些不同的提法还是有区别的。因此,在进行中华优秀传统文化融入高校思想政治理论课的内涵研究之前,有必要对相关概念进行梳理,以便对它们有更清楚、全面的理解。需要指出的是,本书所分析的文化内涵不是指具体的文化现象,而是文化现象背后的一种思想理念的凝练。

---

①习近平.在中国文联十大、中国作协九大开幕式上的讲话[M].北京:人民出版社,2016:6.

一、中华传统文化

"文化是一个国家、一个民族的灵魂。文化兴国运兴,文化强民族强。"①中华传统文化源远流长,千头万绪,分散在社会生活的各个领域之中,在"独具特色的语言文字,浩如烟海的文化典籍,嘉惠世界的科技工艺,精彩纷呈的文学艺术,充满智慧的哲学宗教,完备深刻的道德伦理"②中都蕴含着中华传统文化。不同的人对中华传统文化会有不同的理解,从不同的角度、领域都可以对中华传统文化进行独具特色的解读。本书主要从物质领域、精神领域、制度领域和生活领域对中华传统文化的内涵进行分析。

第一,物质领域。中华传统文化与中华民族悠久的历史密切相关,中华民族在劳动、农业生产、生活中不断地发明、创造,这些成果以及不断发展成熟的科学技术,在不同历史阶段适应了不同的经济发展水平,促进了人类社会物质文明的不断提高。中华传统文化在物质领域中表现为数学、建筑、中医、天文、历法等内容。在很多领域,中华传统文化一直处于世界领先水平,引领着当时世界文化的发展。例如,勾股定理、圆周率的提出均早于西方数千年,展现了中华传统文化的先进性。在 2022 年的北京冬奥会的开幕式上,"二十四节气倒计时"迎得了大家的一致好评,并让中华传统文化被世界熟知。"二十四节气"其实是中华传统文化的经典流传,是中国劳动人民在不断实践中归纳总结出的符合自然规律的经验,直到今天依然散发着其特有的魅力。

第二,精神领域。正是广大劳动人民在漫长的历史长河中创造了丰富的物质文明,所谓"仓廪实而知礼节,衣食足而知荣辱",中华传统文化在精神领域展现出极为优秀的思想成果。从春秋战国时期百家争鸣的时代开始,儒、道、墨、法等多家的哲学思想在中华大地上经历着不同民族的传承、不同历史阶段的融合与发展,最终形成了中华民族独特的精神追求、价值判断、思维模式、性格特征等。特别是儒家学派,不仅影响了中华大地,而且对周边国家也产生了不小的影响。他们所创造的儒家文化一直是中华传统文化的主导力量,涉及的仁、义、礼等思想核心深深影响了中华传统文化的发展。甚至有人认为中华传统文化可直接称为儒家文化,可见其影响力之大。

---

① 习近平.决胜全面建成小康社会 夺取新时代中国特色社会主义伟大胜利——在中国共产党第十九次全国代表大会上的报告[N].人民日报,2017-10-28.
② 张岱年,方克立.中国文化概论[M].北京:北京师范大学出版社,2004:7.

第三,制度领域。由于受到儒家文化的影响,我国古代社会逐步形成以血缘关系为纽带的宗法制度和封建君主专制制度,整个社会生活,包括政治生活,都以家族为重要的统治基础,形成了一整套较为严密的等级制度,"家国情怀""德治"等特征凸显;重视伦理道德在社会发展过程中的作用,在修身、齐家、治国、平天下的理念下形成了完整的理论,找到了可行的方法,小到个人道德修养的不断完善,大到国家治理的整体观,将个人与国家的发展密切联系在一起;特别注重"和"的理念,人与自然要和谐统一,人自身的身心要和谐发展,人与他人的关系要和谐,国与国之间更应"以和为贵";通过相关的法律制度和人才选拔制度维护了社会的统治秩序,深刻影响了中华民族的价值追求,使中华传统文化不断向前发展。

第四,生活领域。中华民族在衣食住行等领域通过交流融合逐渐形成了自身的特点,服饰、饮食、语言、手工艺等中华文明在交流互鉴中所展示出的巨大的包容性,让中华传统文化历经数千年而没有断流,使得中华民族能够一直在这片土地上安居乐业,欣欣向荣。

中华传统文化是勤劳的中华民族在不断地劳动过程中、繁衍生息过程中积累凝结成的,是中华民族的精神标识,是我们的重要的文化遗产,为中华民族的发展做出过不可磨灭的贡献,在任何时候都不应也不能被我们忘却。虽然现在中国特色社会主义进入了新时代,中华传统文化需要我们辩证看待,但我们依然有必要不断挖掘中华传统文化中的优秀成分,并在新时代不断创新发展。

二、衡量中华优秀传统文化的标准

相对于中华优秀传统文化而言,中华传统文化是一个更广泛的概念,并不是所有的中华传统文化都是中华优秀传统文化。这就决定了我们对待中华传统文化的一个基本态度应该是"取其精华,去其糟粕",将中华优秀传统文化发扬光大,使得中华优秀传统文化的传承和创新适应时代发展的需要。因此,在探讨中华优秀传统文化时,我们要有一定的标准或界定依据来明确如何从中华传统文化中挑选出中华优秀传统文化。

第一,中华优秀传统文化应是符合社会发展要求、能适应时代变化的中华传统文化。我们倡导经世致用,即立足于当下,能够直面当前社会的具体情况,关心国家的稳定、社会的进步、人的全面发展,能够解决当前存在的主要矛盾,实现国泰民安。中华优秀传统文化的产生离不开社会实践,如果不能符合社会发展要求,这样的思想、文化或制度一定会遭到淘汰。在中华传统文化发展过程中,这样的例子很多。比如,秦汉时期实行的人才选拔制度是察举制,这种制度很容易形成利益集团,对中央集权构成威胁,显然越来越不适应当时社会发展的要求。因此,从隋朝开始,为了巩固中央集权,开始实行科举制,即由原来的推荐加考试的模式改为纯考试模式,为国家广纳贤才。但科举制也有明显弊端,如考试形式呆板、考试内容不能切合实际等,到了清朝末年也必然逃不过被废止的命运。因此,中华优秀传统文化必然是能够适应社会发展需要的,对社会发展起促进作用的文化。

第二,中华优秀传统文化应是能够经得住实践检验的中华传统文化。实践是检验真理的唯一标准,这一标准同样适用于检验中华优秀传统文化。从时间维度来说,中华优秀传统文化要经得住历史发展的检验;从空间维度来说,中华优秀传统文化要经得住当前社会实践的考验。例如,从时间维度来看,中华传统文化中的"精忠爱国"传统美德,是中华民族自古以来对这片土地的热爱所凝结成的深厚的爱国主义情怀,形成了一股民族正气。原来的"忠"强调的是忠于君王,但随着时间的推移,这种忠诚慢慢转化为一种深层次的国家认同意识,逐步发展为深厚的爱国主义,推动了中华民族的团结,在数次民族危亡的时刻都展现出巨大的力量,流传至今。从空间维度来说,这种爱国主义为今天的社会主义核心价值观提供了丰富的资源,为个人层面的核心价值观的提炼提供了遵循,即将"爱国"放在首位。一个人如果对自己的国家都没有深厚的感情,都不能自觉报效祖国,就不可能为国家的发展和民族的振兴而努力。在现阶段,爱国主义就是要拥护党的领导,大力弘扬民族精神和时代精神,为社会主义现代化事业努力奋斗。因此,中华优秀传统文化必然要经得住实践的检验,否则只能是糟粕,必将被抛弃。

第三,中华优秀传统文化应是能促进民族团结和振兴的中华传统文化。历史上,汉民族文化与少数民族文化经历了多次的融合才形成了中华传统文化。这种融合不是杂乱无章的,而是遵循着一定的规律,那就是用最先进的思想、制度来吸收外来文化中有益的东西。我们一直遵从"大一统"的观念,在我们这样一个多民族融合、多元文化交织、幅员辽阔的国家里能一直保持国家统一、民族团结,文化的认同作用不可忽视。各民族间的相互理解、包容,在经过了长时间的交流积淀后,形成了自觉的文化认同。在这种文化认同的驱动下,各民族间相互吸收、相互依存,克服了各种内忧外患,共同缔造了中华民族的伟大辉煌。新时代,我们面临更复杂的局面,承担着更艰巨的任务,就更需要中华民族团结一心,而中华传统文化精神内核中所包含的"以天下为己任"的爱国主义精神、不畏艰难的进取精神、竭尽全力的拼搏精神等,让中华文明经历了那么多的灾难却至今没有断流过,这部分中华传统文化必将成为民族团结和振兴的助推器。

第四,中华优秀传统文化应是能凝聚民族精神和增强文化自信的中华传统文化。党的十八大以来,全社会掀起了学习和弘扬中华优秀传统文化的热潮。这让越来越多的中国人特别是年轻人知道了中华民族的"根"和"魂",从而构筑起中华民族共同的精神家园,改变了原来对中华传统文化完全否定的态度,能够不忘本,不数典忘祖。在新的历史时期,这部分文化又为我们培育社会主义核心价值观提供了不竭的精神支持,社会主义核心价值观才能得以升华;同时这部分内容也在不断进行创造性转化和创新性发展,为我们树立文化自信提供了丰厚的文化滋养。这份文化自信来自经历了长期历史和实践考验了的中华优秀传统文化,其拥有强大的生命力,在未来发展中依然可以历久弥新。

第五,中华优秀传统文化应是促进世界文明发展的中华传统文化。自古以来,中华民族的血液里就没有侵略他国的基因,中华文明的崛起,也从来没有建立在对他国的掠夺和侵略基础之上。中华民族热爱和平,"以和为贵",对外来优秀文化始终以积极的态度对待。凡是在中华民族辉煌的时候,中国的大门一直是向世界敞开着的,也正是在文化交流互鉴过程中,中华文化得以发扬光大。新中国成立后,我们在处理国际事务过程中提出了"和平共处五项原则",继续秉持中华民族热爱和平的光荣传统,坚定不移地走和平发展道路。现在,世界处于百年未有之大变局中,我们在与世界各国交往及在处理国际事务的过程中,要想讲好中国故事、提供中国方案和智慧,需要大力弘扬"天下大同"的文化理念,构建"人类命运共同体",不仅要"引进来",更要"走出去",在发展自身的同时促进世界文明的发展,创造人类文明新形态。

三、中华优秀传统文化

在中华传统文化中以怎样的标准选择出中华优秀传统文化被明确后,我们将抓住"优秀"这一关键特征,搞清楚中华优秀传统文化到底"是什么"的问题,以便对中华优秀传统文化有更深入的理解。下面从理论内涵、价值内涵、时代内涵三个方面进行分析。

(一)理论内涵

首先,中华优秀传统文化应具有丰富的思想资源和思想传统。这是中华优秀传统文化的核心内容,也是中华文明不同于西方文明的根本所在。原始儒家、原始道家、中国佛学和宋明理学被称之为四大思想资源和思想传统,这四大思想传统的一个共同点是,它们的智慧都是人生的智慧。① 我们拥有孔子、老子等重要的思想家,我们更有对宇宙、对社会、对人之间关系的独特阐释。从"生生不息"的宇宙观到以"仁"为核心的人生观再到"知行合一",从"无为而无不为"到"天地与我并生,万物与我为一",这当中蕴藏着对自然、对人生认识的朴素唯物主义,也包含着辩证法、逻辑分析的思维方式等大智慧。这些丰富的思想资源指引着我们走出了一条具有中国特色的社会主义发展道路,为世界发展提供了中国模式。

其次,中华优秀传统文化应包含多样的治国理政的经验。"以史为鉴"是中华民族千百年来形成的优良传统,这样的例子在中国历史上屡见不鲜。例如"水能载舟亦能覆舟"的典故直到今天依然有现实意义,它突出以民为本,与我们的党强调"以人民为中心"一以贯之。丰富的历史经验能让我们少走弯路。而有关国家制度和国家治理方面的思想,例如我们一直崇尚礼仪之邦,强调整体观念,强调"德治"与"法治"相结合,强调"贵和尚中"的理念,"天人合一"处理好人与自然的关系等,为我们今天不断开拓创新提供了丰富的经验。

再次,中华优秀传统文化应拥有丰硕的道德资源。伦理道德对社会和个人发展有着深层次的影响,重视道德建设也是中华民族的优良传统,中华优秀传统文化中拥有着丰硕的相关资源。从人的自身发展层面来说,包括"仁爱孝悌",其中"仁"是最高标准,也是人之所以称为人的根本特性,从这一特性中衍生出来的父慈子孝、兄友弟恭、忠恕之道,对家庭关系的维持、对社会的稳定乃至对促进民族团结都起到积极作用;"诚信知报"是基于人性善的信念,做人的根本是要诚实守信,进而要知恩图报,不能忘本;"勤俭廉正"是在生活上要求勤俭,如果是为政者,则在此基础上发展为廉洁正直;"勇毅力行"是从行动方面要求自身在利益面前不为所动,要有勇气、有毅力,并要付诸行动中。从人与他人、社会交往层面来看,包括"谦和好礼",即注重礼仪,谦虚谦让,以"和"为重要价值取向;"克己奉公",即个人要服从集体,要自觉维护整体利益;"笃实宽厚",即崇尚质朴和务实的精神,严于律己、宽以待人。从人与群体、国家的关系层面来看,包括"精忠报国",这是对祖国深厚的爱国主义情感,是对爱亲爱家的情感升华后形成的一种维护祖国利益的崇高品德;"见利思义",即先义后利,舍生取义,这种崇高的道德境界鼓舞着一代又一代仁人志士为了民族大业义无反顾地付出所有。这些传统美德都为今天社会的发展提供着不竭的精神动力。

---

① 张岱年,方克立.中国文化概论[M].北京:北京师范大学出版社,2004:232.

（二）价值内涵

首先，中华优秀传统文化应是实现中华民族伟大复兴的力量之源。习近平总书记多次强调中华优秀传统文化是中华民族的"根"和"魂"，是"基因"，中华优秀传统文化中的精神瑰宝为中华民族不断前行提供了力量，是中华民族安身立命之本，面对重重危难，中华民族从来没有惧怕过、放弃过。如果一个民族背弃了自己的历史文化，那么这个民族不可能不惧风雨不断发展壮大，而只会消失在历史的长河中，最终被世人忘却。如果没有中华优秀传统文化的滋养，中国人民就找不到归属感，就没有办法凝心聚力，形成强大的民族精神，也就更不可能为了中华民族伟大复兴而不断奋斗。

其次，中华优秀传统文化应是中华民族屹立于世界民族之林的动力之源。人无精神则不立，国无精神则不强。一个民族要想屹立于世界民族之林，必须要有强大的精神支撑，才能不畏任何艰难险阻，站得稳、立得住，才能凝聚民族共识，形成强大的民族力量。中华优秀传统文化有着强大的凝聚力，在历史长河中通过不断地交流与融合，将不同的民族团结在了一起，最终形成了今天的多元一体、团结奋进的中华民族大家庭。中华优秀传统文化是"我们在世界文化激荡中站稳脚跟的坚实根基"①，从中华优秀传统文化中不断汲取精神动力的中华民族必将屹立于世界民族之林，并不断成长和壮大。

再次，中华优秀传统文化应是当前坚定文化自信的信心之源。当前，国与国之间更多的是文化软实力的较量，中国要想更好地发展自己，并在世界舞台上发挥大国应有的作用，就必须增强文化自信。这一自信不是无源之水，它正是来源于博大精深的中华优秀传统文化，是我们文化自信的供给力量。中华优秀传统文化为世界文明的发展做出过卓越的贡献，中华文明也是世界上唯一没有断流过的文明，并形成了中华民族独具特色的精神标识和价值追求。中华民族有理由自信，因为我们有着优秀的文化基因；中华民族也应该自信，因为中华优秀传统文化不断提供着精神给养，赋予我们力量。只有坚定文化自信，我们才有底气不断完善和发展中国特色社会主义文化，最终实现建设社会主义文化强国的目标。

（三）时代内涵

中华优秀传统文化至今依然值得我们学习和研究，就是因为我们在传承过程中并不是简单地接受，而是抛弃愚昧落后的封建糟粕，选取其中的精华，结合新时

---

①中共中央文献研究室.习近平关于社会主义文化建设论述摘编[G].北京：中央文献出版社,2017:167.

代的发展要求,对其进行创造性改造和创新性发展。中华优秀传统文化只有适应时代发展的要求才能走得更远,所以充分挖掘其时代内涵非常必要。

首先,进一步滋养社会主义核心价值观。"价值观的自信,是一个国家和民族在推进文化发展的进程中有所依循、知所趋止、顽强进取的定力与韧性所在,也是一个国家和民族面对各种文明创造和文化滋养择善而纳、从容吞吐的气度与尺度所在。"①中华优秀传统文化为社会主义核心价值观提供了精神养分,是其发展的源泉,如今又与新时代发展的要求相结合,从个人、社会、国家三个层面解决了当代中国应如何发展的问题,其实质依然与中华优秀传统文化的价值内核相统一。中华优秀传统文化为社会主义核心价值观提供了包括价值体系、哲学智慧、民族精神在内的各种思想资源,在中华优秀传统文化中挖掘出适合当代中国发展的爱国、诚信、友善等丰富的思想传统并进行完善和发展,这两者之间的良性互动,为新时代人们精神生活的富足提供了文化食粮,也为我们在2035年实现建成文化强国的目标注入了强大的精神动力。

其次,铸造改革创新为核心的时代精神。正是由于中华优秀传统文化在传承过程中不断将中华民族凝聚在一起,从而形成了以爱国主义为核心的民族精神和以改革创新为核心的时代精神。这些精神和理想信念都离不开中华优秀传统文化的孕育。一方面是对民族精神的传承和敬仰。没有爱国主义,就不能将中华民族凝聚在一起,而不能凝聚就谈不上发展壮大,更不可能推动社会主义事业再创辉煌。正是因为这样的民族精神,才使中华民族团结努力,克服重重困难和挑战,取得了举世瞩目的成就。另一方面,有利于新时代的中国人在深厚的文化土壤中吸取力量,战胜一切新形势下面临的困难,努力实现中国梦。当前各种思想文化交流发展,虽然互学互鉴是文化发展的应有之义,但也导致人们的思想日趋复杂,甚至受到错误思潮的影响。因此,我们要跟上时代发展的步伐,适应社会发展的新需要,从中华优秀传统文化中寻找智慧,摒弃错误思想,迸发改革创新的激情,凝聚具有创造活力的强大力量,坚定自己的发展方向。

再次,提供促进世界和平发展的中国智慧。中华优秀传统文化中"和"的思想深入人心,中华民族历来热爱和平,从不侵略他人。古代丝绸之路的开通、郑和下西洋的壮举,都是以文化交流互鉴、和平共处、友好往来为目的。当今世界正经历百年未有之大变局,发展、变革、调整同时进行,带来了不少问题,甚至是矛盾冲突。

---

① 沈壮海.文化自信之核是价值观自信[J].求是,2014(18).

在各种文化交流、交锋过程中,如何为世界和平发展带来正能量,如何从全人类的角度提供解决问题的方案,中华优秀传统文化彰显其特有的价值和作用。例如习近平总书记一直倡导的人类命运共同体理念,与中华优秀传统文化中"天人合一""和而不同""天下大同""协和万邦"等理念是一脉相承的,都是秉持开放、合作、共赢精神,谋求世界的长久和平。

四、高校思想政治理论课内涵解读

高校思想政治理论课是对大学生进行系统的马克思主义理论教育的主渠道,是培养社会主义合格建设者和可靠接班人的主阵地,是全面贯彻落实党的思想政治教育路线方针和政策及高校贯彻落实立德树人根本任务的主要课程。目前,我国高校思想政治理论课共开设《思想道德与法治》《中国近现代史纲要》《马克思主义基本原理概论》《毛泽东思想和中国特色社会主义理论体系概论》《习近平新时代中国特色社会主义思想概论》《形势与政策》等课程。高校思想政治理论课就是要帮助学生成为坚定的马克思主义者,认同主流意识形态,不断提升自身的理论素养和道德素质,掌握分析问题、解决问题的方法,树立正确的人生观、价值观、世界观,成长为对社会主义事业有用的人才。高校思想政治理论课和其他课程不同,不仅仅是对学生进行知识的传授,更重要的是对学生思想上的引领,要让学生在潜移默化下将所学的本领和知识转化为报效祖国、承担社会责任的自觉行为。新时代,高校思想政治理论课要以改进教学质量、提高学生的获得感和不断增强课程的实效性为改革的目标。

在党和国家的重视关心下,当前高校思想政治理论课无论在教学质量还是教学效果上都有了明显提升。相关学者对思想政治理论课的研究也推进到了新的阶段,具有代表性的理论成果层出不穷。科研的推进反哺教学的提升,形成了两者间的良性互动。高校思想政治理论课的内涵问题是本书需要厘清的基本概念之一,从现有的研究成果看,对于这一问题的研究大体可以分为三类。

第一类是从学科层面来分析,认为高校思想政治理论课是以"直接的、学科课程形式呈现的思想政治教育课程"[①],和其他学科的课程是并列关系、同等地位,同时课程建设必须依托学科建设。第二类是从课程性质来分析,认为高校思想政治理论课"是大学生思想政治教育的主阵地、主课堂、主渠道"[②],是"中国共产党领导

---

①顾海良,佘双好.高校思想政治理论课程教学改革研究[M].武汉:武汉大学出版社,2006:77.
②石云霞.高校思想政治理论课程建设史研究[M].武汉:武汉大学出版社,2006:1.

下的意识形态教育的重要载体"①。这是思想政治理论课的特殊之处,也是课程开设的重要意义。第三类是从"立德树人"根本任务的角度来分析,认为高校思想政治理论课"是高校落实立德树人根本任务的'关键课程'"②,是对青年学生必不可少的一门课程,是极其重要的课程,也是必须得到高度重视的课程。

因此,我们可以从以下几个方面分析高校思想政治理论课的基本内涵。

第一,是对大学生进行思想政治教育的主渠道。高校思想政治理论课是面向我国所有大学生开设的课程,覆盖面广,影响力大,主要就是对大学生进行思想政治教育。高校思想政治教育的途径是多种多样的,但是效果最直接、最明显的依然是思想政治理论课。它也是大学阶段最重要的课程之一,既可以学到理论知识,又可以提升自身的道德素养。

第二,是坚持社会主义意识形态的主阵地。意识形态工作非常重要而且非常紧迫,做好这项工作可以促进全国人民更好地拥护党的领导,认同国家制度和发展道路,更加热爱自己的祖国,并自觉与错误思潮做斗争,抵制错误思潮的影响。而高校又是维护社会主义意识形态稳定、推进文化强国建设的主阵地,高校思想政治理论课在教授大学生相关的马克思主义理论知识、积极引导其坚持正确的政治方向等方面起着不可替代的作用。高校思想政治理论课能及时纠正学生的错误思想观点,确保学生始终坚持马克思主义、始终保持积极向上的心态,同时确保高校社会主义办学方向,确保高校是坚持社会主义意识形态的是主阵地。

第三,是落实立德树人根本任务的关键课程。国无德不兴,人无德不立,培育人才首要的任务是要培养有德行的人。新时代,大学生更应该把提高自身的道德素养放在首位,先成人、后成才。高校思想政治理论课通过对学生润物细无声的引导,不断提升大学生的道德素质,将思想政治教育落实到教育的全过程,在大学生成长的关键时期帮助他们扣好人生的第一粒扣子。

第四,是党在高校部署思想政治工作的重要抓手。重视思想政治工作是我们党的优良传统,也是我们党取得革命胜利的经验之一。高校思想政治工作任务重,责任大,只有在高校党委的统一领导和统筹协调下,将思想政治理论课与其他课程、其他部门形成思想政治教育的合力,才能真正保证高校为党育人、为国育人。

总之,高校思想政治理论课是对大学生进行思想政治教育的主渠道,是坚持社

①宇文利.思想政治教育课程论:现状、问题与发展[J].思想理论教育,2014(4).
②冯刚,高静毅.中华人民共和国成立以来中国共产党对高校思想政治理论课的认识和探索[J].思想教育研究,2019(9).

会主义意识形态的主阵地,是落实立德树人根本任务的关键课程,还是我们党在高校部署思想政治工作的重要抓手。这四个方面有机统一,缺一不可,在马克思主义科学理论指导下,随着时代的发展,其内涵也将不断丰富。

第二节　中华优秀传统文化融入高校思想政治理论课内涵

研究中华优秀传统文化融入高校思想政治理论课的相关问题时,首先要弄清楚的就是融入的内涵等基本问题。这是理解融入的必要性、可能性,从理论层面和实践层面进行融入分析与认识的前提。

"融入"是一个动词,从字面意思理解,"融"是指不同事物相结合,"入"有进入、由外到内、参加、参与等意思,那么"融入"就是指一种事物加入另一种事物的过程,这种事物可以是有形的,也可以是无形的(思想、理论等)。融入的终极目标是几种事物遵循一定的规律融为一体,达到内在的协调统一。需要指出的是,在融入过程中一定要分清主次,即要弄清楚融入的主体是什么,哪一部分占主导地位。从中华优秀传统文化融入高校思想政治理论课来说,这里的"融入"意味着中华优秀传统文化相关资源的选择必须符合高校思想政治理论课的要求。因此,一定要突出高校思想政治理论课的主导地位,中华优秀传统文化的相关内容仅仅是作为高校思想政治教育的素材,它们与高校思想政治理论课的相关教学内容相结合,目的是提升思想政治理论课的实效性,使得思想政治理论课更具有说服力,而不是改变思想政治理论课的属性,让思想政治理论课成为传统文化课。

一、中华优秀传统文化融入高校思想政治理论课的实质

本书认为,中华优秀传统文化融入高校思想政治理论课,就是指在马克思主义的指导下将中华优秀传统文化中符合高校思想政治教育的相关内容通过一定的教育教学方式,有计划地加入高校思想政治理论课中,既保证思想政治教育正确的方向,又为思想政治教育提供不竭的资源和动力,最终使大学生们能不断提升思想道德水平,成长为全面发展的时代新人。

(一)融入的前提是坚持马克思主义指导

马克思主义是科学的理论,坚持马克思主义指导为高校思想政治教育明确了方向。只有把握了马克思主义理论、观点和方法,才能更好地认识人类社会发展规律。不论是中华优秀传统文化还是思想政治理论课,都需要在遵循自身发展规律的基础上运用马克思主义解决问题,抵制错误思潮的影响。只有坚持马克思主义

指导,才能充分挖掘出中华优秀传统文化中的相关素材,选择出合适的融入内容。

中华优秀传统文化融入高校思想政治理论课,首先必须明确方向,只有这样在融入过程中才能不走或少走弯路。中华优秀传统文化不可避免地带有历史局限性,运用马克思主义科学的立场、观点和方法能不断提升中华优秀传统文化的时代内涵和价值,有助于其摆脱历史局限性。其次,要将中华优秀传统文化植根于中国特色社会主义实践中,深挖其精髓,使其更好地为社会主义现代化建设服务,更好地融入高校思想政治理论课。中华优秀传统文化中很多重要的思想、观念只有在马克思主义的指导下才能更好地教育和引导大学生增强文化自信。

(二)融入的核心作用是提高思想政治理论课的实效性

提高思想政治理论课的实效性首先表现在融入后增强了思想政治理论课的亲和力。亲和力往往与学生的情感认同密切联系。从中华优秀传统文化出发,加强爱国主义和民族精神教育,增强大学生的民族自豪感,不断提升民族自信心,可以更好地促进情感认同的意识,增强课程的亲和力。提高实效性还表现在处理好守正与创新的关系。一方面要将马克思主义相关理论知识分析透彻,让学生能把握马克思主义基本原理;另一方面要结合实际,特别是新时代的实际,聚焦大学生关心的问题,从问题导向出发,让理论讲授有针对性,增强理论课的现实感,让学生觉得理论也是接地气的。这一过程中融入中华优秀传统文化的相关素材,既能让传统文化在新时代创新发展,又能增加理论讲授的生动性,促进教材体系向教学体系转变,并进一步促进教学体系向学生的价值体系和信仰体系转变,从而激发了大学生学习的热情,提升了思想政治理论课的吸引力和实效性。

(三)融入的过程是科学严谨的

事实证明,融入既有可能性也有必然性,这是有理论依据和现实依据可以遵循的,本书将在后面的章节中进行专门论述。具体到融入的过程,还必须弄清楚融入的目标、融入的原则、融入的方法、融入的内容等,需要有明确的目的和计划。这一融入不是为了迎合传统文化学习热潮而进行的简单植入,更不是随意的、盲目的融入,而是一个科学严谨的过程,必须遵循思想政治工作规律、教书育人规律、大学生学习成长规律,并要结合大学生的学习现状进行科学规划。只有科学严谨的融入,融入的内容才经得起推敲,才能让所传授的理论、所引导的价值理念真正帮助学生,才能真正使融入教育发挥作用,而不是徒劳无功。

(四)融入后的发展是可持续进行的

中华优秀传统文化融入高校思想政治理论课不是一蹴而就的,必须要在实践中不断完善发展。高校思想政治理论课的教育教学内容并不是一成不变的,中华优秀传统文化也必将在时代发展过程中不断得到创新发展。而在两者动态发展过程中,融入的内容、模式也不是固定不变的。只有通过制定科学正确的指导原则,充分发挥教师和学生的主观能动性,在实践中不断检验融入的合理性和教育效果,才能让融入的广度深度不断拓展,才能保证融入后发展的可持续性。

二、中华优秀传统文化融入高校思想政治理论课的构成要素

中华优秀传统文化融入高校思想政治理论课的重点还是在课程上,其中包含了教和学两个非常重要的环节,因而必然会包括融入的实现主体、融入的教育对象、融入的主要内容、融入的方法论等构成要素。

(一)融入的实现主体

融入的实现主体,即由谁来进行融入。既然是高校思想政治理论课,那么融入的实现主体自然是以高校思想政治理论课教师为主。首先,高校思想政治理论课教师是融入的组织者。在融入实施之前,他们要制定融入的教育目标、选取融入的内容、选择适合学生的教育方法,例如选择中华优秀传统文化中的什么内容融入高校思想政治理论课的哪一门课、哪一个章节、哪一个知识点中,以怎样的形式融入,为更好地融入做好组织准备工作。其次,高校思想政治理论课教师是融入的实施者。他们要将前期的准备工作付诸行动,把融入的构思、设想转化为教育教学实践。再次,高校思想政治理论课教师是融入的调控者。要想融入真正取得教育效果,实现既定教育目标,他们必须关注具体教育教学过程中各种各样的反馈信息,不断调整教育方案、改进教学方法、改善教育教学行为。

由此可以看出,高校思想政治理论课教师在融入过程中发挥着无可替代的作用。第一是主导性。高校思想政治理论课教师主导整个教育教学活动,并确保融入的正确方向,决定着最终教育教学目标能否顺利实现。第二是育人性。高校思想政治理论课教师不仅要"教书",更要"育人"。他们在思想上、行动上都要做大学生的引导者,这对思想政治理论课教师提出了更高的要求,只有自觉加强对中华优秀传统文化的学习研究,才能在"教书"过程中更有底气地进行"育人",将融入的教育教学工作做扎实。第三是能动性。融入的教育教学活动的开展,从宏观层面来说受到时代条件、社会要求的制约,从微观层面来讲则直接跟高校思想政治理论课教师的教育教学活动密切相关。教师主观能动性发挥得如何,是否能开拓创新、与时俱进,是否能从学生的实际情况出发、从整体校园文化的氛围出发开展融入,直接影响着融入的教育教学质量和水平。

（二）融入的教育对象

明确融入的教育对象，是开展融入教育教学活动的前提。在这里，很明显大学生就是融入的教育对象。作为教育对象，大学生具有被动性，因为他们是思想政治理论课直接的教育对象。但同时他们又是思想政治教育的主体，具有主体性、能动性。因此，融入时必须充分发挥大学生群体的可塑性等特点，有针对性地开展教育教学活动，做到具体问题具体分析。

大学生作为教育对象，通过参与融入的教育教学活动，可及时给予教师反馈信息，并在其思想意识、行为活动中体现教育效果。一方面，大学生是被动接受教育，另一方面又可以充分发挥主动性，积极参与到融入的教学实践中。他们与教师相互作用，推动融入教育教学活动有效开展，从而实现教育目标的达成和教育效果的优化。例如在反馈教学效果的过程中，大学生充分发挥主观能动性，及时向教师反馈融入教育的实践进展情况，推动教师及时进行相关教育教学活动的调整和开展。最终，通过自身的转化，大学生将融入的教学内容内化为自己的行为准则，提升了思想政治素质。

（三）融入的主要内容

中华优秀传统文化博大精深，在融入高校思想政治理论课时，一定要选择有助于进行社会主义核心价值观教育、爱国主义教育等内容，既要保证思想政治理论课教育目标的达成，又能弘扬中华优秀传统文化。

首先，融入的内容要有针对性。不同类型学校、不同年级的大学生存在不小的差异，融入时要注意根据实际情况，设计针对不同教学对象的教育内容，避免内容设计过于公式化；对同一内容也可以采取不同的角度进行讲解，使融入的内容能更好地契合教育目标，更好地贴近教育对象。其次，融入的内容要有精准性。思想政治理论课要敢于回应大学生关心的现实问题，在融入过程中同样要有问题意识，因为融入就是为了更好地答疑解惑，为教育对象服务。因此，高校思想政治理论课教师需要精准选择中华优秀传统文化中合适的内容，做到精心设计、对症下药。再次，融入的内容要有系统性。在融入过程中不能想起一出是一出，需要对相关的融入内容进行系统化设计，形成合力效应，最终要能够提升大学生的思想素质和文化素养。

（四）融入的方法论

融入的方法是多种多样的，可从实际出发，采取各种行之有效的方法，但必须遵循以下三个基本原则和要求。第一，把握综合性。大学生群体个性突出，易受到复杂的外在环境的影响,思想也呈现出多元化趋势,仅靠单一的教育教学方法很难有效解决在思想政治教育过程中出现的问题。因此,要在把握不同教育教学方法特点和作用的基础上,综合运用多种教育教学方法,并且要形成协同、有序、能相互配合的关系,将中华优秀传统文化的思想精髓有效融入课程的理论讲授环节、实践教育环节等。这样不仅有助于教师理论讲解更透彻,还能帮助学生在实践中自觉提升道德素养,以实现教育教学方法的整体性优势和综合性效果。第二,注重实效性。不管用怎样的教育教学方法,最终目的是实现理论育人、以文化人等教育效果的最大化,解决目前高校思想政治理论课存在的内容枯燥、教学效果不够理想等问题。因此,对于教育教学方法的选择必须落实到成效上,注重融入的可行性和可操作性,避免做表面文章、搞形式主义而没有真正起到作用。第三,富有创造性。时代在不断发展,社会在不断进步,高校思想政治教育的方法也应该不断革新发展,特别是融入时应把握时代特征,只有这样才能挖掘出真正能融入课程的资源。一方面,要结合学生学习的实际情况对目前传统的思想政治教育教学方法进行创新;另一方面,也要积极借鉴、探索和研究新时期的教育教学方法,不断推进教育教学手段现代化,以更新颖的方式使得融入的内容科学、合理、生动,提高大学生学习思想政治理论课的兴趣。

三、中华优秀传统文化融入高校思想政治理论课的基本特点

通过对融入的基本特点进行分析,能够明确融入教育的重点难点是什么、应该如何处理中华优秀传统文化和思想政治理论课的关系,以便对融入教育及时进行调整,为科学有效融入奠定基础。

(一)内容的互补性

高校思想政治理论课以马克思主义为指导思想,向大学生传授马克思主义理论知识是为了让学生能运用马克思主义理论解决实际问题,面对纷繁复杂的形势时能做出正确的判断,树立正确的价值观。关于人生智慧、价值理念、道德追求等层面的中华优秀传统文化的相关内容融入后,可以帮助大学生进一步完善人格,提高道德情操,在多元文化碰撞过程中拥有定力,坚定文化自信,同时提升理论素养和道德素质,自觉提高自身对马克思主义的认识水平,讲好中国特色社会主义的故事。课程内容既有理论、有实践,又有历史、有文化,实现了内容的综合互补,进一步增强了大学生理论学习的系统性。

(二)主题的贯通性

高校思想政治理论课是由"马克思主义及其在中国的发展和应用"这一贯通性

主题联结而成的[①],虽然每门课程的侧重点不同,但都紧紧把握马克思主义基本原理这一核心,以马克思主义中国化为教学主线,围绕马克思主义中国化的理论成果开展教育教学工作。在这一过程中,我们的党非常重视中华优秀传统文化的作用,并自觉运用马克思主义的立场、方法来发展中华优秀传统文化。不论是"取其精华,去其糟粕",还是"要处理好继承和创造性发展的关系,重点做好创造性转化和创新性发展"[②],都为中华优秀传统文化注入了时代内涵,在革命、建设、改革的不同阶段,中华优秀传统文化都能为我们的实践服务。这与高校思想政治理论课的主题一脉相通,中华优秀传统文化不是作为一种文化遗产或历史存在,而是密切与时代相接,虽有所侧重,但始终与马克思主义中国化相向而行。

（三）价值的一致性

高校思想政治理论课的教学目标是培养大学生灵活运用马克思主义基本原理的能力,促进大学生的全面发展,为新时代培育更多创新型人才。马克思主义是科学理论,对其进行学习和掌握,最终还是要运用到实践中。理论的使用离不开实际,这个实际既包括中华民族一步步走过来的实际,也包括当前我国社会发展的实际。融入中华优秀传统文化可以帮助大学生更好地理解为什么会有当前的治国理念、为什么要制定当前的政策措施等。历史的发展都具有延续性,当下的发展也必然是在原有的基础上不断创造条件发展而来,历史和现实的一以贯之正是价值一致性的表现。直到今天,马克思主义中国化已经经历了三次飞跃,我们所提倡的"以人民为中心""人类命运共同体"等思想与古代传统文化中的民本思想、理想社会的建设等有着密切关系,实践证明这些都符合人类历史发展的规律,中华优秀传统文化为马克思主义中国化提供了深厚的精神土壤。从理论维度、历史发展维度、现实维度全面认识世界、改造世界,提高了大学生的思想觉悟和道德水平,也引导着他们"树立正确的历史观、民族观、国家观、文化观"[③]。

---

① 郭凤志.高校思想政治理论课程建设研究[M].北京:北京师范大学出版社,2019:125.

② 习近平.习近平谈治国理政:第1卷[M].北京:外文出版社,2018:164.

③ 习近平.决胜全面建成小康社会 夺取新时代中国特色社会主义伟大胜利——在中国共产党第十九次全国代表大会上的报告[N].人民日报,2017-10-28.

第三章　中华优秀传统文化融入高校思想政治理论课的依据

中华优秀传统文化融入高校思想政治理论课,是新时代继承和弘扬中华优秀传统文化的需要,是推进马克思主义中国化的需要,更是加强和改进高校思想政治理论课教育教学效果的需要。这一融入并不是凭空产生的想法,而是有着深刻的理论依据和现实依据。本书将从马克思主义经典作家关于文化的理论论述、中国化马克思主义关于中华优秀传统文化的理论论述、习近平关于中华优秀传统文化的重要论述中分析寻找中华优秀传统文化融入高校思想政治理论课的理论依据,从相关的国家政策和目前的教育实践中寻找融入的现实依据。

第一节　中华优秀传统文化融入高校思想政治理论课的理论依据

马克思、恩格斯、列宁等马克思主义者高度重视文化在社会发展中的作用,他们从唯物史观出发,在不同的历史时期对传统文化的相关问题进行了思考,形成了一批理论成果。中国共产党百年来一直以科学的态度对待传统文化,特别是党的十八大以来,习近平总书记高度重视中华优秀传统文化的创造性转化、创新性发展,形成了系列重要论述,它们是马克思主义文化观在当代的继承与发展。因此,我们很有必要对这些理论观点进行整理和分析,从中找到中华优秀传统文化融入高校思想政治理论课的理论依据。

一、马克思主义经典作家关于文化的理论论述

本书主要分析马克思、恩格斯、列宁关于文化的相关理论论述,这些论述是一脉相承的。需要说明的是,虽然他们没有直接对中华优秀传统文化进行论述,但在他们的文化思想中所包含的有关文化的观点、理论,是我们把握文化相关问题的营养之源、理论之根。

（一）马克思、恩格斯对于传统文化的理论论述

马克思、恩格斯并没有专门针对传统文化进行论述,但是对文化的相关问题还

是给予了很大的关注。"马克思认为,在不同的经济和社会环境中,人们生产不同的思想和文化,思想文化建设虽然决定于经济基础,但又对经济基础发生反作用。"①马克思通过对文化的产生和作用的分析为我们更好地把握文化相关问题提供了依据。不难看出,虽然文化由经济基础决定,但是先进的思想文化是能够对社会发展起推动作用的,在整个社会发展中有着非常大的反作用。这是马克思、恩格斯对于文化的根本观点。文化会随着社会物质生活条件的发展而发展,则被传承和改造的传统文化必然是能够和新的物质生活条件相结合的文化,这样的文化又促进着社会物质生活条件的发展。

马克思、恩格斯在他们生活的年代就非常关心中国的发展,并就中国文化进行了分析,认为当时的中国文化与"依靠小农业与家庭工业相结合而存在的中国社会经济结构"相适应。他们在《共产党宣言》中进一步论述:"共产主义革命就是同传统的所有制关系实行最彻底的决裂;毫不奇怪,它在自己的发展进程中要同传统的观念实行最彻底的决裂。"②(以下简称"两个决裂")在这篇宣言中,他们强调了对包括宗教、道德、政治、民族、国家等在内的传统观念的抛弃,因为"旧思想的瓦解是同旧生活条件的瓦解步调一致的"③。毫无疑问,马克思、恩格斯的传统文化观是与他们的理论历史背景即 19 世纪上半叶文化冲突激烈和革命形势高涨的背景联系在一起。在革命的实践中及在创立和运用唯物史观的过程中,他们对传统文化的基本看法也逐渐清晰起来,主要表现在以下三个方面。

1) 以批判的态度对待传统文化的继承

马克思、恩格斯对待传统文化的批判态度,不能简单理解为马克思、恩格斯要完全否定一切传统文化,隔断传统文化与现时一切的任何联系,而是主张批判地吸收传统文化。"两个决裂"以共产主义革命的根本任务为出发点,旗帜鲜明地提出对传统所有制和传统观念的扬弃,进而反映出他们对传统文化的批评态度。第一个最彻底的决裂主要强调的是与资本主义私有制及以私有制为基础的生产关系进行彻底决裂;第二个最彻底的决裂是在第一个决裂基础上,与私有制相适应的社会意识进行彻底决裂。"两个决裂"并不是指马克思、恩格斯简单的全盘否定一切传

---

① 习近平.论中国共产党历史[M].北京:中央文献出版社,2021:205-206.
② 中共中央马克思恩格斯列宁斯大林著作编译局.马克思恩格斯文集:第 2 卷[M].北京:人民出版社,2009:51.
③ 中共中央马克思恩格斯列宁斯大林著作编译局.马克思恩格斯文集:第 2 卷[M].北京:人民出版社,2009:52.

统文化,主要针对的是资产阶级的私有观念。同时,这里的传统观念并不能等同于传统文化,而实际强调的是建立在当时私有制基础上并为之服务的社会意识,这种社会意识只是文化的一部分。显然,传统文化包含着传统观念,因此传统文化的内涵要更大。我们对于"两个决裂"的认识应客观、全面,马克思、恩格斯提出的"决裂"并不否认继承,其本质上是一种扬弃。马克思、恩格斯坚持辩证否定观是对传统文化进行批判的本质所在,这与文化虚无主义强调对本民族文化的全盘否定是对立的。

马克思、恩格斯对于传统文化的批判态度来自唯物史观的视角,从社会存在和社会意识的关系出发,"物质生活的生产方式制约着整个社会生活、政治生活和精神生活的过程。不是人们的意识决定人们的存在,相反,是人们的社会存在决定人们的意识。"[1]马克思、恩格斯传统文化观的逻辑起点不是从抽象的人出发,而是从现实生产生活中的人出发去理解他们的实践活动。人的政治生活、精神生活等都受到物质生活的生产方式制约,文化实质上就是人类实践的观念表达和精神体现。文化是人类在改造世界和改造自身实践中创造出能满足自己生活的物质条件后在精神上的一种反映,物质生产活动是产生文化的本源,文化产生后又会有自己的发展规律,对社会发展产生一定的反作用。马克思、恩格斯对传统文化的认识之所以深刻,是因为他们跳出了单纯的社会意识领域,找到了文化产生的社会根源。

马克思、恩格斯认为旧的所有制关系发生变革后必然导致与之相适应的传统观念的消失。比如资本主义时代所谓的自由与平等的价值观,无非是统治阶级为了巩固自己的利益而对全体社会成员的蛊惑。马克思指出:"一切已死的先辈们的传统,像梦魇一样纠缠着活人的头脑。"[2]马克思用梦魇来比喻传统,为的是突出传统文化由于受到了当下经济社会发展条件的制约,需要批判与否定。因此,与代表传统文化的落后的统治阶级进行斗争必然是社会革命的主要任务。这里需要指出的是,在唯物史观的指引下,马克思、恩格斯充分认识到经济基础的决定性作用,但并没有忽视上层建筑和意识形态的反作用,进而认识到传统文化在社会发展过程中的重要作用。在社会发展过程中,经济只有与人们所创造的文化发生相互作用才能推动社会的发展。

---

①中共中央马克思恩格斯列宁斯大林著作编译局.马克思恩格斯选集:第2卷[M].北京:人民出版社,2012:2-3.

②中共中央马克思恩格斯列宁斯大林著作编译局.马克思恩格斯文集:第2卷[M].北京:人民出版社,2009:471.

2）以积极的态度对待传统文化的转化

在批判对待传统文化的继承问题之后,马克思、恩格斯认为新的文化形态是在适应了变化后的经济基础上产生的,具有合力性,但是这种新文化并不是从一张白纸开始的,必然包含着旧文化的影子,只是摒弃了其中不适应新的经济基础的成分,合理的成分依然会在新的历史时期得到继承和发展,新文化的发展离不开旧文化的存在。马克思、恩格斯强调了新旧文化之间的关系,可以清楚看到正是因为新旧文化的交替作用,才推动了文化的不断发展。这也反映出马克思、恩格斯对文化发展的动态关注,传统文化中有着符合现实需要的成分,可以积极进行转化,并对未来文化转化为共产主义文化这一最高形式充满信心。

马克思、恩格斯对待传统文化转化的积极态度与前文所提到的"两个决裂"密切相关。他们认为传统文化应该要转化,但不能全盘否定传统文化,而是要与不适合当代社会发展的落后的传统文化实现"决裂"。也就是说,传统文化转化并不是绝对的,必须有一定的条件,从自身的实际出发,既要符合生产力与生产关系矛盾运动的规律,又能符合未来社会发展的方向,对社会发展起推动作用。一方面,传统文化的产生和发展离不开生产力和生产关系的矛盾运动。传统文化属于社会意识的范畴,社会意识由社会存在决定,而社会存在最重要的元素就是物质生产方式。尽管影响传统文化形成发展的因素多种多样,但物质生产方式很显然起决定作用。资本主义的物质生产方式就决定了经济上占统治地位的资产阶级的意识形态,表现在文化上就是资产阶级的文化,具有明显的阶级属性。马克思、恩格斯所处的历史时期正是资产阶级文化占主导地位,而这并不是他们所希望的文化发展的最终结果。另一方面,物质生产方式本身又是生产力和生产关系的统一体,因此文化的变化与发展也由生产力和生产关系的矛盾运动决定。人类社会物质生产活动的变化发展必然是在生产力与生产关系的矛盾运动中完成的,这决定了传统文化的转化也必须在这个框架下进行。传统文化的转化应注意以下两方面的问题。

第一,传统文化的转化不能脱离原有的文化基础。传统文化的发展离不开继承,新文化并不是凭空产生的,而是在原来的基础上进行创造转化的结果。文化的发展本来就不是一蹴而就的,文化并不是人类随心所欲就能创造出来的,需要经过漫长的历史发展沉淀、积累并结合实践才能形成,必须建立在符合社会发展规律的基础上才能不断发展。文化发展也不是空中楼阁,没有原来的基础,就没有现有文化的果实。从原有的文化传统出发,是传统文化创造转化的前提条件。如果没有这个基础,文化的创新发展就无从谈起。

　　第二,传统文化的转化应该放眼未来,兼顾"共同的历史背景"对传统文化的影响。社会更替的发生是在"共同的历史背景"下进行的,传统文化的创造转化也同样离不开这一背景。首先是文化的继承性。虽然社会不断向前发展,但是历史背景的连续性和共同性必然反映出传统文化与现阶段文化存在着一致性,其实它们都是当时意识形态的一种反映,只是处于不同的历史文化发展阶段,传统文化之所以能继承也正源于此。其次是文化的超越性。文化的发展离不开前人已奠定的基础,在发展过程中不断利用原有的条件,又不断结合现阶段的发展需要,从而使文化的发展得以延续。新事物来源于旧事物,又必然会取代旧事物。传统文化中必然含有旧事物的成分,但随着现时社会的发展,传统文化中适应社会发展的新事物的成分将逐渐发展壮大占据主导地位,传统文化也必将在原有继承的基础上不断超越自我实现发展。

　　3) 以创新的态度对待传统文化的发展

　　马克思、恩格斯对传统文化发展的未来充满信心,认为传统文化的发展总体是向前进的,但在发展过程中需要不断创新,最终的目标是建设无产阶级先进文化,实现人与自然、人与社会、人自身的自由而全面的发展。

　　马克思、恩格斯坚持用唯物史观的根本立场看待传统文化创新发展问题。一方面,传统文化应传承能够适应社会发展的部分内容;另一方面,对不能适应的地方应进行创新和改造,从而实现传统文化的发展。当然,这个过程不是一蹴而就的,必须遵循文化发展的客观规律。例如,要遵循人类社会文化优胜劣汰进化式的发展规律,传统文化中的糟粕应及时抛弃;传统文化创新发展不能仅局限于某一地区或某一国家,应以服务全世界无产阶级革命为立足点,遵循人类社会文化拓展式走向世界的发展规律,以发展成为无产阶级先进文化为最终目标。马克思、恩格斯把文化摆在经济基础与上层建筑的动态关系和历史情节中解释文化矛盾及其根源,揭露了资本主义意识形态的虚假本质及无产阶级意识形态产生的社会基础。同时,文化的创新发展是由人民群众推动的,马克思主义文化思想发展的内在机理是社会实践的深化、人民群众的推动、革命运动的深入、政治制度的变迁和生活方式的变化。[①]

　　"从传统和创造的结合中去看待未来,创造一个新的文化的发展。"[②]马克思主

---

①孟宪平.马克思主义文化思想研究方式论析[J].马克思主义研究,2021(4).
②费孝通.费孝通文集:第14卷[M].北京:群言出版社,1999:457.

义文化理论在对待传统文化上,坚持的是批判、继承与发展相统一的原则,这为我们今天全面认识文化的相关问题给出了科学的方法论。

(二)列宁对于传统文化的理论论述

列宁关于传统文化的论述是对马克思主义文化理论的继承和发展。他立足于马克思主义基本观点,运用唯物史观分析和解决俄国的传统文化问题,在批判继承中厘清了俄国的传统文化对现代文化发展的贡献。

俄国是一个传统文化深厚的国家,在这样一个经济文化相对落后的国家,要实现社会的全面进步,建设现代文明,文化发展是必不可少的,这就涉及如何对待传统文化的问题。

一方面,列宁非常重视优秀文化的继承问题。他尖锐批判了否定人类文化遗产的观点,反对在文化问题上犯历史虚无主义的错误。他认为:"无产阶级文化并不是从天上掉下来的,也不是那些自命为无产阶级文化专家的人杜撰出来的。"[①]当时俄国国内存在一个所谓无产阶级文化派,主张完全脱离俄国实际,与俄国传统文化脱钩,并主观臆造属于自己的文化。这显然不符合无产阶级文化发展的规律,对文化的发展起了阻碍作用。列宁强调,提升广大人民群众的文化素养应在"文化遗产"上下功夫,要利用好这些既有资源为苏维埃俄国的社会主义建设服务。另一方面,列宁又号召进行文化革命,坚决抛弃愚昧、野蛮、落后的文化遗产。列宁对待俄国传统文化的态度主要表现在以下几个方面。

1)批判继承传统文化

1897年底,列宁在《我们拒绝什么遗产?》一文中明确提出,对待传统文化和文化遗产要坚持批判继承的原则。在与错误思想作斗争的过程中,列宁尤其强调:"一种遗产是启蒙者的遗产,是绝对敌视改革前的一切的人的遗产,是拥护欧洲理想和广大群众利益的人的遗产。另一种遗产是民粹派的遗产。"[②]也就是说,我们应一分为二地看待传统文化。对于启蒙者的文化遗产,那些维护了广大群众利益的文化应继承并继续发展;对于民粹派的文化遗产,虽然客观上民粹派曾保护了民族文化,但他们的文化遗产中保守的、狭隘的态度是不值得提倡的。因此,列宁认为,马克思主义者应采取"不同于档案保管员保存旧的文件"[③]的态度来对待文化遗产,并要采取运动的、辩证的、发展的态度来看待这一问题;应从基本国情出发,

---

①中共中央马克思恩格斯列宁斯大林著作编译局.列宁选集:第4卷[M].北京:人民出版社,2012:285.

②中共中央马克思恩格斯列宁斯大林著作编译局.列宁选集:第1卷[M].北京:人民出版社,2012:130-131.

③中共中央马克思恩格斯列宁斯大林著作编译局.列宁选集:第1卷[M].北京:人民出版社,2012:130.

既不能全盘否定犯历史虚无主义的错误,也不能全盘肯定犯文化复古主义的错误,而是应该在唯物史观的指引下对民族文化采取批判继承的态度。

2) 大力传承民族优秀文化

全盘否定或抛弃传统文化,就是损毁民族和国家的根基,就让文化的发展失去了源泉。同时,完全脱离民族文化的文化变革并不能科学地促进文化的发展,而只会导致文化的断裂和混乱,最终也不会取得成功。列宁强调,真正的无产阶级文化变革,除了要批判继承传统文化,还要在传统文化背景下广泛吸收一切阶级、一切国家、一切民族的优秀文化成果,将传统文化的精华部分即民族优秀文化进行大力传承与弘扬,才能使民族文化得到长足发展,才能创造出新的文化。

3) 必须掌握无产阶级政党对文化建设的领导权

列宁高度重视无产阶级政党对文化建设的领导权,并且对这一问题的强调有着鲜明的阶段性、连贯性和针对性。在革命和苏维埃政权建设的不同阶段,文化建设领导权的侧重点是不同的,先是提出,然后是巩固,再由一些零散的想法逐步完善成系统完整的文化领导权。在苏维埃政权建设初期,由于建设新社会的巨大热情,当时的无产阶级在社会主义文化建设方面出现了大量不切实际、激进的想法,列宁认为要想保证文化建设的正确方向,还得依靠无产阶级政党对文化建设的领导权,要确保思想文化阵地首先被无产阶级政党占领,避免出现真空地带,更要避免被反马克思主义思想占领。同时,要想无产阶级政党对文化建设拥有领导权,就必须坚持马克思主义,因为马克思主义是从无产阶级的利益出发,会为了构建和发展无产阶级的文化而努力。如果不坚持马克思主义,那么文化建设正确的方向就得不到保证。

4) 文化建设的主体是广大人民群众

当时俄国无产阶级文化派否定广大人民群众中的农民、知识分子等对文化建设的作用,只承认"精选"出的无产阶级才是文化建设的主体。列宁对此给予了强烈的批判,强调这是小资产阶级的偏激观点,非常有害。列宁认为,应从国家的具体国情出发,必须依靠广大农民的力量,农村文化工作能否做好直接关系到当时新经济政策的落实;应争取广大农民对无产阶级政党的认同和支持,只有这样无产阶级的政权才能更巩固。因此,文化建设离不开广大人民群众,而这里的人民群众是指广义的无产阶级,包括广大农民和知识分子。文化建设的根本目标是实现无产阶级的彻底解放与人的全面发展,在经济文化落后的俄国要想实现这个目标,就必须努力提升广大人民群众的科学文化水平,只有在这个基础上才能创造社会主义文化,建设高度文明国家。

二、中国化马克思主义关于中华优秀传统文化的理论论述

"中国共产党人不是历史虚无主义者,也不是文化虚无主义者……中国共产党人始终是中国优秀传统文化的忠实继承者和弘扬者。"①中国共产党始终重视中华优秀传统文化的相关问题,不断探索和回答"什么是中华优秀传统文化""怎样对待中华优秀传统文化",逐步形成科学的传统文化观。本书通过分析马克思主义中国化两大理论成果——毛泽东思想和中国特色社会主义理论体系中关于中华优秀传统文化的论述(特别是习近平新时代中国特色社会主义思想中的相关论述),找到了中华优秀传统文化融入高校思想政治理论课的相关理论依据。

(一)毛泽东思想中关于中华优秀传统文化的论述

毛泽东思想是马克思主义中国化的第一个理论成果,其中体现的民族风格和民族气派都与中华优秀传统文化密切相关。毛泽东同志本身就十分热爱中华优秀传统文化,有着深厚的文化功底,对相关文化问题颇有研究,并且一贯重视将马克思主义与中国具体实际相结合,与中华优秀传统文化相结合。也正是在革命和社会主义建设的实践中,他对中华优秀传统文化的认识逐步成熟。

1) 科学探索什么是中华优秀传统文化

首先,从社会意识与经济基础的互动关系出发探讨文化问题。毛泽东认为:"一定的文化(当作观念形态的文化)是一定的社会的政治和经济的反映,又给予伟大影响和作用于一定社会的政治和经济。"②这一观点与马克思主义一脉相承,即文化属于意识形态范畴,经济基础起决定作用。他认为,旧文化是与旧的政治经济相适应的,那么新文化也必然应该与新的政治经济基础相适应;中国传统文化是封建社会经济基础决定的,"农民和手工业工人"是文化生产和创造的基本阶级。毛泽东运用马克思主义重新对文化进行了认识,并指明了人民是传统文化的创造主体,这为通过变革社会经济基础促进传统文化发展的实践奠定了认识基础。

其次,明确中华优秀传统文化具有人民性。毛泽东认为:"中国几千年的文化,主要是封建时代的文化,但并不全是封建主义的东西,有人民的东西,有反封建的东西。要把封建主义的东西和非封建主义的东西区别开来。"③例如民本思想,虽

---

①习近平.在纪念孔子诞辰 2565 周年国际学术研讨会暨国际儒学联合会第五届会员大会开幕式上的讲话.人民日报[N],2014-09-25.

②毛泽东.毛泽东选集:第 2 卷[M].北京:人民出版社,1991:663-664.

③毛泽东.毛泽东文集:第 8 卷[M].北京:人民出版社,1999:225.

然封建统治阶级是从维护统治的角度提出这一思想的,但其中的人民性却是可以继承和弘扬的。中华优秀传统文化本身就是劳动人民在长期创造历史的过程中形成的,中国共产党是人民的政党,始终与人民保持着密切联系,脱离人民群众注定走向失败,因此要发展的文化也必然应体现人民性。而这种人民性是相通的,因此中华优秀传统文化中那些合理的部分我们要进行继承和发扬。也就是说,传统文化有值得肯定的地方,兼具封建性和人民性两大属性。

再次,强调中华优秀传统文化的继承性、创造性。中华优秀传统文化经历了数千年的发展与沉淀,是中华民族的瑰宝,既体现着浓厚的民族风格,又是古今中外多种优秀文化的汇集和融合,值得好好学习和继承。毛泽东认为,传统文化是"发展民族新文化、提高民族自信心的必要条件"[①];"对于指导当前的伟大的运动,是有重要的帮助的"[②];对中华优秀传统文化的继承,最终目的是创造,"继承和借鉴决不可以变成替代自己的创造"[③]。

2）科学分析怎样对待中华优秀传统文化

一是尊重历史传统。针对党内存在的要彻底抛弃传统文化的观点,毛泽东明确指出中华优秀传统文化为马克思主义中国化提供了不竭的思想源泉,更是提升民族自信心的力量之源和建设社会主义新文化的重要根基。在《新民主主义论》中,毛泽东强调必须"尊重自己的历史",但也"不是颂古非今"[④]。二是提出批判继承的原则方法。毛泽东首先肯定了中国传统文化的重要地位,同时也清楚地看到,在中华传统文化中既有封建性的糟粕,也有民主性和革命性的精华。对待传统文化,应当是"剔除其封建性的糟粕,吸收其民主性的精华"[⑤]。在《论联合政府》中,他再次提出:"既不是一概排斥,也不是盲目搬用,而是批判地接收它。"[⑥]毛泽东敏锐地把握到马克思主义的传统文化观的思想形式维度,即传统文化具有革命性,能摆脱原有的经济关系的束缚,能与帝国主义、封建主义和官僚资本主义的思想学说做斗争,是文化方面进行反帝反封建的有力思想武器;传统文化具有科学性,能与马克思主义相结合,将精华部分传承弘扬;传统文化还具有民族性,能充分体现出

①毛泽东.毛泽东选集:第2卷[M].北京:人民出版社,1991:707.

②毛泽东.毛泽东选集:第2卷[M].北京:人民出版社,1991:534.

③毛泽东.在延安文艺座谈会上的讲话[M]//毛泽东.毛泽东论文艺:增订本.北京:人民文学出版社,1992,
　48.

④毛泽东.毛泽东选集:第2卷[M].北京:人民出版社,1991:708.

⑤毛泽东.毛泽东选集:第2卷[M].北京:人民出版社,1991:707.

⑥毛泽东.毛泽东选集:第3卷[M].北京:人民出版社,1991:1083.

中华民族的鲜明特点。毛泽东正是从传统文化的这些特点出发,总结概括出具体原则方法,为传统文化的改造与发展提供了科学指引。三是坚持"双百"方针和"二为"方向。1956年,毛泽东首次提出要搞"艺术问题上的百花齐放,学术问题上的百家争鸣"[①],此后他多次强调这一方针;1957年,他提出坚持"为人民服务,为社会主义国家服务"[②],明确了社会主义文化探索和建设的方向。四是处理好不同文化之间的关系。毛泽东指出,"一切民族、一切国家的长处都要学"[③];"古为今用、洋为中用"[④],强调要充分利用一切优秀文化成果促进社会主义新文化的发展。五是探索马克思主义与中华优秀传统文化的融合。毛泽东首次提出了"马克思主义中国化"的重要命题,特别强调马克思主义必须和中国的具体国情相结合才能真正发挥作用。毛泽东还创造性地运用了"实事求是"概括党的思想路线,实现了马克思主义与中华优秀传统文化的成功结合。

毛泽东思想中对中华优秀传统文化的分析和论述,促进了社会主义新文化的发展,并逐步形成了完整的方针政策,推动了传统文化向现代文化的转型。

(二)中国特色社会主义理论体系中关于中华优秀传统文化的论述

以邓小平、江泽民、胡锦涛为主要代表的中国共产党人充分肯定了早前党对中华优秀传统文化的看法,并不断反思总结国内外社会主义建设的经验教训,进一步思考着改革开放和社会主义建设新时期应如何对待中华优秀传统文化。这些新思想体现在了中国特色社会主义理论体系中。

1)邓小平理论中关于中华优秀传统文化的论述

首先,推动传统文化走向世界、走向未来。邓小平肯定了党对文化工作的重视及取得的成就,并强调了优秀文化的作用,指出"我国古代的和外国的文艺作品、表演艺术中一切进步的和优秀的东西,都应当借鉴和学习"[⑤]。邓小平进一步指出,文化的融合是为了更好地发展自身,要在文化的交流互鉴中形成具有自己民族特色的文化形式;文化的发展要重视传统文化,也要注重与一切人类文化精华的结合;要用理性客观的态度看待传统文化,既不夸大也不忽视在新时期传统文化的作用。邓小平的一系列论断,对新时期中国共产党人传承和弘扬中华优秀传统文化,

---

①毛泽东.毛泽东文集:第7卷[M].北京:人民出版社,1999:54.
②毛泽东.毛泽东文集:第7卷[M].北京:人民出版社,1999:268.
③毛泽东.毛泽东文集:第7卷[M].北京:人民出版社,1999:41.
④中共中央文献研究室.毛泽东年谱:第5卷[M].北京:中央文献出版社,2013:412.
⑤邓小平.邓小平文选:第2卷[M].北京:人民出版社,1994:210.

进一步推动文化的发展起到了重要指导作用。

其次,运用中华优秀传统文化助力中国特色社会主义事业发展。邓小平创造性地提出了"一国两制"伟大构想。"一国两制"是符合中国具体国情的一项基本国策,既有助于国家的和平统一,同时在民族凝聚力的增强、传统文化的弘扬等方面都具有重要的意义。邓小平从中华优秀传统文化中不断汲取养分,提出"小康"思想。这一思想既延续了中华民族对美好生活的追求,又从中国的具体实际出发,为中国特色社会主义建设确定了合理的目标。如今,我们已全面建成小康社会,实现了第一个百年奋斗目标。邓小平还创造性提出了建设社会主义精神文明的思想,这一思想是邓小平理论关于中华优秀传统文化的重要论述,中华优秀传统文化与马克思主义相结合,在新的历史时期将继续发挥思想引领的作用。

再次,对传统文化中的封建糟粕保持警惕。邓小平认为,要消灭"家长式"作风,防止权力过分集中,在弘扬传统文化的同时,对其中的糟粕应坚决摒弃。邓小平指出,"一切权力集中于党委,党委的权力又往往集中于几个书记,特别是集中于第一书记……造成官僚主义……这种现象,同我国历史上封建专制主义的影响有关……"①;要"划清文化遗产中民主性精华同封建性糟粕的界限"②。在建设社会主义过程中,对传统文化中错误的思想应加以改正,正确的要加以弘扬,这也是在改革开放和社会主义建设实践中形成和发展起来的邓小平理论对传统文化的鲜明态度。我们应及时发现封建糟粕的影响,实事求是,及时纠正,不断进行改革,只有这样才能对中华传统文化进行科学研究。

2)"三个代表"重要思想中关于中华优秀传统文化的论述

首先,进一步明确对中华优秀传统文化的立场和态度。"中国共产党必须始终代表中国先进文化的前进方向"是"三个代表"重要思想的核心内容之一。江泽民多次强调,发展社会主义先进文化,应采取推陈出新的态度,对精华部分要结合时代特点加以大力发展,对糟粕部分要坚决舍弃。这也是我们党对待中华优秀传统文化一贯的原则。江泽民说:"我们能不能继承和发扬中华民族的优秀传统文化,吸收世界各国的优秀文化成果,建设有中国特色社会主义文化,这是事关中华民族振兴的大问题,事关建设有中国特色社会主义事业取得全面胜利的大问题。"③

其次,把继承和发扬中华优秀传统文化的重要性提高到社会主义建设事业全

---

① 邓小平.邓小平文选:第 2 卷[M].北京:人民出版社,1994:328 - 329.
② 邓小平.邓小平文选:第 2 卷[M].北京:人民出版社,1994:335.
③ 江泽民.江泽民文选:第 1 卷[M].北京:人民出版社,2006:507.

局的高度,并对这一问题进行了深层次的认识和思考。当时,我国社会主义市场经济建设已全面展开,与世界各国的交流也越来越多,在全球化浪潮下国内出现了资产阶级自由化和历史虚无主义思潮,让很多人对我们正在建设的社会主义产生了疑惑甚至是动摇。这时突显出文化建设在改革开放过程中的重要作用。江泽民强调,"社会主义现代化建设,需要继承和发扬中华民族优秀文化传统"①,要在这个基础上形成我们自己的精神支柱,大力弘扬民族精神。只有这样,才能支撑我们在面对纷繁复杂的局面时仍然能够保持清醒,才能有能力鉴别真假对错,并与错误的言论和思潮做斗争,不断增强自信。党的十六大报告指出"民族精神是一个民族赖以生存和发展的精神支撑"②,而"三个代表"重要思想中有关对于中华优秀传统文化的论述,则为更好地建设中国特色社会主义文化指明道路。

3) 科学发展观中关于中华优秀传统文化的论述

科学发展观是为了解决在新的形势下国家实现什么样的发展、怎样发展的问题,其中提出必须弘扬中华优秀传统文化的鲜明观点——"推动社会主义文化大发展大繁荣,必须大力弘扬中华优秀传统文化"。科学发展,并不是只强调经济的发展,还应该看到文化的强大作用,建设中国特色社会主义,还要突出文化软实力的作用,这方面中华优秀传统文化具有明显优势,应发扬光大,筑牢中华民族的精神家园。在全球化浪潮下,各国之间的交往越来越密切,文化的交流也越来越多,中华优秀传统文化应继续体现其包容性和开放性,博采众长,更好地促进我们自身的文化发展与繁荣。

首先,不断探索如何将中华优秀传统文化融入社会主义文化建设中。胡锦涛指出:"新的发展理念,是在总结中国现代化经验、顺应时代潮流的基础上提出来的,也是在继承中华民族优秀传统文化的基础上提出来的。"③科学发展观中,"以人为本"思想,强调"从人民利益出发",就是对传统文化中民本思想的继承和发展;"全面协调"思想,就是对"和合文化""和为贵"等思想的发展和运用;"可持续发展"思想,与中国传统文化中"和谐共生"思想一脉相承。可见,中华优秀传统文化为科学发展观的形成、发展提供了思想基础。

其次,从中华优秀传统文化中寻找增强国家文化软实力的力量。以胡锦涛为

①江泽民.江泽民文选:第2卷[M].北京:人民出版社,2006:121.
②江泽民.全面建设小康社会,开创中国特色社会主义事业新局面——在中国共产党第十六次全国代表大会上的报告[N].人民日报,2002-11-18.
③胡锦涛.胡锦涛文选:第2卷[M].北京:人民出版社,2016:438.

总书记的党中央对传统文化的认识,使中国共产党人的传统文化观在21世纪得到了持续发展。我们迎来了发展高速期,取得了举世瞩目的成就,也正是在这个阶段我国成为世界第二大经济体,但是在文化领域的发展却明显滞后。新形势下,文化在综合国力竞争中的地位和作用越来越重要。胡锦涛首次提出"文化软实力"这一概念,并坚信"中华民族也一定能够在弘扬中华优秀传统文化的基础上创造出中华文化新的辉煌"[①]。显然,我们的党深深意识到中华优秀传统文化与社会主义文化建设是一脉相承的。

从毛泽东思想到邓小平理论、"三个代表"重要思想和科学发展观,这些马克思主义中国化的理论成果中都体现着我们党对中华优秀传统文化的科学认识,并与当时的时代特征相结合,赋予了不同历史阶段传承和弘扬传统文化的不同任务。从中我们看到,中华优秀传统文化在中国革命、建设和改革中发挥着引领价值、凝聚精神重要作用,使得中华民族取得一个又一个伟大胜利。

三、习近平新时代中国特色社会主义思想关于中华优秀传统文化的重要论述

党的十八大以来,以习近平同志为核心的党中央从新时代的要求出发,深入思考中华优秀传统文化的时代价值,提出中华优秀传统文化"创造性转化和创新性发展"重大命题,并进行了科学、完整的阐释,成为习近平新时代中国特色社会主义思想的重要组成部分。

(一)阐明中华优秀传统文化的时代价值

习近平从个体、社会、国家和民族、人类这四个层面强调了中华优秀传统文化所具有的历史地位,并特别强调在新时代中华优秀传统文化具有不可替代的价值。

1)个体价值

中华优秀传统文化在提升个体道德素养和提升个体思想境界方面有着重要作用。第一,有利于树立正确的"三观"。中华优秀传统文化中蕴含着深刻的哲理和思想精华,是"三观"教育最好的资源;中华优秀传统文化与马克思主义的辩证唯物主义、历史唯物主义有相契合之处,可以帮助我们更准确地认识世界,了解自我。第二,有利于提升道德境界。"我们要利用好中华优秀传统文化中的这些宝贵资源,增强人们的价值判断力和道德责任感,不断提高人们道德水平,提升人们道德

---

①胡锦涛.在庆祝中国共产党成立90周年大会上的讲话[N].人民日报,2011-07-02.

境界。"①第三,有利于坚定马克思主义信仰。只有从中华优秀传统文化出发,才能理解革命文化和社会主义先进文化的来源和底蕴,才能对我们所坚守的信仰有全面深刻的理解。中华优秀传统文化能帮助我们更好地理解马克思主义,为马克思主义信仰的树立提供了文化沃土,并帮助我们更加坚定正确的理想信念。

2) 社会价值

社会价值的体现离不开精神力量的支撑,"培育和弘扬社会主义核心价值观必须立足中华优秀传统文化"②。社会主义核心价值观离不开中华优秀传统文化的给养,如果没有中华优秀传统文化,那就是抛弃了传统,丢掉了我们的根,失去了中华民族的本质。中华优秀传统文化提倡公序良俗,弘扬社会良好道德风尚,这些都是中华民族的传统美德;中华优秀传统文化促进社会心态健康发展,平和理性的社会心态离不开中华优秀传统文化的滋养;中华优秀传统文化还"为思政课建设提供了深厚力量"③,为促进青少年健康成长、为社会的发展不断培养合格人才发挥着重要作用。

3) 国家和民族价值

文化是一个国家和民族的精神血脉,中华优秀传统文化促进了中华民族的形成,"对形成和维护中国团结统一的政治局面,对形成和巩固中国多民族和合一体的大家庭,对形成和丰富中华民族精神,对激励中华儿女维护民族独立、反抗外来侵略,对推动中国社会发展进步、促进中国社会利益和社会关系平衡,都发挥了十分重要的作用。"④中华优秀传统文化突出了民族特点,为中华民族在激荡的世界中仍然保持着自身的特色和优势并且站稳脚跟,提供了强大的精神力量。中华民族之所以生生不息,也正是因为中华优秀传统文化所具有的强大精神力量在不同的历史时期都得到了传承与发扬。中华优秀传统文化也是构成国家"文化软实力"的重要方面,是我们的实力体现,因为除了中华民族,没有哪个民族的文化能够流传几千年而没有断流,所以我们有足够的自信来展现我们的文化软实力,我们也应该有足够的自信在这个基础上发展好中国特色社会主义文化,建立起文化强国。中华优秀传统文化还是全体中华儿女的"根"和"魂",在解决祖国统一问题时,我们

---

①中共中央文献研究室.习近平关于社会主义文化建设论述摘编[G].北京:中央文献出版社,2017:141.

②习近平.习近平谈治国理政:第1卷[M].北京:外文出版社,2018:163-164.

③习近平.习近平谈治国理政:第3卷[M].北京:外文出版社,2020:329.

④习近平.在纪念孔子诞辰2565周年国际学术研讨会暨国际儒学联合会第五届会员大会开幕会上的讲话[N].人民日报,2014-09-25.

要发挥中华优秀传统文化的重要作用,用共同的文化根基彰显两岸一家亲。

4) 人类价值

中华优秀传统文化还应从人类价值的高度进行认识。中华优秀传统文化在人类历史上为世界文明发展做出了突出贡献,"中国的造纸术、火药、印刷术、指南针、天文历法、哲学思想、民本理念等在世界上影响深远,有力推动了人类文明发展进程"①。中华优秀传统文化为解决当今世界难题提供了重要的启示,越来越多国家开始关注中国,在遇到难题时更倾向于向中国智慧寻找答案。我们认为,未来只有中西兼济才能促进人类文明的更大进步。中华优秀传统文化还需要进一步与马克思主义相结合,推动社会主义现代化伟大事业不断发展,丰富人类文明发展多样性,创造人类文明新形态。习近平提出,要"推动构建人类命运共同体,弘扬和平、发展、公平、正义、民主、自由的全人类共同价值,创立人类文明新形态"②。

(二) 提炼中华优秀传统文化的思想精髓

习近平总书记指出:"要认真汲取中华优秀传统文化的思想精华和道德精髓,大力弘扬以爱国主义为核心的民族精神和以改革创新为核心的时代精神,深入挖掘和阐发中华优秀传统文化讲仁爱、重民本、守诚信、崇正义、尚和合、求大同的时代价值。"③这里,习近平总书记从六个方面高度概括了中华优秀传统文化的思想精髓,为在新时代更好地把握中华优秀传统文化提供了指南。

1) 讲仁爱

讲仁爱是中华优秀传统文化的核心理念之一,仁爱思想不仅体现在个人与家庭方面,还体现在国家与社会治理中。个人需要孝敬父母,尊敬长辈,维护家庭和睦,这其实就是仁爱思想。"以爱己之心爱人则尽仁",讲仁爱对于构建和谐人际关系,促进社会良好道德风尚的形成都起到非常重要的作用。而当利益发生冲突时,讲仁爱提倡注重道义,很多英雄人物舍生取义的壮举感动着一代代中国人。今天的仁爱思想则更多体现在中国人崇尚和平、热爱和平、追求和平的理念中。

2) 重民本

民本思想是中华民族的重要传统思想,"为政以德",封建统治者也很早意识到要关爱百姓。民本思想经历了中华民族不同历史时期的发展,最终形成了以儒家的民本思想为主体的民本观念,其关键思想在于"民惟邦本,本固邦宁"(《尚书·五

---

① 习近平. 深化文明交流互鉴 共建亚洲命运共同体[N]. 光明日报,2019-05-16.
② 习近平. 中共中央关于党的百年奋斗重大成就和历史经验的决议[N]. 人民日报,2021-11-17.
③ 习近平. 习近平谈治国理政[M]. 北京:外文出版社,2014:164.

子之歌》),意思是说人民是国家的根本,根本稳定了国家才会安宁。除此之外,还有以民为天的观念,把人民的意志视为上天的意志,顺民者昌,逆民者亡,所谓"民之所欲,天必从之"(《尚书·泰誓上》)。还有得民心者得天下的观念,把民心向背视为国家能否长治久安的决定性力量,所谓"得天下有道:得其民,斯得天下矣;得其民有道:得其心,斯得民矣;得其心有道:所欲与之聚之,所恶勿施尔也"(《孟子·离娄上》)。

习近平总书记特别强调人民的重要性,中华优秀传统文化的形成和发展也都是中国人民的功劳。中国共产党将这些传统的民本思想、观念与今天国家和社会发展的实践相结合,通过创造性转化和创新性发展,系统提出了"以人民为中心"的价值立场,对于实现国家长治久安、人民安居乐业及切实维护人民的利益具有非常重要的意义。

3)守诚信

诚实守信是中华民族的传统美德,我们国家素来就有"诚信之邦""礼仪之邦"的美称。无论是个人成长还是国家间的交往,诚信都是中国人时刻遵循的道德标准。古代"四书"(《论语》《大学》《中庸》《孟子》)为诚信思想的形成奠定了基础,儒家思想则将诚信上升为"天道",即这是事物发展的必然规律,是极其重要的,必须严格遵守,并要自觉地内化于心、外化于行。这为社会主义核心价值观中个人层面的"诚信"准则提供了不竭的思想源泉。

4)崇正义

崇尚正义是中华民族永久的价值追求。中国人尤为看重正义,对于个人来说,正义是衡量一个人好坏的重要标准;对于国家来说,正义更是政治、社会生活领域重要的价值规范。《中庸》中提到"义者,宜也"。正义强调的是公平公正,应维护公平的社会环境,个人的"利"应服从国家的"义"。崇尚正义对个人道德素质的提升、对国家在国际交往过程中坚持正确的义利观具有重要的启示和借鉴意义,在今天仍然具有一定的时代价值。

5)尚和合

"和合"文化是中华优秀传统文化的重要体现。"和"其实已包含了"合"的意思,强调和谐、没有斗争,所以中华民族始终爱好和平,崇尚和谐。这种和谐不仅体现在国家之间,其实在人际交往、人与自然的关系、人与社会的关系中都有所体现,如协和万邦、家和万事兴、天人合一、以和为贵等;同时"和"也并不是单纯追求完全相同,而是有着强大的包容性,可以"和而不同",这并不会影响和谐相处。"和合"

文化对中华民族影响深远,中华民族热爱和平,努力推动构建人类命运共同体,强调生态文明建设,这些其实都体现了尚和合的理念。

6）求大同

大同社会是中华民族的理想和追求,也是中华优秀传统文化的一个重要价值理念。《礼记·礼运》中就描绘了一个理想社会,在这个社会里人们各尽所能、平等友好,而"大道之行,天下为公"更是表达了人们对美好生活的追求和向往。今天,我们消除绝对贫困,追求共同富裕,强调发展成果由人民共享,强调"天下一家亲",其实与中华民族一直追求大同社会的理想是一致的。当然,求大同还要存小异,尊重差别,这样才能真正实现社会和谐,才能为我们不断开辟新的境界提供启示。

（三）促进中华优秀传统文化的创造性转化创新性发展

习近平总书记多次强调,要"在新的时代条件下推动中华优秀传统文化创造性转化、创新性发展"①。中华优秀传统文化的"两创",有其深刻的基本内涵。其一,要对新时代依然适用的中华优秀传统文化,包括其价值观念、思想精髓等大力弘扬,对其陈旧的形式进行改革创新。中华优秀传统文化的转化必须从时代发展的要求出发,选择其中适应时代潮流特征的、值得进行转化的内容,并通过新的形式、载体呈现出来,赋予其新的时代内涵。其二,中华优秀传统文化的创造性转化、创新性发展是动态的,不断变化的,并追随着时代前进的步伐。这种转化和发展不是对传统文化的简单重复,而是紧密融入新时代的社会实践中不断超越原有的内容和形式,使中华优秀传统文化得到升华和创新。其三,创造性转化与创新性发展之间既有联系又有区别。两者有着严密的内在逻辑,前者是后者的前提和基础,后者是前者的最终目标。但同时,两者的侧重点又不同,创造性转化强调中华优秀传统文化从"过去"走到"现在",激发其活力,适应时代发展;创新性发展强调中华优秀传统文化从"现在"迈向"未来",更倾向于关注发展趋势。总之,促进中华优秀传统文化的创造性转化、创新性发展,应立足中华优秀传统文化本身,坚持以人民为中心的发展思想,应立足新时代的实践和发展要求,坚持为中国特色社会主义现代化建设服务,创造中华优秀传统文化的新辉煌。

1）把马克思主义基本原理同中华优秀传统文化相结合

马克思主义一直是我们党的指导思想,为我们提供了科学的立场、方法,也为如何继承中华优秀传统文化指明了方向。我们在继承中华优秀传统文化时并不是

---

①习近平.习近平给《文史哲》编辑部全体编辑人员回信[N].人民日报,2021-05-11.

照搬照抄,而是应该结合新时代的特点和发展要求进行必要的选择,应坚持辩证唯物主义和历史唯物主义的观点,既要看到值得发扬光大的精华部分,也要看到其存在的历史局限性。

无数鲜活的历史事实告诉我们,逆历史潮流而动、违背社会发展规律的行为必将以失败告终。继承中华优秀传统文化,必须积极推进马克思主义与之相结合,运用马克思主义基本原理改造、转化中华优秀传统文化中与之相契合的内容,为马克思主义的中国化、时代化服务。"坚持把马克思主义基本原理同中国具体实际相结合、同中华优秀传统文化相结合"①,既促进了马克思主义在中国大地上继续开花结果,又使中华优秀传统文化沿着正确的方向发展,中国特色社会主义文化才有了发展的不竭动力。

马克思主义基本原理同中华优秀传统文化有着内在契合性,虽然两者具有不同的观念来源,但是马克思主义以其巨大的思想穿透力深入中华优秀传统文化的根基,在实践中相互成就,形成了一个有机统一体。马克思主义基本原理同中华优秀传统文化相结合,让中国特色社会主义道路有了更加宏阔深远的历史纵深,筑牢了中国式现代化的文化根基。把马克思主义思想精髓同中华优秀传统文化精华贯通起来、同人民群众日用而不觉的共同价值观念融通起来,赋予科学理论鲜明的中国特色,巩固了中华民族的文化主体性。正如习近平总书记所指出的:"'第二个结合',是我们党对马克思主义中国化时代化历史经验的深刻总结,是对中华文明发展规律的深刻把握,表明我们党对中国道路、理论、制度的认识达到了新高度,表明我们党的历史自信、文化自信达到了新高度,表明我们党在传承中华优秀传统文化中推进文化创新的自觉性达到了新高度。"②

2) 在社会主义核心价值观指引中弘扬中华优秀传统文化

社会主义核心价值观是当代中国精神的集中体现。一方面,社会主义核心价值观源于中华优秀传统文化,又结合了社会发展实践,对国家、社会和个人发挥着引领作用。社会主义核心价值观离不开中华优秀传统文化这个基因,只有包含这个基因才能实现全体中华儿女的价值认同,凝聚起最大的力量,转变为中华民族伟大复兴而不断努力的动力;如果抛弃传统、丢掉根本,社会主义核心价值观就变成了无源之水,很容易陷入照搬照抄西方所谓的"普世价值"而导致的混乱之中。另

---

①习近平.在庆祝中国共产党成立100周年大会上的讲话[N].人民日报,2021-07-02.
②习近平.习近平在文化传承发展座谈会上强调 担负起新的文化使命 努力建设中华民族现代文明[N].人民日报,2023-06-03.

一方面,也要看到传统文化中存在着一些过时的、不符合时代需要的道德观念,它们在当前社会生活中经常改头换面、沉渣泛起。弘扬中华优秀传统文化,需要社会主义核心价值观的指引,摒弃一切过时的、不具有时代价值的文化糟粕,不断进行创造性转化和创新性发展。

3) 在中国式现代化道路行进中发展中华优秀传统文化

党的二十大报告中指出,要"以中国式现代化全面推进中华民族伟大复兴"[①];习近平总书记在建党百年之际郑重提出,中国共产党带领中国人民"创造了中国式现代化新道路,创造了人类文明新形态"[②]。中国式现代化道路是我们党在马克思主义的指引下,在理论和实践中不断创新突破取得的巨大成就,与西方资本主义现代化有着本质区别。如今我们越来越自信,这条道路建设的思路也越来越清晰。

中国式现代化道路始终以人民利益为中心,体现"以人为本",与中华优秀传统文化中的民本思想一脉相承。例如,在经济上强调走共同富裕道路,"先富带后富""效率优先、兼顾公平""共享与发展的同步"等实践与中华优秀传统文化中所蕴含的"小康社会""天下共富"等社会愿景是一致的。中国式现代化道路充分体现了人与自然和谐共生的关系,在深刻理解"人类与自然的和解"这一命题的基础上,融入了"天人合一""和谐共生"等中华文化中的生态智慧,又在"五位一体"总体布局中突出了生态文明建设,"绿水青山就是金山银山"的理念深入人心,真正做到了人与自然的和谐,为消解西方发展道路中的困境提供了中国方案。由此可见,中华优秀传统文化为中国式现代化道路提供了底气,而中国式现代化道路又为中华优秀传统文化的发展带来了新的机遇。

习近平在学习贯彻党的二十大精神研讨班开班式上发表重要讲话时指出:"中国式现代化蕴含的独特世界观、价值观、历史观、文明观、民主观、生态观等及其伟大实践,是对世界现代化理论和实践的重大创新。"[③]在 2023 年 6 月 2 日的文化传承发展座谈会上,习近平进一步强调:"在新的起点上继续推动文化繁荣、建设文化强国、建设中华民族现代文明,是我们在新时代新的文化使命。"[④]一方面,中国式

①习近平.高举中国特色社会主义伟大旗帜 为全面建设社会主义现代化国家而团结奋斗——在中国共产党第二十次全国代表大会上的报告(2022 年 10 月 16 日)[M].北京:人民出版社,2022:21.

②习近平.在庆祝中国共产党成立 100 周年大会上的讲话[N].人民日报,2021-07-02.

③习近平.习近平在学习贯彻党的二十大精神研讨班开班式上发表重要讲话强调 正确理解和大力推进中国式现代化[N].人民日报,2023-02-08.

④习近平.习近平在文化传承发展座谈会上强调 担负起新的文化使命 努力建设中华民族现代文明[N].人民日报,2023-06-03.

现代化强调对中华优秀传统文化的继承和发扬,中国式现代化的发展必然是建立在自身历史文化的根基之上,不可能脱离自身的历史文化传统。同时,中国式现代化也反对对待传统的虚无主义态度,拒斥回归传统的复古主义立场。弘扬传承中华优秀传统文化,坚定文化自信,体现出中国式现代化对中华优秀传统文化的高度自觉和强烈自信。另一方面,中国式现代化又强调推动中华优秀传统文化的创造性转化、创新性发展,激活文化基因,坚持守正创新,倡导使中华民族最基本的文化基因与当代文化相适应、与现代社会相协调,实现马克思主义基本原理与中华优秀传统文化相结合,促进传统文明与现代文明的有机融合,推动中华文明的自我更新和自我成长。

4) 在人类命运共同体构建中转化中华优秀传统文化

在 2015 年第七十届联合国大会上,习近平总书记第一次完整地提出了人类命运共同体重要理念的基本内涵,包括"建立平等相待、互商互谅的伙伴关系""营造公道正义、共建共享的安全格局""谋求开放创新、包容互惠的发展前景""促进和而不同、兼收并蓄的文明交流""构筑尊崇自然、绿色发展的生态体系"五个方面①。中国所取得的非凡成就不是建立在侵略、掠夺基础之上,中华优秀传统文化中以和为贵、亲仁善邻、协同万邦等价值理念为人类命运共同体的提出提供了基础。

人类命运共同体结合了马克思主义共同体思想、中华优秀传统文化中的天下观理念,助力人类文明新形态的探索,得到了越来越多国家的肯定。人类命运共同体也是中华优秀传统文化创造性转化、创新性发展的一大成果,其中的合作共赢、共商共建共享等原则就是对中华优秀传统文化中的和合观、义利观的时代创新。人类命运共同体还体现了"为万世开太平"的情怀。当今世界正经历百年未有之大变局,各种风险挑战层出不穷,特别是新冠肺炎疫情在全球蔓延后,世界发展的不稳定性严重加剧。面对"世界怎么了,人类怎么办"的世纪之问,中国共产党给出了中国方案——构建人类命运共同体。不同于西方资产阶级政党总是代表少数人的利益,作为世界上最大的无产阶级政党,中国共产党站在了人类发展的制高点,以"为万世开太平"的情怀为世界发展注入新的活力。

第二节 中华优秀传统文化融入高校思想政治理论课的现实依据

党的十一届三中全会后,中国共产党人及时纠正了对传统文化的错误认识,逐

---

① 习近平. 习近平谈治国理政:第 2 卷[M].北京:外文出版社,2017:523 - 525.

步出台了弘扬中华优秀传统文化、加强相关教育的政策,一些高校在贯彻落实这些政策的过程中形成了不少好的做法。这些政策和教育实践为中华优秀传统文化融入高校思想政治理论课提供了现实依据。

一、相关政策扶持

通过梳理相关国家政策不难看出,从党的十一届三中全会后到党的十八大前,相关政策的出台意味着党和国家对中华优秀传统文化的认知进入到纠错调整阶段,党的十八大以后相关政策的出台意味着党和国家对中华优秀传统文化的认知进入了新的发展阶段。每个阶段的政策提出,都与当时的社会发展状况相适应。

(一)党的十一届三中全会后到党的十八大前的相关政策

党的十一届六中全会通过了《关于建国以来党的若干历史问题的决议》,肯定了毛泽东对文化建设工作"百花齐放,推陈出新,古为今用,洋为中用"的指导方针;《1988 年政府工作报告》中要求"努力发扬我国优秀文化传统"①;1995 年,第八届全国人民代表大会第三次会议通过了《中华人民共和国教育法》,规定"教育应当继承和弘扬中华民族优秀的历史文化传统";1999 年颁布的《中共中央国务院关于深化教育改革全面推进素质教育的决定》指出,"要有针对性地开展爱国主义、集体主义和社会主义教育,中华民族优秀文化传统和革命传统教育";2003 年文化部发布的《文化部关于支持和促进文化产业发展的若干意见》指出,"要站在弘扬和培育民族精神、复兴中华民族文化的高度,增强历史责任感和紧迫感,提高发展文化产业的自觉性"②。

很明显,党的十一届三中全会后,党和国家对中华优秀传统文化的认识逐渐趋于完善,一些重要的政府报告、文件和法律都开始关注中华优秀传统文化的传承和相关教育工作,不仅纠正了错误思想,更在原来的基础上逐渐坚定传承中华优秀传统文化的立场。

(二)党的十八大以后的相关政策

党的十八大以来,以习近平同志为核心的党中央高度重视中华优秀传统文化的相关工作。2014 年教育部制定了《完善中华优秀传统文化教育指导纲要》,指出:"中华优秀传统文化是中华民族语言习惯、文化传统、思想观念、情感认同的集中体现,凝聚着中华民族普遍认同和广泛接受的道德规范、思想品格和价值取向,

---

①中共中央文献研究室.十三大以来重要文献选编:上[G].北京:人民出版社,1991:133-186.
②中华人民共和国文化部.文化部关于支持和促进文化产业发展的若干意见[N].中国文化报,2003-10-18.

具有极为丰富的思想内涵。"①该纲要结合新时代特点,明确了中华优秀传统文化的内涵,为更好地认识与传承中华优秀传统文化奠定了基础。2017 年,中共中央办公厅、国务院办公厅印发了《关于实施中华优秀传统文化传承发展工程的意见》;同年,党的十九大报告中提出要结合时代要求继承创新中华优秀传统文化。

2021 年,中宣部正式印发《中华优秀传统文化传承发展工程"十四五"重点项目规划》。实施中华优秀传统文化传承发展工程是党和国家延续中华文脉、传承优秀传统的重大战略举措,该规划的出台将制定出未来五年中华优秀传统文化传承发展路线图,不断满足人民群众文化新期待。2022 年,党的二十大报告中继续强调要传承中华优秀传统文化。加强党对文化工作的领导,不断完善顶层设计,对于新时期广大人民群众坚定文化自信、不断提升文化素养,对于维护国家文化安全、增强国家文化软实力都有着重要的意义,同时也是推动中华优秀传统文化发展、建设社会主义文化强国的重要保障。

除此之外,党和国家近年来对高校思想政治理论课也高度重视,《关于进一步加强和改进高等学校思想政治理论课的意见》《关于深化新时代学校思想政治理论课改革创新的若干意见》《高等学校思想政治理论课建设标准》《新时代高等学校思想政治理论课教师队伍建设规定》《"新时代高校思想政治理论课创优行动"工作方案》等相继出台,为推进高校思想政治理论课建设提供了遵循。

从政策层面推进中华优秀传统文化融入思想政治理论课教学,将中华优秀传统文化与思想政治教育规律相契合,用文化的独特魅力感染学生,用理论的深厚力量吸引学生,从而引导学生了解中华民族历史,秉承中华文化基因,把"小我"前途同"大我"发展紧密联系在一起。

二、相关高校中华优秀传统文化教育实践

根据相关国家政策,全国各地高校开展了形式各样的中华优秀传统文化教育实践活动,到目前为止,取得了一定的成效。就高校层面的相关教育实践来说,主要表现在以下几个方面。

(一)促进相关教材、学术著作的编写

复旦大学加大对中华优秀传统文化的研究力度,组织编撰了一批传统文化教育精品教材,例如《中国古代哲学史》《〈孟子〉精读》《老子十日谈》等,并陆续推出了

---

① 中华人民共和国教育部.教育部关于印发《完善中华优秀传统文化教育指导纲要》的通知[EB/OL]. http://www. moe. gov. cn/srcsite/A13/s7061/201403/t20140328_166543. html.

"复旦中文先哲丛书""复旦文史丛刊"等系列国学研究成果。武汉大学依托国学院及教育部人文社科重点研究基地——武汉大学中国传统文化研究中心，开展了一系列传统文化项目的研究工作。武汉大学中国传统文化研究中心主任冯天瑜先生所著的《明清文化史散论》《中华文化史》《中华元典精神》《新语探源》《"封建"考论》诸书，被誉为探讨中国文化的重要贡献。厦门大学利用人文学科优势和若干重点研究基地，组织专门力量深入开展中华优秀传统文化科研工作，涉及科举学、戏剧人类学、道家科技思想、闽台文化等多个领域。西北大学成立"陕西省轩辕黄帝研究会"，积极推进区域历史思想文化研究工作，相继完成"西部大开发与人文学术丛书"等著作，对先秦文化起源研究以及华夏文明研究起到重要推动作用。

（二）增强相关课程教学方法手段的创新

中央音乐学院以"多学科交叉融合"为特点推进中国传统乐教课堂体系建设，将乐教、诗教、画教"三教合一"，在教学中全面渗透经典文化元素，实现对学生人格塑造与对文化传承的自然融合。天津市教委联合"新浪天津"共同开发高校思想教育信息工作平台，通过占领网络主阵地宣传传统文化，弘扬传统美德。厦门大学在官方微信公众号、微博等平台上推出"悦读""新青年说国学"等传统文化教育专题。湖南大学建设"手机书院"、数字博物馆等文化传播平台，开展"我最喜爱的校园文化产品"创作活动，校园DV、手机彩铃、红段子、红彩信等优秀文化产品在师生中迅速传播，受到师生们的欢迎。天津科技大学通过"国学飞信"的形式，运用手机网络平台传播和弘扬中华优秀传统文化，并开设面向全体学生的传统文化通识课。浙江有关高校将中华优秀传统文化教育纳入学校通识课程体系，明确学时学分，并立足"传播中国传统文化"视频公开课，相继推出了"王阳明心学""茶文化与茶健康""西方视角的中国传统艺术"等通识课程。东北师范大学面向本科生开设"中华文明史""哲学与人生"等10门通识教育选修核心课程，并对每门课程给予5万元重点资助。四川大学将"中华文化"设置为全校必修课，实行由名师名家领衔、学术带头人亲临一线的授课制度，该课程团队近三年开课约130门次，选课学生达到3万余人次。

（三）提升中华优秀传统文化理论研究的水平

四川大学为加强中华优秀传统文化研究，组建了道教研究所、俗文化研究所、古籍整理研究所和老子研究院、国际儒学研究院等机构，并牵头成立了中华多民族文化遗产与文化凝聚协同创新中心、长江文明协同创新中心、边疆考古与中国文化认同协同创新中心等协同创新平台。山东大学在与清华大学、北京师范大学长期合作的基础上设立了儒学与中华文化复兴协同创新中心,该中心紧密围绕国家重大需求,在人才、制度、科研方面不断提升协同创新能力,大力推动中华优秀传统文化的传承和创新。

上海组织各高校开展"中华优秀传统文化教育优秀项目"申报工作,确定上海交通大学"思修课与中华优秀传统文化的渗透与融合"、上海师范大学"以学生文化类社团推进中华优秀传统文化传承的模式探索与实践"、上海理工大学"博雅复兴——中华优秀传统文化国际传播大使教育项目"等为优秀项目,予以重点支持。东北师范大学鼓励教师围绕中华优秀传统文化开展研究,学校培育的"中国文化精神的形成与文学的发展""东北古代民族传统文化研究""审美文化研究"等多个项目也先后获得高级别资助。曲阜师范大学以招标课题的形式,鼓励一线教师开展中华优秀传统文化的教育教学研究;同时,通过举办高层次人文社科论坛,鼓励大学生参与到孔子研究、孔府档案整理、孔乐舞复原研究、民俗学研究、地方志研究、齐鲁方言研究、传统文化动漫设计和众多非物质文化抢救工作当中,切实提升了大学生自主学习和科研创新能力,增强了大学生文化传承的责任感和使命感。

(四)打造高水平中华优秀传统文化教师队伍

云南大学重点建设了一支约 100 人的中华优秀传统文化教师队伍,培养省、校教学名师 20 余人,每学年开设中华优秀传统文化教育系列课程 300 余门次,建设了"人文科学概论""中国儒学导论"等 10 余门国家级和省级精品课程;同时,增加传统文化指标在教师考核中的比重,在各类教师培训中加大中华优秀传统文化的培训力度,丰富相关培训内容。

(五)加强实践育人模式促进"知行合一"

厦门大学开展"中国传统文化调研"系列活动,以南音、德化陶瓷、布袋木偶戏、敦煌手鼓等为研究对象,每年都要组织 80 余支队伍奔赴祖国各地进行传统文化方面的调研。首都师范大学开展"中华美德万里行"系列社会实践活动,组织"万名学子进万家""百家支部连百校",开展美德宣讲。贵州、广东、甘肃等地把中华优秀传统文化教育与开展大学生诚信档案建设结合起来,要求高校把大学生诚信档案建设过程作为在大学生中弘扬中华优秀传统文化、开展诚信教育的过程。

(六)通过国际交流积极推动中华优秀传统文化"走出去"

首都师范大学依托国学传播研究院,积极推动《国学宝典》数据库开发和国学网建设,现日访问量达 50 多万页次,年访问量近 2 亿页次,为传统文化走向现代化架起了一座跨地域、超时空的桥梁。南京大学充分发挥综合性大学多学科专业优势,以"文化中国"为理念,以文史哲等传统文化研究优势学科和研究力量为依托,吸纳海内外从事传统文化研究的知名学者,组建中华传统文化研究的跨学科、跨平台学术机构"南京大学中华文化研究院",致力将其建设成特色鲜明、国内一流、具有重要国际影响的中华优秀传统文化研究平台。复旦大学通过孔子学院、中华文明国际研究中心及海外中国研究中心等平台,大力推动中华传统文化"走出去"。厦门大学艺术团体在传承经典的基础上融合朗诵、交响乐等艺术手段改编经典音乐作品《长征组歌》《黄河大合唱》,并先后赴新加坡、马来西亚演出,观众好评连连。东北师范大学在留学生选修课程中增加各类文化课程,将中华文化体验课程纳入到外国留学生预科教育课程体系中。浙江大学开设留学生"中国学"专业,着力培养一大批"知华友华"的国际学生。[1]

---

①相关资料来源:中华人民共和国教育部政府门户网站(www.moe.gov.cn).

第四章　中华优秀传统文化融入高校思想政治理论课的价值意蕴

党的十九届六中全会通过的《中共中央关于党的百年奋斗重大成就和历史经验的决议》，强调中华优秀传统文化是中华民族的突出优势。中华优秀传统文化融入高校思想政治理论课，是为了更好地落实立德树人根本任务，也是"两个结合"对高校思想政治工作的理论与实践要求。切实提升中华优秀传统文化融入的有效性和广泛性，需要加强融入的内容选择，注重融入的完整性；需要创新融入的方式，突出融入的必要性和可行性，有力给出"为什么要融入"这一问题的答案。下面本书着力分析中华优秀传统文化融入高校思想政治理论课的理论价值和现实价值，突显融入的重要意义。

第一节　中华优秀传统文化融入高校思想政治理论课的理论价值

中华优秀传统文化融入高校思想政治理论课，不仅可以促进中华优秀传统文化的理论研究，为新时代如何转化、发展传统文化提供理论指导，而且还能进一步拓展高校思想政治理论课的研究深度，真正落实立德树人根本任务。

一、进一步加强高校思想政治理论课政治性和学理性相统一

思想政治理论课的首要特点是其政治性，就是为了坚守社会主义意识形态阵地而进行的马克思主义理论的宣传与教育。突出政治性，就是要引导学生坚持正确的政治方向，运用正确的政治立场和观点来分析问题；强调学理性，就是要用科学的理论使学生信服为什么我们所坚持的政治方向是对的。政治性能保证思想政治理论课的方向正确，学理性能保证思想政治理论课的解释力和说服力，两者缺一不可。思想政治理论课的政治属性又是建立在具有严密科学逻辑的基础之上，要通过增强理论的解释力、说服力，着力用真理的强大力量引导学生。[①] 中华优秀传

---

①冯刚，陈步云.深刻把握新时代思政课"八个统一"的建设规律[J].中国高等教育，2019(9).

统文化融入高校思想政治理论课,一方面以政治性引导学理性,坚持正确的政治立场,使得高校思想政治理论课成为防范意识形态渗透的主阵地;另一方面以学理性支撑政治性,运用马克思主义科学原理、中华优秀传统文化的精髓增强高校思想政治理论课的说服力。

（一）坚持政治性引领学理性,明确正确政治立场,厚植民族根基

意识形态非常重要,关系到一个国家的发展道路,甚至是一个国家的政治安全。任何形式的意识形态都离不开一定的政治、经济、文化基础,并且是建立在这些基础上的观念总和。我们的党十分重视意识形态工作。要让意识形态发挥凝聚力量、引领发展的作用,就必须坚持马克思主义指导地位,大力弘扬中华优秀传统文化,明确正确政治立场,厚植民族根基。高校思想政治理论课的政治性要求是对大学生进行社会主义意识形态教育,从传统文化的角度出发找到教育的突破口,可以增强青年大学生的认同感,避免枯燥空洞的说教。

1）以马克思主义为指导牢牢掌握意识形态教育主导权

马克思主义是被实践证明了的,能够引领中国革命、建设、改革取得一个个伟大成就的根本指导思想,是科学的理论,也是我们立党立国的"压舱石"。同样,在文化建设领域,马克思主义为中华优秀传统文化的转化和发展提供了科学的方法,奠定了理论基础,使文化的凝聚力在意识形态教育中发挥着重要作用。

中华优秀传统文化融入高校思想政治理论课是发挥其价值引领、思想教育、提升修养等作用的重要方式,这一融入还必须上升到通过高校思想政治理论课维护国家意识形态安全、培养社会主义建设者和接班人的高度,形成合力,培育青年学生们不断增进对中国特色社会主义的理解和支持,树立高度的民族文化自觉和坚定的民族文化自信。要"厚植爱国主义情怀,把爱国情、强国志、报国行自觉融入坚持和发展中国特色社会主义、建设社会主义现代化强国、实现中华民族伟大复兴的奋斗之中。"[①]

中华优秀传统文化既为高校思想政治理论课中意识形态教育提供了丰厚的文化基础,巩固了意识形态认同的文化心理,也生动说明了为什么我们要坚持走中国特色社会主义道路。从了解传统文化和国情出发,明确道路选择的问题,不但增进了大学生对国家重大战略、政策的理解,增强了道路自信,还能够使他们在各种非主流的、消极的文化浪潮中保证定力。同时,在意识形态教育中加入中华优秀传统

---

① 习近平. 思政课是落实立德树人根本任务的关键课程[J]. 求是,2020(17).

文化元素,可以改变原来政治话语体系的严肃性,增强教育的亲和力,让大学生更能产生认同感,从而增强意识形态教育的感染力。

2) 注重社会主义意识形态与中华优秀传统文化的紧密联系

高校思想政治理论课的政治性突出体现在传播正确的主流意识形态上。主流意识形态的发展应适应社会发展现状,能够促进政治、经济的巩固发展,否则就会导致严重的社会问题。东欧剧变、苏联解体,就是因为否定了马克思主义的指导地位,放弃了主流意识形态,从而在思想领域首先出现了破防。党的十八大以来,中国共产党充分认识到意识形态工作的重要性,习近平总书记强调要"胸怀大局、把握大势、着眼大事,找准工作切入点和着力点"①,而这个工作的切入点可以回到意识形态的产生上去寻找。

"任何理论的生成与演化都有着独特的文化背景和社会场域。"②意识形态隶属于社会文化部分,中华优秀传统文化的部分成果也是以意识形态的形式或包含在意识形态中传承下来的。这就决定了要做好意识形态教育工作,其中一个抓手就是要注重分析社会主义意识形态与中华优秀传统文化之间的关系。有了强大的社会主义意识形态,就可以促进我们在思想上的统一,更加紧密地团结在一起,同时也为建设社会主义文化强国注入了创新活力。中华优秀传统文化支撑起主流意识形态的发展,为其提供了不竭的文化源泉。只有认可中华优秀传统文化,才能坚定树立文化自信,才能促进社会主义意识形态的发展。广大青年学生尤其应意识到这两者的关系,只有清楚了我们国家的历史传统、文化根基,才能明白为什么会有今天这样的主流意识形态,才能够理解高校思想政治理论课的重大意义。

(二) 保证学理性支持政治性,注重与中华优秀传统文化结合,增强说服力

高校思想政治理论课是一门特殊的课程,强调高度的"政治性",因此必须加强意识形态教育。但意识形态的政治性需要用成熟的理论观点来支撑,故而政治性必须建立在严谨的学理性继承上,这样的思想政治理论课才会有深度。只有通过透彻的理论分析解决大学生的疑惑,用理论真正说服学生,让学生接受并相信,才会让学生有崇高的信仰,也才能更好地发挥高校思想政治理论课的政治性作用。马克思主义理论是科学的理论,但马克思主义理论的讲解必须与中国实际相结合、与中华优秀传统文化相结合才更具有说服力,才能使大学生理解马克思主义作为

---

① 中共中央文献研究室.习近平关于社会主义文化建设论述摘编[G].北京:中央文献出版社,2017:21-22.
② 习近平.决胜全面建成小康社会 夺取新时代中国特色社会主义伟大胜利——在中国共产党第十九次全国代表大会上的报告[N].人民日报,2017-10-28.

一种外来的西方理论为什么能够在中国大放异彩。

1) 将马克思主义基本原理讲深讲透

理论要想说服人,就要抓住事物的本质。思想政治理论课教师在对马克思主义基本理论的相关概念、原则进行解释时,要想将理论讲深入,就必须抓住理论的精髓,揭示事物的本质,这样思想政治理论课才能吸引人。而要将理论分析透彻,就需要思想政治理论课教师灵活运用马克思主义理论,做到历史与现实相统一,层层深入、抽丝剥茧,跳出理论讲解的条条框框,把教学的重点难点与学生的兴趣点有效结合起来,运用大学生喜闻乐见的方式进行理论讲授,用真挚的语言打动学生,用真诚的人格感动学生。要想把马克思主义基本原理讲深讲透,还必须直面问题。理论联系实际是马克思主义最鲜明的特色,高校思想政治理论课只有有效回应学生的问题,解决学生的困惑,才能真正提高理论的说服力。高校思想政治理论课教师在面对社会热点敏感问题时,必须注重理论联系实际,要将中华优秀传统文化融入到马克思主义理论的讲解中,找到共同点,增强大学生分析问题解决问题的能力,引导大学生正确面对当前形势下出现的问题和挑战,有效应对各种错误思潮的影响;还要注重从文化自信着手,"文化自信是更基础、更广泛、更深厚的自信"[1],要不断增强大学生对思想政治理论课内容的认可度,进而增强大学生的理论自信,并运用科学的理论指导自己的实践。

2) 深刻把握高校思想政治理论课的重要意义与时代使命

中国共产党自成立时就非常重视思想政治工作,早在大革命时期,党就对思想政治工作的相关问题进行过论述。1955 年,毛泽东明确提出"政治工作是一切经济工作的生命线"[2]。

党的十八大以来,习近平总书记多次强调教育首先要解决"培养什么样的人、如何培养人、为谁培养人"的问题。这项指示意义深远,视野宏大。显然,这需要思想政治教育工作者相配合,要在教育教学的各环节体现出立德树人的重要性,将大学生培养成全面发展的人才。要做好育人相关工作难度很大,但思想政治理论课是落实立德树人根本任务的关键课程[3],是新时代解决教育首要问题的关键,对广大思想政治教育工作者来说,工作方向明确了,而身上担负的责任更重了。立德树

---

①习近平.在庆祝中国共产党成立 95 周年大会上的讲话[J].求是,2021(8).

②毛泽东.毛泽东文集:第 6 卷[M].北京:人民出版社,1999:449.

③习近平.习近平主持召开学校思想政治理论课教师座谈会强调 用新时代中国特色社会主义思想铸魂育人 贯彻党的教育方针落实立德树人根本任务[N].人民日报,2019-03-19.

人的任务必然要求高校思想政治理论课在讲清楚科学理论的同时加强中华优秀传统文化教育,促进大学生的全面发展,这些都是内在统一的整体。

二、进一步增强高校思想政治理论课的系统性和整体性

高校思想政治理论课并不是仅仅教育大学生掌握理论知识点,更需要进行系统性和整体性学习。这里所讨论的系统性,指的就是思想政治理论课的学习要将理论知识、文化资源、现实需求紧密结合起来,其中理论知识需要进行历史思维和现实思维的解读,中华优秀传统文化则为理论知识的学习提供了文化资源;所谓整体性,就是说思想政治理论课的教学目标、教学内容、教学结构、教师队伍建设都应该根据时代发展的要求不断创新发展,要在知识传授、理论提升、文化教育、价值引领等方面同时发力,直面问题,切实关注学生的所思所想,优化教师结构,从实际出发,打造全面提升的高水平思想政治理论课。

(一)有助于厘清课程的系统性

我国高校思想政治理论课使用统一教材,虽然教材不能完全满足实际教学需要,但明确了"讲什么"的根本问题,对教师把握住教学内容、教学体系和相关逻辑结构是非常有益的。不过也导致了一个问题,那就是教师需要将教材体系向教学体系转化。将需要讲授的理论知识、价值意义有效传递出去,中华优秀传统文化的支撑非常重要,它有助于教师对教材内容进行系统加工。虽然教材内容有限,但教学内容是无限的,正是这样的补充加工,促进了教材体系向教学体系的转化。

目前,高校思想政治理论课对于中华优秀传统文化的融入还没有形成系统性和整体性。首先,融入的内容不具体,对于中华优秀传统文化的学习仅表现为碎片化学习,虽然各门思想政治理论课都有所涉及,但其真正的教育作用不能凸显。其次,各门理论课之间在中华优秀传统文化的学习上并没有打通,大部分中华优秀传统文化内容没涉及,小部分内容却在反复说,还没有建立完整的课程体系。例如,对中华优秀传统文化如何促进马克思主义中国化的历史进程与经验成果的教学分散于各门课程之中,其中"毛泽东思想和中国特色社会主义理论体系概论"涉及最多,如何将其形成一个整体,还需要对教材进行系统的研究。

因此,推动中华优秀传统文化融入高校思想政治理论课有助于进一步增强课程的系统性。要积极构建融入的具体教学体系,注重突显特色,注重系统地推进问题导向、资源发掘、学理阐释、转化运用和考评反馈"五位一体"的整体性融入过程,同时要强调学思践悟,着力强化融入过程中知识性与价值性、理论性与现实性的统一,才能将思想政治理论课打造好,才能让教师讲好、学生学好思想政治理论课。

增强课程的系统性不仅体现在指导思想上,还应在教学内容上从实际出发,直面学生关切的问题,通过各类途径对相关资源进行充分发掘,运用科学理论进行深入浅出的讲解和阐释,并注重在实践教学中将这些教学内容进行转化,将中华优秀传统文化相关内容的学习与课程考评反馈结合起来,查漏补缺,不断完善。

（二）有助于把握课程的整体性

中华优秀传统文化与马克思主义理论相辅相成,相互促进。一方面,马克思主义与中华优秀传统文化相结合,可以帮助解决中国的实际问题,推动马克思主义中国化;另一方面,在结合中坚持马克思主义的指引,可以不断促进中华优秀传统文化科学地发展。两者间的结合促进了以中华优秀传统文化为核心的文化信仰与中国共产党所倡导的以马克思主义为核心的理论信仰的内在统一。我们不仅要始终坚持以马克思主义世界观和方法论为指导,推动中华优秀传统文化创造性转化和创新性发展,同时也要注重从中华优秀传统文化中汲取思想滋养、认识启迪与精神补给,呈现当代中国马克思主义、21世纪马克思主义的民族特色和中国风格。这一结合深入到高校思想政治理论课中,促进了思想政治理论课教师从整体上考虑课程改革的相关问题,将理论研究与实践探索相结合,积极推动融入的内容和结构的研究,并激励着思想政治理论课教师不断充实自己的理论素养和文化素养,修炼好自己的内功,以实现从整体性上提升思想政治理论课的教育功能;同时,也鼓励着大学生从马克思主义经典著作和中华优秀传统文献中汲取智慧,努力提升自身的理论水平和人文修养。

三、进一步促进中华优秀传统文化的时代发展

中华优秀传统文化虽然是世界上唯一没有断流过的文化,但它是在漫长的历史发展过程中逐渐形成的,不可避免地带有封建思想的印迹,客观上确实存在不少与今天的时代不合拍的内容。因此,要想让中华优秀传统文化在融入高校思想政治理论课后发挥其应有的文化育人的作用,就必须让中华优秀传统文化能够适应思想政治理论课的话语体系,能够适应新时代的发展需要,不断进行转化。例如,中华优秀传统文化的内核是不变的,但要依据社会主义核心价值观或者时代精神重新进行解读;或者用新时代的语言重新表述中华优秀传统文化,挖掘其时代价值。总之,要使中华优秀传统文化的精髓能够为高校思想政治理论课所用。

（一）对中华优秀传统文化赋予时代内涵

首先,融入的中华优秀传统文化相关内容必须符合高校思想政治理论课的教学要求,必须是能够与马克思主义以及马克思主义中国化相关理论成果相契合的

文化资源。这些文化资源原来不具备政治性,但出现在了思想政治理论课中,必须与主流意识形态保持一致,要为政治教育服务。因此,对融入的相关内容要明确选择的依据,即要符合马克思主义的方向,要能体现最新的马克思主义中国化理论成果的精髓,要能有力支撑习近平新时代中国特色社会主义思想。例如,在讲授社会主义核心价值观时,可以将"自律助人"的立身之道、"孝老爱亲"的齐家之道、"诚信利他"的仁爱之道等内容与之有机融合,打通"古""今"观照的时代结合点;在讲授生态文明建设相关内容时,可以将"天人合一"等思想融入其中,并强化实践的养成,打通"知""行"贯穿的实践契合点;在讲授共产主义社会理想时,可以融入"天下为公"等内容,强调立德树人,打通"德""育"结合的培育支撑点,从而帮助大学生更好的学习、理解和践行。

其次,要用新时代的语言体系重新解读需要融入的中华优秀传统文化。虽然中华优秀传统文化的内核没有发生改变,但其毕竟是经过漫长的中国奴隶社会、封建社会形成的,其表述和形式一定有不合时宜的地方,会明显不符合社会主义发展的需求。那么,既要保证中华优秀传统文化的内核能继承弘扬,又要符合时代发展要求,就必须对其进行转变。当前,就要用新时代的语言、用习近平新时代中国特色社会主义思想对融入的中华优秀传统文化相关内容重新进行表述,深入分析其内核的时代价值,创造新的丰富多彩的表现形式。其实,思想政治理论课的教学内容也需要跟随时代发展步伐不断改革创新,因而这是同一方向上的双重更新,应让两者在融入时同步并协调发展。当然,融入过程有主次之分,我们不能把课上成讲授传统文化的语文课,逐字逐句去介绍相关文章或诗句。讲古人的思想和观点是有必要的,但目的是为证明当前最新的马克思主义理论成果的正确性,不能主次颠倒。将课程的着力点弄错,那就失去了融入的真正意义。

(二)顺应时代发展趋势,优化顶层设计与政策指导

第二个百年奋斗目标是要把我国全面建成社会主义现代化强国,这个"强"是全方位的,体现在文化领域,就是要不断提高国家的文化软实力。而要想提高文化软实力,离不开对中华优秀传统文化的传承与弘扬,这是中华民族的"根"和"魂"。重视中华优秀传统文化融入高校思想政治理论课,积极传承中华优秀传统文化,正是充分发挥文化育人作用、筑牢理想信念、提振文化自信的有效手段之一。我们曾经忽视了中华优秀传统文化教育,进而在一段时间里失去了文化自信,总觉得西方的文化才值得追求和学习,迷失了自我。如果放弃了文化的引领作用,那么一个国家、一个民族的精神世界就会受到极大的打击,甚至会一蹶不振。现在,中国特色

社会主义进入了新时代,我们更应从新时代的全新历史方位出发,学习好运用好中华优秀传统文化,为建设社会主义文化强国服务。

党和国家充分意识到中华优秀传统文化的价值,不断优化顶层设计,先后制定了《关于进一步加强和改进大学生思想政治教育的意见》(2004 年)、《关于加强和改进高等学校思想政治理论课的意见》(2005 年)、《高等学校思想政治理论课建设标准(2021 年本)》,以及《完善中华优秀传统文化教育指导纲要》(2014 年)、《关于实施中华优秀传统文化传承发展工程的意见》(2017 年)、《新时代爱国主义教育实施纲要》(2019 年)等。这些文件政策的出台,一是显示了党和国家对思想政治理论课和中华优秀传统文化教育的重视;二是为中华优秀传统文化融入高校思想政治理论课提供了政策支持和基本遵循,为下一步更好地融入创造了条件。广大教育工作者可以根据这些文件政策进行创新性研究和实践,为提高融入的实效性及上好思想政治理论课不断努力。同时,实践经验又可以不断优化顶层设计,从而获得更多更有利于实际操作的政策举措。

第二节　中华优秀传统文化融入高校思想政治理论课的现实价值

中华优秀传统文化融入高校思想政治理论课,对课程建设的不断完善,对培养时代新人,乃至对促进国家稳定发展都具有非常重要的现实价值,最终将推动高校思想政治理论课不断深化改革,提高课程的实效性。

一、对高校思想政治理论课程建设的现实价值

党的十八大以来,高校思想政治理论课受到了党和国家的高度重视,也面临着更高的要求。面对新形势和新挑战,高校思想政治理论课必须加快课程建设的步伐,有效提升课程效果。中华优秀传统文化融入高校思想政治理论课可以有效促进课程建设,"为思政课建设提供了深厚力量"①。

（一）是更好发挥高校思想政治理论课立德树人关键作用的内在要求

高校思想政治理论课的首要任务就是立德树人,要为党、为国家培养人才,要让培养出的人才坚定正确的理想信念,愿意为了社会主义现代化建设贡献自己的一份力量。因此,思想政治理论课要把"德"放在首位,要学会从中华优秀传统文化中汲取精神养分,将德育的这部分内容切实与高校思想政治理论课的相关内容相

---

① 习近平.习近平谈治国理政:第 3 卷[M].北京:外文出版社,2020:329.

结合,通过文化教育提升大学生的文化素养、道德修养,突出"立德"的重要性;同时,也要为"树人"提出明确要求和标准,我们所培养的人才必须是德才兼备的,必须是忠于祖国忠于人民的,要在教育过程中引导大学生对中华优秀传统文化有崇敬之心,对中华民族的悠久历史有敬畏之心,对建设社会主义现代化强国有坚定决心。

1) 为立德树人提供重要支撑

我们一直强调要培养德智体美劳全面发展的大学生,这当中"德"是统领其他几方面素质的核心,起着关键性作用。从大的方向来说,"德"强调的是大学生要有热爱祖国、拥护中国共产党、坚定不移走中国特色社会主义道路,为把我国建设成为社会主义现代化强国而不断努力奋斗的大德;要有维护社会公平公正,为建设社会主义法治国家和人民幸福美满的生活而不惜牺牲奉献的公德;要有严于律己、崇尚节俭、团结友爱、从身边小事做起而时刻严格要求自己的私德。这个"德"来源于中华民族几千年来构筑起的民族精神,同时又来源于中国共产党在百年奋斗中不断深化和凝练出的建党精神、时代精神,两者紧密结合,使中华优秀传统文化为立德树人提供了源泉和动力。

德育是中华优秀传统文化的重要组成部分,不同的历史发展阶段都不同程度突出了德育的重要性。中国自古以来就强调文以载道、德以育人,这正好与当今高校思想政治理论课立德树人的根本任务相一致。中华优秀传统文化中的很多资源可以用来形象地对大学生展开教育,当然,必须先将这些资源与时代发展的规律相结合,赋予其时代价值。例如,"国无德不兴,人无德不立",这和我们今天强调的社会主义核心价值观是内在一致的,人若有德,整个社会才能传递正能量,整个国家才能兴盛;"讲仁爱、重民本"其实和马克思主义追求的最终目标是一致的,即都是为了让天下百姓过上好日子,而只有实现人的解放,人才能够自由全面发展,中国共产党强调的"以人民为中心"也正是源于此;"修身、齐家、治国、平天下",这当中既包含着社会责任也包含着伟大理想,对于今天的大学生来说,既要关心家事国事天下事,更要树立远大的理想和抱负。中华优秀传统文化中的这些思想精髓融入高校思想政治理论课后,更生动地阐释了德育的重要性。

2) 为铸魂育人注入文化基因

帮助大学生扣好人生的第一粒扣子是高校思想政治理论课的重大使命,需要各方面的资源为思想政治理论课讲清楚道理提供服务。而如果能让思想政治理论课的政治性和理论性以大学生喜闻乐见的方式呈现出来,增加大学生学习的兴趣,那么就能更好地达到铸魂育人的目的。中华优秀传统文化正是这方面的资源,通过对思想政治理论课注入文化基因,既突出了中华民族的优势和特征,又为思想政治理论课提供了鲜活的案例,并能使大学生在情感上产生共鸣。通过中华优秀传统文化对大学生加强引导和教育,能够让大学生真正领会我们需要铸就的是崇高的精神品格,我们不能忘记我们的民族魂,不能背弃我们的中国魂。

（二）是丰富高校思想政治理论课教学内容的有效手段

中华民族经历重重艰难险阻也从未放弃过自己的传统文化,在经过几千年的孕育后,留下的饱含着丰富哲学理念和道德规范的思想精华,至今依然值得我们努力学习和发扬光大。它们中有很多理念与今天的时代发展相结合,迸发出无穷的力量,指引着我们在新时代的发展。中华优秀传统文化好比蓄水池、加油站,随着高校思想政治理论课教学内容的变化不断丰富着和发展着,为我们能更好地上好思想政治理论课,对学生动之以情、晓之以理提供了丰富的资源,也使得课程更具有亲和力和针对性。

1）从资源的广度来看,丰富了高校思想政治理论课的教学内容

中华优秀传统文化蕴含着丰富的思想政治教育资源,在高校思想政治理论课教学中兼具思想性、理论性和价值性。一是提供了以理服人的内容。孔子、老子等一大批思想名家孕育出儒、道等多种学说,其中的经典著作对高校思想政治理论课的思想性和理论性进行了有益补充,为学生更好地理解马克思主义中国化提供了文化基础,促进了文化认同的形成,增加了思想政治理论课的历史厚重感。二是提供了以情感人的内容。"天下兴亡,匹夫有责"的爱国精神,"自强不息,厚德载物"的进取宽厚精神,"己欲立而立人,己欲达而达人"的仁爱精神,"和而不同,执两用中"的和谐精神,"居安思危,戒奢以俭"的艰苦务实精神等的背后是一代又一代中国人的努力奋斗,在思想政治理论课教学中他们成为一个个鲜活的案例,激发起大学生的情感认同,提升了高校思想政治理论课的亲和力。三是提供了以志立人的内容。精忠报国之志、卧薪尝胆之志、乘风破浪之志等通过高校思想政治理论课的宣扬,使大学生更能够体会爱国情怀、鸿鹄之志的重要性,从而增加对中华优秀传统文化的理解,自觉在实践中展示强烈的爱国热情和远大的理想信念。这些资源为高校思想政治课的创新发展提供了方式方法上的借鉴,也使教学内容更加丰富且有质感,从广度上打开了大学生看问题的视野。

2）从资源的深度来看,加强了融入内容的层次性

中华优秀传统文化衍生自我国五千年悠久的历史,是我国各族人民在实践中

不断摸索创造、交流融合的结果。高校思想政治理论课作为巩固意识形态、增强思想引领和培育社会主义现代化强国建设者的重要阵地,理应兼收并蓄,在内容选择和课程设置过程中,既要遵循马克思主义基本原理的指导,也需考察和顺应中国当下的具体国情,还要加强对中华优秀传统文化的传承与创新。高校思想政治理论课中融入中华优秀传统文化后,内容上会很丰富,因此在融入过程中必须深度契合社会主义核心价值观的本质要求,对相关内容进行取舍并加以改造。高校思想政治理论课教师可以根据学生的具体思想情况,分层次、分阶段地建构课程内容,不仅要保证融入内容的丰富性,也要兼顾教学过程中对内容讲授的渐进性,守正与创新并举;既要防止对历史故事和思想理论的盲目堆砌,也要避免对传统文化深刻内涵意蕴的浅读和误读。

(三)是更好促进高校思想政治理论课改革创新的必然条件

高校思想政治理论课的主要任务是立德树人,一方面为大学生讲清楚马克思主义基本原理,提升其理论素养;另一方面提高大学生理论联系实际的能力,能将所学到的马克思主义基本原理特别是方法运用到中国特色社会主义实践当中,更加清楚为什么要走中国特色社会主义道路,树立"四个自信"。虽然高校思想政治理论课程已有顶层设计,但在将教材体系向教学体系转化的过程中仍然存在理论与现实结合度不高、理论说不清说不透等问题。如何进行改革创新是高校思想政治理论课面临的紧迫要求。在实际教学中,将中华优秀传统文化融入高校思想政治理论课,可以使大学生更加明确马克思主义为什么要中国化、马克思主义中国化理论成果有怎样的重大意义,从而增强课程的实效性。

1)有助于更好地实现高校思想政治理论课的教育目标

中华优秀传统文化中蕴含的对人的教化目标与高校思想政治理论课立德树人的目标有着内在的一致性。中华优秀传统文化强调的理想人格为"圣人君子",并以"修身齐家治国平天下"为成功的使命,影响了中国历史上大批的有识之士。中华优秀传统文化中对人的教育和影响,其实对新时代的高校思想政治教育有借鉴作用,比如都是追求促进人的全面发展、要有爱国和奉献精神等。当前,世界形势空前复杂,各种思潮涌动,再加上网络社会各种信息爆炸式传播,如何引导教育思维处于活跃期、喜欢接受新事物的大学生,对高校思想政治理论课而言,既是机遇也是挑战。同时,由于高校思想政治理论课的特殊性,在教育教学过程中以理论传授为主,突出政治性,不可避免因为枯燥无味而导致学生没有学习兴趣,使得教育效果不能得到保障。思想政治教育不能起到良好的效果,对于国家的长期稳定发展、对于人才培养都非常不利。而弘扬中华优秀传统文化,将"修身齐家治国平天下"赋予新时代的内涵,将立德树人的目标更加具体化,鼓励新时代大学生努力学习、踏实进步,不断向成为"圣人君子"靠拢,则能更好地实现高校思想政治理论课的教育目标。

2)有助于创新高校思想政治理论课教学方法和手段

要以灵活变通的方式促成中华优秀传统文化的有效融入,而有效融入有赖于思想政治理论课教师紧跟时代发展,不断创新教学理念和教学方式。高校思想政治理论课教师需要调整和改良传统的灌输式教学模式,与时俱进,熟练应用各种新型教学工具,推进教学内容与教学手段、教学媒介有机协同;推动中华优秀传统文化更好地融入思想政治理论课的讲解中,促使学生在接受中华优秀传统文化的同时进一步理解和认同思想政治理论课中所讲授的思想政治理论,并能主动地在实践中躬行践履,强调"知行合一"的教育方法;注重中华优秀传统文化对现代社会背景下人们的思想教化和行为指导作用,因势利导,通过丰富的校内外文化活动充分调动大学生关注中华优秀传统文化的积极性与主动性;打破传统师生之间的"上下"关系,寻求搭建师生间平等交流和有效互动的桥梁,谨防出现学生对授课教师有刻板印象、对授课内容有排斥反应,以及教师消极授课、漠视学生思想道德层面需求的"缄默现象"。教师对学生应进行潜移默化的教育,以身作则,做好学生的榜样,不仅教书,而且育人。

3)有助于提升高校思想政治理论课的教学效果

要注重将理论教化和现实关怀紧密结合,凸显融入的合理性与价值性。中华优秀传统文化之所以能够在千百年的历史长河中绵延不断并且在现代社会继续被广泛弘扬,是因其具有对个体性情之陶冶作用和对社会生活之内在规范效用。思想政治理论课是高校思想政治工作的重要阵地,要坚持教学目标一致性、内容设置合理性、价值引领正确性、讲授方式多样性等。中华优秀传统文化需要不断结合时代发展要求促进自身的内涵发展,高校思想政治理论课则要注重传统文化融入后的教化功能,用现代话语体系和思想政治理论课的话语体系把中华优秀传统文化的精髓表达出来,从而对青年大学生产生潜移默化的影响;要在实践领域加强中华优秀传统文化的融入,引导大学生不仅认识、学习中华优秀传统文化,更能自觉地将中华优秀传统文化的育人效果体现在平时的学习和生活中。要推动融入的全过程发展,坚持"以文化人,以文育人",努力实现中华优秀传统文化深度、有效、合理融入,提升教学效果,最终为培养时代新人、为建设社会主义现代化强国奠定良好的思想基础。

二、对培养新时代大学生的现实价值

从培养又红又专社会主义事业接班人,到培养"四有"新人,再到培养担当民族复兴大任的时代新人,我们的党对人才培养目标随着时代的发展不断推进,也随着时代发展的需要不断完善。高校思想政治理论课随着人才培养目标的变化经历了不同时期的发展与探索,促进了思想政治教育理论与实践的不断深化创新,但对中华优秀传统文化的传承与弘扬一直没有间断过。近年来,党和国家高度关注中华优秀传统文化的赓续延传,积极倡导将中华优秀传统文化融入高校思想政治理论课,加强对大学生的文化教育。这既有助于引导和启发青年大学生对中华优秀传统文化的学习和研究,从中不断汲取文化的力量,使自己的使命担当和理想信念更明确更坚定,同时也促进了中华优秀传统文化的传承和创新,为中华优秀传统文化赋予了新的时代内涵,更好地提升高校思想政治理论课的魅力与实效,为新时代立德树人根本任务的贯彻落实奠定了深厚的根基。

(一)强化爱国主义的动力价值

爱国主义是任何一个民族精神的底色。中华民族在漫长的历史长河中之所以能克服重重困难坚持走下来,就是因为爱国主义精神的凝聚力量。爱国主义精神可以说是中华优秀传统文化的核心,是中华民族的力量之源。一个人如果没有爱国情怀,就不可能有真正的归属感,更谈不上为自己的祖国做贡献了。在任何时期,任何国家和民族都需要爱国主义。今天的爱国主义是经过中华优秀传统文化浸润的,是从新时代中国发展实践当中不断发展的爱国主义,"天下兴亡,匹夫有责"的家国情怀在新的历史时期赋予了更深层次的内涵。只有国家强、民族兴,个人才会得到更好的发展,因为个人的命运与国家的命运紧紧联系在了一起;同时,只有发自内心的认同国家、社会,我们才能自觉地为祖国的伟大事业不断奋斗。

1) 运用富有家国情怀的案例激发大学生民族自豪感

中华民族漫长的发展史中从来不缺少充满爱国主义的、富有家国情怀的仁人志士。也正是中华优秀传统文化对他们的爱国主义精神的传承和发扬,凝聚了一代又一代中华儿女接续奋斗,才有了今天依然屹立于世界民族之林的中华民族。屈原、苏武、岳飞、文天祥、林则徐,这些耳熟能详的名字让我们首先想到的就是他们的爱国主义精神。用这些人物案例在对大学生进行思想政治教育时,可以更生动地说明爱国主义是人世间最质朴的感情,从而激发大学生的共鸣。无论是社会理想方面,如从大同世界的理想出发理解全面建成小康社会的现实追求,还是个人理想方面,如从至善、诚信到社会主义核心价值观的培育与践行,中华优秀传统文化为高校思想政治理论课提供的丰富案例和教学资源为爱国主义教育、理想信念教育增添了说服力,更激发大学生的民族自信心和自豪感,让他们在各种文化交流过程中永葆中华民族的特色,始终有一颗爱国心;同时,也让他们切实感受到爱国主义、家国情怀的重要性,它们帮助我们克服了无数次磨难,民族的意志和品格也正是在这一过程中逐步形成。今天祖国的繁荣昌盛更需要爱国主义的支撑,大学生应加强中华优秀传统文化的学习,从中不断获取前进的动力,切实增强自信心和自豪感,为新时期中华民族伟大复兴做出自己的贡献。

2) 运用长久累积的爱国主义教育方法促进大学生自我提升

爱国主义、家国情怀等不是一朝一夕就能产生的,而是在历史发展过程中和人们长期的实践中不断地总结升华所形成的。高校思想政治理论课把德育摆在突出位置,必然要加强爱国主义教育,而如何进行教育才能取得好的成效,方法很重要。我们可以借鉴爱国主义形成中层层递进、逐步累积的方法。一方面是外在的引导教育方法,这是高校思想政治理论课中理想信念教育的基本方法,即学校教师以身作则,通过潜移默化的课堂和课外的引导、教育影响学生理想信念的形成;另一方面是内在的自我修养方法,就是自己内心有渴望学习的意识,并愿意通过学习思考不断提升自我道德水平,坚定自己的爱国情、报国志,愿意为了国家的强大做出自己的贡献。我们应该更为重视后一种方法,它是不断进行自我教育、自我提升的重要手段。内化于心、外化于行,只有不断提升自己的认识,才能保证在实践中即使碰到重重困难也能够坚定自己的初心,为了国家和民族的事业愿意牺牲一切。高校思想政治理论课就应注重对大学生自我学习的逐步引导。

3) 运用爱国主义的深厚认同感引导大学生坚定"四个自信"

推动中华优秀传统融入高校思想政治理论课,可以讲清楚以中华优秀传统文化涵养的中国不同于其他国家的独特之处,中国共产党领导中国人民摸索出的适合中国发展的中国特色社会主义道路是正确的;可以讲清楚中华优秀传统文化中蕴含的治国理政之道,为今天中国特色社会主义制度提供了智力支持,彰显出我们制度的优越性;可以讲清楚中华优秀传统文化是中华民族长期交融发展的产物,可以最大限度地凝聚起全体中华儿女的心,为中国特色社会主义伟大事业提供了强大的精神动力。说清楚这些道理,将家国情怀深深埋进大学生的心中,使他们产生深厚的认同感,从而引导大学生从中华优秀传统文化中不断地汲取精神养分,坚定"四个自信"。

文化自信是"四个自信"中最根本的自信。虽然文化润物无声，但却影响着每一个人的思想、行为方式，渗透到生活的方方面面，繁荣兴盛的文化以及背后高度的文化自信是中华民族伟大复兴的重要标志之一。高校思想政治理论课引导大学生坚定文化自信，要从中华优秀传统文化、革命文化和社会主义先进文化中寻找自信的力量，其中中华优秀传统文化历经风雨却依然有着强大的生命力，足以证明其科学性和重要作用。"源浚者流长，根深者叶茂"，我们清楚地看到中华优秀传统文化在现阶段依然潜移默化地影响着每一个人。因此，对新时代的大学生而言，只有认真学习，科学认识中华优秀传统文化中蕴含的时代精神与价值追求，才能维护好国家和人民已取得的伟大成就，才能在世界文化交流激荡中守住底线，坚定立场，凸显自信。

（二）发挥"价值理念"的引领价值

高校思想政治理论课立德树人根本任务的实现，除了要增强大学生理论素养、哲学信仰，还包括理想信念、价值理念的培育。中华优秀传统文化中所体现的重义轻利、以和为贵、与人为善等思想对于今天指导大学生形成正确的价值理念、树立正确的价值观有着重要的意义。

1）以重义轻利价值取向引导大学生树立正确的义利观

"义"是中华优秀传统文化中非常重要的道德原则，特别是在"利"和"义"发生冲突时，强调要"见利思义"。"义"排在了"利"之前，突显了其在中国人心目中的重要位置，更有很多仁人志士为了大局而展现出"舍生取义"的自我牺牲精神。这种义利观在今天依然非常重要。我们曾经为了经济发展而忽视了思想文化建设，导致这种重义轻利的价值取向逐渐被淡化，而金钱至上、唯利是图等错误观念甚嚣尘上，有人为了"利"无所不用其极。大学生很容易被这样的行为误导，高校思想政治理论课需要对大学生加强义利观教育，应强调讲诚信、重情义、守望相助等为核心的正确的义利观，防止出现功利主义、个人主义。

2）以安定团结价值取向引导大学生树立正确的人际观

安定有序的社会环境可以促进个人的稳定发展，团结友善的和谐氛围可以促进家庭和睦、个人身心健康，中华优秀传统文化中就包含"和为贵"的思想，强调仁者爱人、有容乃大。对于今天的大学生来说，在与人相处过程中应宽容大度，要团结同学、助人为乐，只有对别人友善才能形成良好的人际关系，进而才能形成融洽的集体，促进和谐社会的建设，才能让我们的国家长治久安。只有整个社会始终处于安定团结的内部环境中，呈现出积极向上的正能量，才能保证我们在社会主义现代化强国的道路奋勇前进。

3）以德行观念取向引导大学生树立正确的价值观

中华优秀传统文化的德行观念关系着对是非对错、善恶美丑的评价,是社会道德建设的一个重要标识。把"德"作为评价一个人的首要标准,这对于我们今天引导大学生树立正确的价值观依然适用。高校思想政治理论课应注重"德"的教育和引导,特别是随着互联网的发展和普及,多元文化传播所带来的不良思潮是不可避免的,如何科学对待这些思潮并做出正确评价,对于心智还未完全成熟的青年大学生来说是存在一定难度的,只有以中华优秀传统文化的德行观帮助大学生明确是非对错的标准,用马克思主义基本原理提供的科学方法全面分析看待这些问题,树立正确的价值观,才能更好地保证思想政治教育的效果。

（三）彰显人文素质的培育价值

人文素质是一种侧重于如何做人的综合素质,也是人才全面发展不可缺少的素养要求,不仅要有一定的知识储备,还需要在思想、方法、精神等方面有所追求和提升。中华优秀传统文化融入高校思想政治理论课能彰显出文化对大学生人文素质提升的重要价值,在帮助大学生树立远大理想、增强责任意识、丰富精神世界等方面都扮演着不可或缺的角色。

1）培育大学生的进取精神

新时代大学生的成长环境总体比较优越,这在一定程度上使他们在面对困难时缺少了拼搏精神和斗争精神,甚至有些学生不敢面对困难,有着强烈的畏难情绪,总想着逃避问题。中华优秀传统文化中"志当存高远""锲而不舍,金石可镂"等典故激励着一代代中华儿女,也应当继续激励新时代大学生,不论在怎样复杂的环境、遇到什么样的困难,都应该不畏艰难。要激发新时代大学生的进取精神,并让这种进取精神陪伴大学生成长的全过程。

2）培育大学生的责任意识

要培育新时代大学生的责任意识,一个没有责任心的人是不会走好自己的成长之路的,更不会对社会、对国家负责。"天下兴亡,匹夫有责""先天下之忧而忧,后天下之乐而乐""格物致知,正心诚意",这些脍炙人口的词句告诉我们大到国家责任,小到对事物发展规律的探究,都需要有负责的态度,唯有如此才能端正自己的内心,勇于将责任扛在肩上并转化为一种自觉行动。高校思想政治理论课也正需要对大学生进行这样的责任使命教育,新时代大学生更应懂得今天我们面临着更多的新变局,只有牢记中华民族伟大复兴的历史使命、责任,坚定扛起这一责任,才能为了民族复兴伟业接续奋斗。

3）培育大学生的诚信意识

诚信是个人立足于社会的重要前提，"人而无信，不知其可"。诚信也是中国古代社会为人处世的核心准则，自古以来我国就非常注重诚信教育，中华优秀传统文化孕育了许多诚信文化。高校思想政治理论课在进行诚信教育和社会主义核心价值观教育实践时，运用中国人历来推崇的诚信文化既能形象地说明诚信的重要性，又能增加教育的说服力，并能督促大学生将这种诚信意识落实到行动当中，从自身的小事做起，做一个真正有诚信的人。

（四）形成"基因文化"的整合价值

中华优秀传统文化有着强大的包容性，在形成过程中整合了中华民族大家庭中不同派别、不同民族的文化成果，内容丰富多彩。中华优秀传统文化融入高校思想政治理论课，一方面可以促进大学生加强对中华优秀传统文化的学习和了解，另一方面可以促进中华优秀传统文化发挥包容、整合功能，不断与时代发展需要相结合、与现代科学技术相结合，从而进一步推动传统文化的创新发展及拓展大学生的创新思维。

1）有助于筑牢理想信念教育

高校思想政治理论课十分注重理想信念教育，但相关教育体系复杂，内容丰富，当前人们创新了几种教育形式，如加强课程思政、建设大思政课等，教育效果有了明显改善。怎样才能把这些资源进行合理整合和利用，是接下来理想信念教育亟待解决的问题。理想信念的产生离不开社会文化的发展，不同历史时期产生的中华优秀传统文化、革命文化和社会主义先进文化都为理想信念提供了精神沃土，对当前大学生的理想信念教育就应从这些文化中汲取养分，只有这样才能让理想信念更科学更坚定。在这一过程中，马克思主义为理想信念教育指明了方向，而中华优秀传统文化秉承着兼容并包的格局和视野，在新时代继续创新发展，则为理想信念教育提供了大量素材，帮助大学生同错误认识做斗争。理想信念教育首先要解决"立"的问题，即通过弘扬民族精神、讲好中国故事，充分利用中华优秀传统文化帮助大学生思考做人的根本，再从思考自身逐渐到思考国家，从爱国爱民出发树立起远大的理想。理想信念教育还要解决"破"的问题，就是要和错误的思想做斗争。大学生很容易受到外部世界的影响，特别是互联网时代，当海量信息袭来时，如何保持理智、科学评判需要有坚定的理想信念。大学生要学会运用马克思主义思想武器，在大是大非问题上绝不模糊立场，并时刻保持高度的警惕，不走弯路。

中华优秀传统文化的精神内核为理想信念教育提供了精神力量,但理想信念教育不是一蹴而就的,需要一个常态化、制度化过程,这又为中华优秀传统文化的传承发展提供了动力,创造出更多提升理想信念的途径。

2) 有助于培育社会主义核心价值观

中华优秀传统文化与社会主义核心价值观同根同源。社会主义核心价值观是在新的历史时期,面对世界发展过程中价值观较量的新局面,从中华优秀传统文化中汲取精华,并用当代语言提炼概括出来的。在马克思主义的指导下,社会主义核心价值观充分表达了我国当前主流价值观念,在帮助人们抵御各种错误意识形态思潮的影响、增强内在凝聚力、坚定中国特色社会主义道路等方面有着重要价值。

社会主义核心价值观明显包含中华优秀传统文化的身影,并使其得到了升华。高校思想政治理论课一方面要讲好社会主义核心价值观,这就需要利用好中华优秀传统文化的相关资源,将两者密切结合起来,如此才能深挖核心价值观的内涵,讲清楚来龙去脉;另一方面更要践行社会主义核心价值观,大学生既要将马克思主义作为指路明灯,还要从中华优秀传统文化中找到民族认同感、自豪感,形成正确的文化观、国家观。另外,培育社会主义核心价值观还要注重对其内容和形式进行转化。这就需要高校思想政治理论课教师深入研究和探索,充分考虑不同专业、不同层次大学生的特点,在内容方面注重转化为能听懂、善把握、接地气的内容;在形式方面注重转化为大学生喜闻乐见的形式,而不是单纯的说教;同时,在践行方面注重教师的率先垂范作用,引领学生能自觉践行社会主义核心价值观。这一系列转化也促进了中华优秀传统文化与时代特征相结合,被注入了新的发展动力。

3) 有助于克服历史虚无主义和文化虚无主义

虽然历史虚无主义与文化虚无主义一个侧重于历史,一个侧重于文化,但实际上目标一致,都是通过否定历史、篡改事实、否定文化来毁掉一个民族、一个国家。文化是伴随着历史发展的长河衍生出来的,没有历史的时空承载,文化就不复存在;同样的,漫长的历史也必然会产生深厚的文化根基。针对中国共产党、中华民族的历史虚无主义、文化虚无主义都是恶意歪曲历史、破坏中华民族文化根基的错误思想,它们不断向我们渗透,企图分化我们,我们应予以坚决反对。大学生还没有完全具备判别是非的能力,有时会受到错误思想的影响,不理解中国共产党,不认同中国特色社会主义,这将消解中国历史文化的思想源泉和精神支柱,削弱民族共同的文化根基,扰乱正确的文化观、民族观和历史观。习近平总书记强调:"要旗帜鲜明反对历史虚无主义,加强思想引导和理论辨析,澄清对党史上一些重大历史问题的模糊认识和片面理解,更好正本清源、固本培元。"①因此,我们应加强意识形态教育,从根源上着手,将中华优秀传统文化融入高校思想政治理论课,讲清楚我们历史发展的脉络。在高校思想政治理论课的教学过程中必须以实事求是的态度,通过对中华优秀传统文化形成发展的梳理,通过深刻细致的分析,揭露历史虚无主义和文化虚无主义的本质及危害,让大学生远离错误的思想,坚定正确的政治立场。

4)有助于培养担当民族复兴大任的时代新人

中华优秀传统文化与革命文化、社会主义先进文化共同构成了中国特色社会主义文化,是培养担当民族复兴大任的时代新人的文化根基。因此,将中华优秀传统文化融入高校思想政治理论课,是培养担当民族复兴大任的时代新人的需要。每一代人承载的历史使命都不一样,在新时代,青年大学生们应在中华优秀传统文化学习中培养自己的家国情怀,学会将时代要求融入传统文化学习之中,让中华优秀传统文化在新时代得到创新发展,为自己补足精神之钙,从而致力于为社会主义事业奋斗终身,真正成长为能担当民族复兴大任的时代新人。

①习近平.在党史学习教育动员大会上的讲话[J].求是,2021(7).

第五章 中华优秀传统文化融入高校思想政治理论课的现状

通过前面的分析,我们找到了中华优秀传统文化融入高校思想政治理论课的理论依据,但这一融入最终还是要体现在实践当中。总体来看,目前人们已经有了融入的意识,但受到教育环境、学生学习状态等条件的影响,中华优秀传统文化融入高校思想政治理论课的力度还不够,以文化人的实效性还有待加强。为了推进中华优秀传统文化顺利地"融入",现在要做的是对当前融入的现状进行调研,发现问题、分析原因,为找到更好的融入方法、路径提供客观依据。

第一节 中华优秀传统文化融入高校思想政治理论课的调研设计

高校思想政治理论课的授课对象是全体在校大学生,中华优秀传统文化融入高校思想政治理论课的效果肯定要由大学生群体来认定,因此本次调研的重点人群就是正在进行思想政治理论课学习的在校大学生;同时,高校思想政治理论课的施教主体是高校思想政治理论课教师,这些教师的感受也是最终教学效果评价的重要参考。我们的调研方法以问卷调查为主,根据调研对象分成了学生问卷和教师问卷二种,重点考察大学生、高校思想政治理论课教师对中华优秀传统文化融入高校思想政治理论课的态度,以及融入教育实施情况和取得的实际效果。

一、调研开展基本情况

（一）调查设计与实施

1）调查内容的设计

问卷调查旨在收集大学生和高校思想政治理论课教师的反馈意见,从而为本研究提供第一手资料。

"中华优秀传统文化融入高校思想政治理论课调查问卷(学生)"(附录(一))共包含 23 道问题(22 道封闭式问题和 1 道开放式问题),除了调查对象基本信息的收集以外,围绕研究主题将问卷内容划分为融入价值的评价、融入过程中涉及的具体问题、目前存在的问题三个维度。其中,融入价值的评价主要从大学生对中华优秀传统文化、高校思想政治理论课以及二者之间的关联性和融入性的看法出发;融入过程中涉及的具体问题主要从目前状态下大学生对课程内容方面的看法出发,例如融入的内容是否合理、融入后的学习效果是否有所提升等;目前存在的问题主要侧重于收集大学生对中华优秀传统文化融入高校思想政治理论课成效的评价等等。

"中华优秀传统文化融入高校思想政治理论课调查问卷(教师)"(附录(二))共包含 17 道问题(16 道封闭式问题和 1 道开放式问题)。除了对教师基本情况进行收集外,主要还是从融入价值的评价、融入过程中涉及的具体问题和目前存在的问题三个维度进行问卷调查。其中,融入价值的评价就是高校思想政治理论课教师对融入的必要性等看法;融入过程中涉及的具体问题侧重于从教师角度评价课程内容、融入方法、融入效果等情况;目前存在的问题主要侧重于收集教师对融入状况的评价等。

具体的题目分配如表 5-1 和表 5-2 所示。

表 5-1 学生版问卷调查内容设计与分布情况

一级维度	二级维度	问卷内容
中华优秀传统文化融入高校思想政治理论课调查问卷(学生版)	基本信息 (1—5 题)	性别、学校层次、年级、专业、政治面貌
	融入价值的评价 (6—16 题)	(1) 对高校思想政治理论课、中华优秀传统文化的兴趣、了解情况、了解途径、重要性和价值认知; (2) 中华优秀传统文化与高校思想政治理论课二者的融入程度及必要性
	融入过程中涉及的具体问题 (17—21 题)	(1) 融入内容是否符合学生实际; (2) 中华优秀传统文化融入高校思想政治理论课取得的实际成效
	目前存在的问题 (22—23 题)	(1) 制约二者融入的主要因素及融入过程出现的问题; (2) 发挥中华优秀传统文化对高校思想政治理论课助力作用的建议

表 5-2　教师版问卷调查内容设计与分布情况

一级维度	二级维度	问卷内容
中华优秀传统文化融入高校思想政治理论课调查问卷（教师版）	基本信息（1—4 题）	年龄、文化程度、政治面貌、职称
	融入价值的评价（5—9 题）	（1）对融入中华优秀传统文化的教育重要性和价值评价； （2）中华优秀传统文化与高校思想政治理论课二者的融入程度及必要性
	融入过程中涉及的具体问题（10—14 题）	（1）融入的原因； （2）中华优秀传统文化融入高校思想政治理论课的作用； （3）融入的教学方法、取得的成效
	目前存在的问题（15—17 题）	（1）融入过程中出现问题的原因； （2）中华优秀传统文化融入高校思想政治理论课的建议

2）问卷发放与回收

本次学生版问卷发放主要面向在校大学生,采用网络发放的方式,借助社交网络平台组织学生填写问卷。共计发放 2200 份调查问卷,实际回收 2186 份有效问卷,问卷调查有效率为 99.4%。经统计,在 2186 位有效答卷人中,男生占 61.67%,女生占 38.33%,男生相对多一些;在学校层次方面,主要是以本科学校学生为主,占 86.09%,专科学校学生占 13.91%;在年级分布方面,主要以大一、大二和大三学生为主,其中大一学生占 30.01%,大二学生占 34.45%,大三学生占 29.05%,其他学生占 6.49%;在专业分布方面,理工类学生占 68.66%,文史类学生占 9.74%,经管类学生占 11.58%,其他专业学生占 10.02%。可以看出,参加这次调研的大学生以大一、大二、大三年级学生及理工类专业学生为主。共计有 10 所高校学生参与本次问卷调查,其中既包含 985 和 211 高校,也包含一般高校;既有公办院校,也有民办院校;既有职业(本科、专科)院校,也有非职业(本科、专科)院校。

本次教师版问卷发放主要面向教学一线思想政治理论课教师,采用网络发放的方式,借助社交网络平台组织相关教师填写问卷。共计发放 180 份调查问卷,实际回收 164 份有效问卷,问卷调查有效率为 91.1%。经统计,在 164 位有效答卷人中,35 周岁以下青年教师占 48.78%,中年教师占 39.02%,其他年龄段的教师占 12.2%;在教师学历(位)层次方面,主要以硕士、博士研究生为主,占 78.07%;在政治面貌方面,中共党员占 79.88%;在职称方面,各个层次都有,其中中级职称占 28.66%,高级职称占 28.05%。由此可见,参与本次调查的高校思想政治理论课教师以中青年教师为主,大多拥有硕士或博士学位,大部分为中共党员,且一半以上具有中高级职称。

(二)对学生问卷调查结果的初步分析

初步分析主要运用的是频数分析方法,分别针对问卷调查的三个维度展开分析,以此了解大学生对中华优秀传统文化融入高校思想政治理论课的总体认识情况。

1)价值评价维度

这一维度涉及大学生对高校思想政治理论课的认识、对中华优秀传统文化的态度和对两者融入的看法。首先,大学生在对待高校思想政治理论课的态度方面,认为是一门"很有意义的课"的超过半数,达 55.44%,认为是一门"很有趣的课"的占 24.47%,认为是一门"很有用的课"的占 9.34%,认为是一门"很无聊的课"和"其他"的分别占 8.42% 和 2.15%(见图 5-1)。这说明大学生对待高校思想政治理论课的态度总体上讲是积极的、正面的,因此完全可以引导大学生更好地上好思想政治理论课。

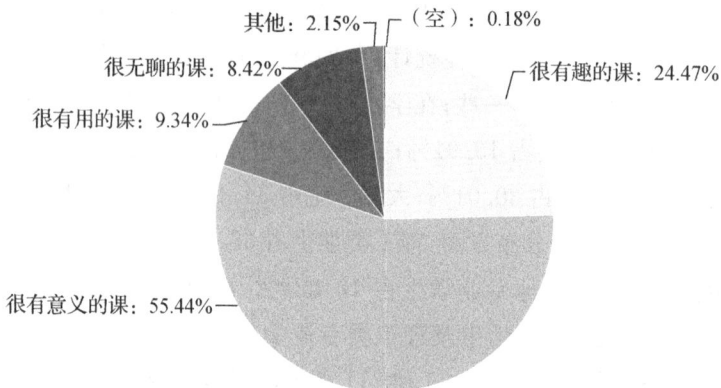

其他:2.15%　（空）:0.18%
很无聊的课:8.42%
很有用的课:9.34%
很有意义的课:55.44%
很有趣的课:24.47%

图 5-1　大学生对待高校思想政治理论课的态度

大学生在对待高校思想政治理论课的兴趣度方面,选择"非常感兴趣"的大学生占 41.95%,选择"感觉一般般"的占 54.21%,选择"完全不感兴趣"和"其他"的分别占 3.02% 和 0.59%(见图5-2)。这说明当代大学生对思想政治理论课还是具有较大的兴趣并抱有很大期待的。

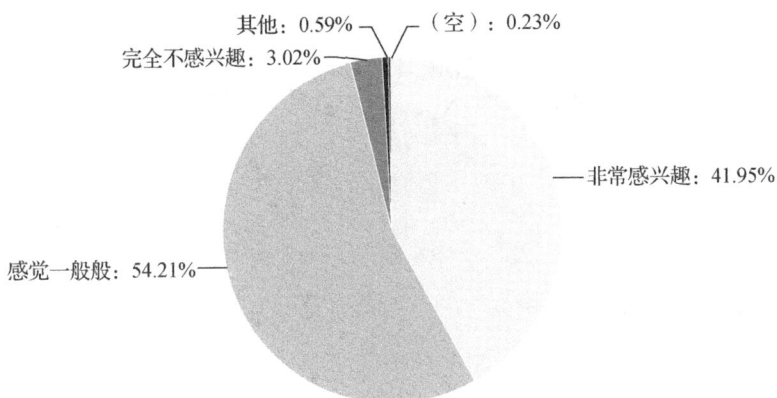

图 5－2　大学生对待高校思想政治理论课的兴趣度

大学生在对待中华优秀传统文化的了解程度方面,选择"一般了解"的大学生占76.76％,选择"非常了解"的占15.46％,选择"不太了解"和"不了解"的分别占6.77％和0.5％(见图5－3)。这说明大学生对中华优秀传统文化还是有所关注的,只是对到底什么是中华优秀传统文化,大部分学生仅仅停留在一般了解的层面。

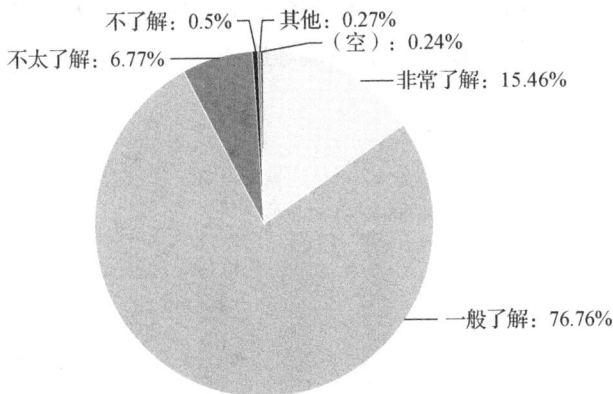

图 5－3　大学生对待中华优秀传统文化的了解度

大学生在对待中华优秀传统文化的兴趣度方面,选择"有兴趣"的大学生占47.39％,选择"比较有兴趣"的占41.13％,选择"一般般"的占10.29％,选择"不太有兴趣"和"没有兴趣"的分别占0.69％和0.32％(见图5－4)。可以看出,近90％的大学生对中华优秀传统文化是感兴趣的。而对兴趣度一般的大学生来说,通过正确的教育和引导,创新教学方式方法,应该可以增强这部分学生对中华优秀传统文化的兴趣度。

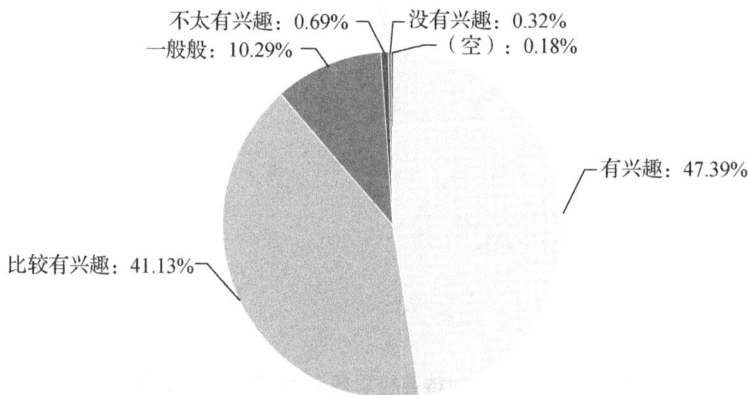

图 5-4　大学生对待中华优秀传统文化的兴趣度

在对大学生通过哪些途径来了解中华优秀传统文化方面进行调查时发现,大部分学生选择了影视剧、广播,居第二位的是课外书本、杂志、报纸、展览,居第三位的是旅游参观名胜古迹,居第四位的是课堂、讲座,居第五位的是网络,居第六位的是父母长辈,居第七位的是游戏。其中,第三位、第四位、第五位的数据结果非常接近(见图5-5)。很明显,大学生愿意通过各种方式接触和了解中华优秀传统文化,包括学习和实践,而不仅是通过网络、游戏等途径。

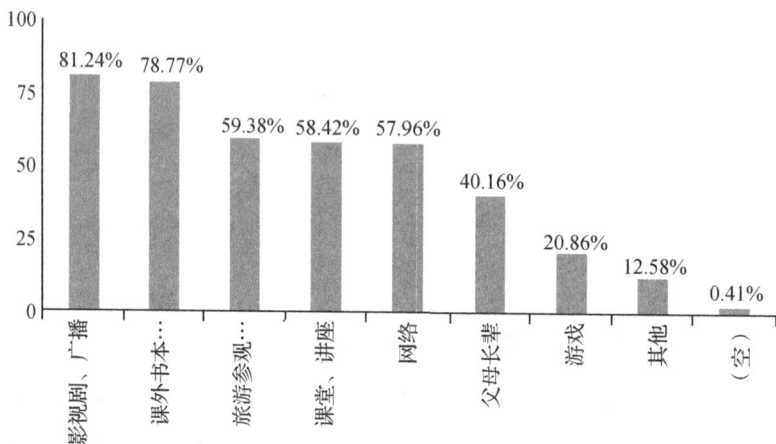

图 5-5　大学生了解中华优秀传统文化的途径

大学生喜欢的中华优秀传统文化涉及的内容也是非常丰富的。如图5-6所示,处于第一位的是饮食文化,这也符合中华优秀传统文化中"民以食为天"的思想,特别是近几年与饮食文化相关的纪录片的走红,既为讲好中国故事奠定了基础,也赢得了大学生的喜爱;处于第二位的是文学艺术,第三到第七位的分别是民间习俗、传统节日、民族建筑、思想文化、传统服饰。第一至第七位的数据结果非常接近,说明这些方面确实是中华优秀传统文化的集中体现,也将成为大学生学习中华优秀传统文化的重要内容。

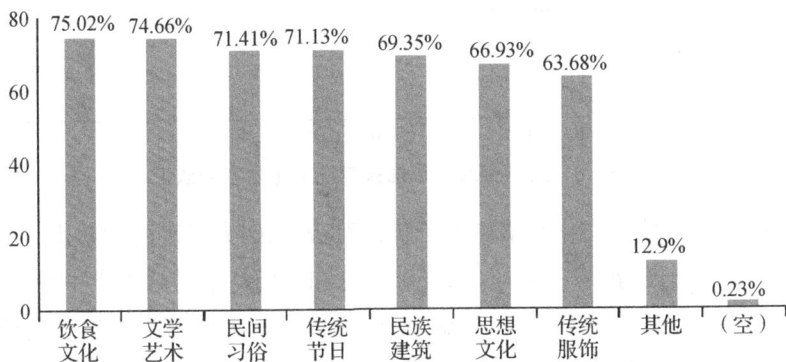

图 5-6　大学生喜欢的中华优秀传统文化的内容

在对中华优秀传统文化的评价方面,占 51.37% 的大学生的观点是肯定的,能从总体上认识到中华优秀传统文化需要继承和发扬光大;占 46.21% 的大学生认为要用辩证的观点来看待中华优秀传统文化,要有所扬弃(见图 5-7)。这些说明大学生对中华优秀传统文化能够做出较为正确的判断和评价。

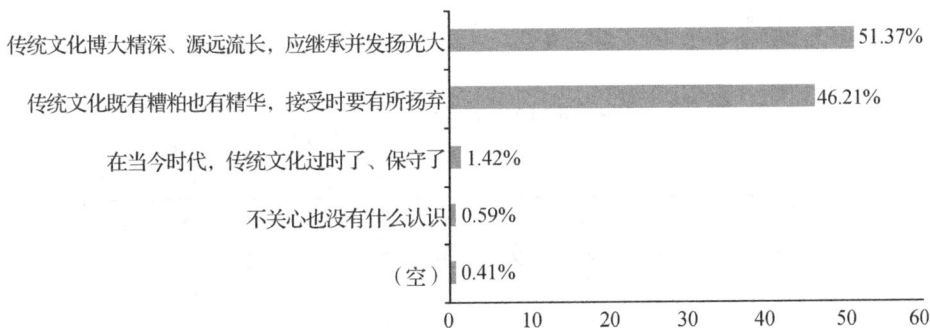

图 5-7　大学生对中华优秀传统文化的评价

在对中华优秀传统文化内容的认识方面,占 71.32% 的大学生对中华优秀传统文化只有模糊的概念,具体有哪些内容不太了解;选择"有全面的认识"的大学生占 26.4%;选择"完全不了解"的大学生占 1.1%(见图 5-8)。这说明大学生们可能关注到了中华优秀传统文化,但是对到底什么是中华优秀传统文化还存在很多疑惑,因此对大学生进行中华优秀传统文化教育非常有必要。

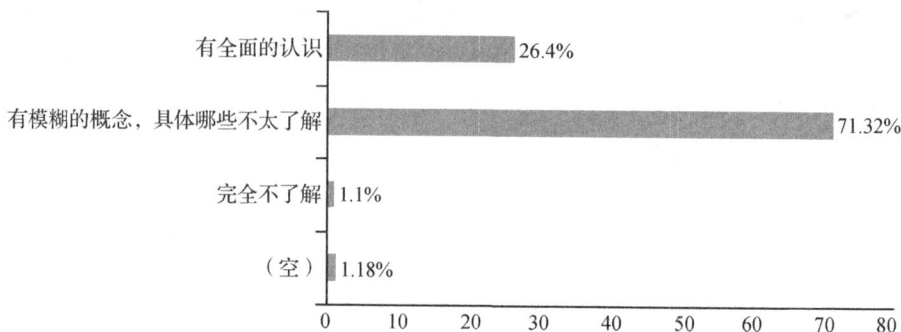

图 5 - 8   大学生对中华优秀传统文化内容的认识

在对中华优秀传统文化类书籍的了解方面,熟悉四大名著的大学生人数最多,占 78.13%,《弟子规》排第三位,占 41.58%,这和我们从小受到关于中华优秀传统文化的教育和宣传有着密切关系;了解《论语》《孟子》《大学》《中庸》《道德经》这些体现儒家、道家思想书籍的大学生占比均超过 15%,其中《论语》高达 64.59%,排在第二位;《史记》《资治通鉴》这两本历史类书籍对中华优秀传统文化的传承也起到重要的作用,了解它们的大学生占比分别为 34.26% 和 23.83%(见图 5 - 9)。这些思想文化典籍对中华优秀传统文化的传承有着不可忽视的作用,说明大学生对中华优秀传统文化具有一定的认识基础。

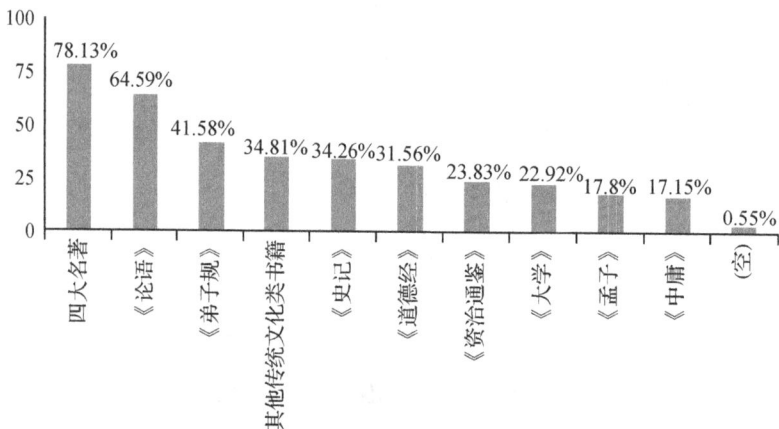

图 5 - 9   大学生对中华优秀传统文化类书籍的了解

在目前高校思想政治理论课体系中对中华优秀传统文化涉及程度的认识方面,占 70.77% 的大学生认为目前高校思想政治理论课中中华优秀传统文化的涉及范围一般,选择"涉及范围非常广泛"的大学生占 24.15％,选择"没有涉及"的大学生占 3.06％(见图 5－10)。这说明中华优秀传统文化融入高校思想政治理论课的发展空间还很大,需要我们加强这方面的工作。

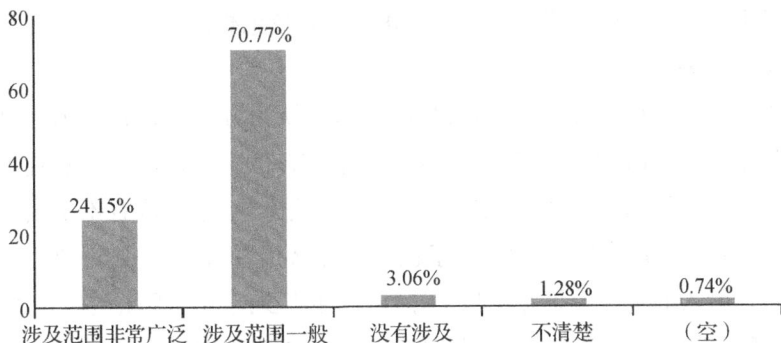

图 5－10　大学生对高校思想政治理论课中对中华优秀传统文化涉及程度的认识

对于是否有必要将中华优秀传统文化融合于高校思想政治理论课中,绝大多数的大学生认为是有必要的,其中选择"非常有必要"的占 50.23％,选择"比较有必要"的占 45.15％;而选择"没有必要"和"不清楚"的大学生分别仅占 2.38％和 1.6％(见图 5－11)。这说明大学生对中华优秀传统文化融入高校思想政治理论课是持肯定态度的,我们应该将中华优秀传统文化融入高校思想政治理论课中,促进高校思想政治理论课的创新发展。

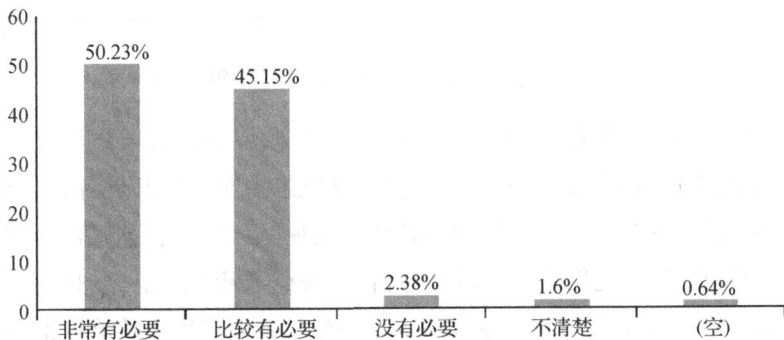

图 5－11　大学生对中华优秀传统文化融合于高校思想政治理论课必要性的认识

综合以上分析可以看出,参与本次调查的大学生中,大多数学生对高校思想政治理论课、中华优秀传统文化还是非常认可的;在融入方面,大部分学生也是持肯定态度的。对于表示"没有必要"或"不清楚"的极少数学生,我们应对他们加强相关教育工作,帮助他们改变看法。

2) 融入涉及的问题维度

在明确了大学生对于中华优秀传统文化融入高校思想政治理论课积极和肯定的态度后,还需要在融入涉及的相关问题上开展研究,对融入的现状进行全面的了解。问卷主要涉及目前中华优秀传统文化融入高校思想政治理论课的效果、方式、内容以及意义等问题。

首先,对融入过程中影响学习效果的因素的认识方面,认为"教师在讲解过程中过于教条,照本宣科"影响了融入的效果的占57.09%,认为"学校和任课教师重视程度不够"影响了融入的效果的占37.88%,认为"听不懂或看不明白影响了学习兴趣"的占53.06%,"感觉即使学了也没有什么用"的占13.91%(见图5-12)。这说明目前融入的学习效果并不是很好,还存在不少问题。因此在融入过程中,需要学校、任课教师足够重视,并要创新教学方法,将课程讲明白讲深入讲透彻,纠正部分学生的"无用论"等错误认识。

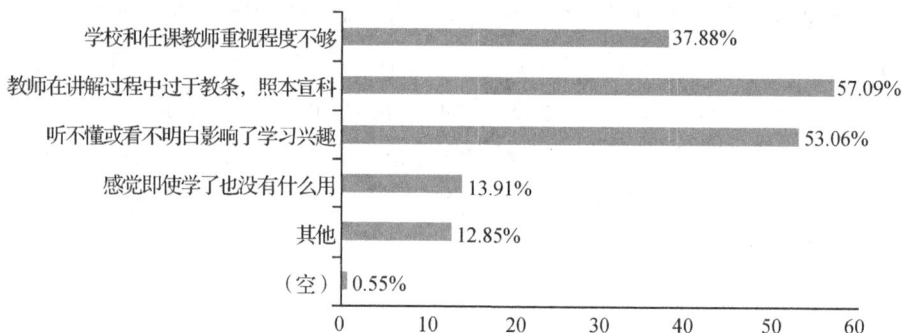

图 5-12　大学生对融入过程中影响学习效果的因素的认识

其次,对具体融入方式的认识方面,选择"在思政课中适时增添与课程有关的中华优秀传统文化知识"的占78.68%,选择"马克思主义学院开展各种活动,重拾古人文化传统"的占60.43%,选择"利用网络、电视、报纸、杂志、书籍等加大宣传"的占51.24%,选择"马克思主义学院开办讲座、选修课程"的占41.31%,选择"其他"的占11.57%(见图5-13)。这说明大部分学生希望在思想政治理论课的学习过程中加入中华优秀传统文化的元素,同时还有很多学生希望通过其他各种形式,包括线上线下相结合等促进自己对中华优秀传统文化的深入了解,为更好学习思想政治理论课奠定基础。

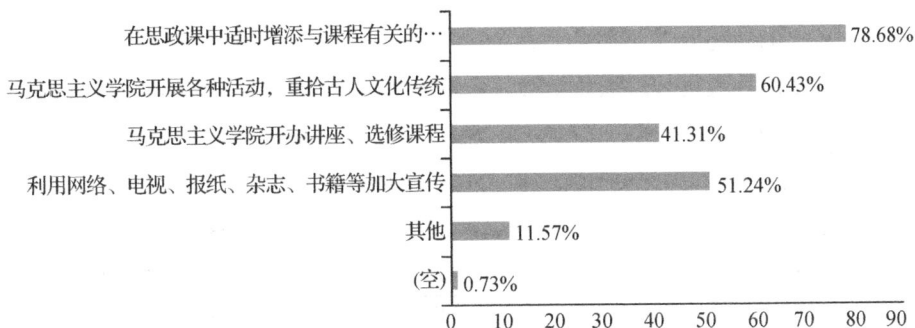

图 5‑13　大学生对融入方式的认识

在对中华优秀传统文化的精神力量增强高校思想政治理论课的感召力的认识方面,选择"非常认同"和"比较认同"的大学生分别占 51.46% 和 44.6%(见图 5‑14)。这说明大部分学生认同将中华优秀传统文化的精神力量融入高校思想政治理论课中,提升思想政治理论课的感召力,增强自身的获得感。

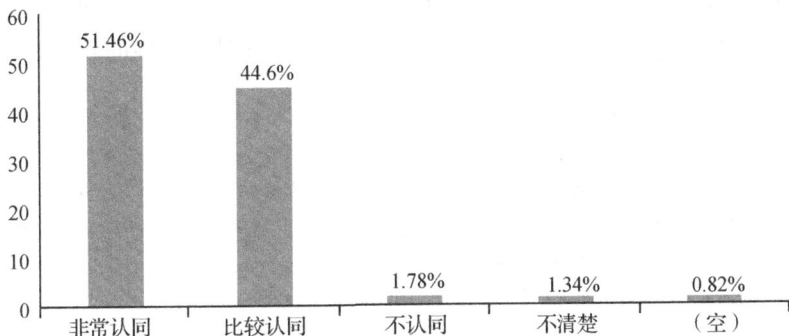

图 5‑14　大学生对中华优秀传统文化的精神力量增强高校思政课的感召力的认识

再次,对融入内容的认识方面,认为"厚植爱国情怀"和"传承道德教育"非常有必要融入高校思想政治理论课的大学生分别占 78.31% 和 70.56%,认为"弘扬奋斗精神""培养创新意识"以及"弘扬人文精神"都是融入的重要内容的大学生分别占 68.66%,56.88% 和 54.02%(见图 5‑15)。可以看出,大学生对中华优秀传统文化融入高校思想政治理论课的内容的认识还是颇具理性的。

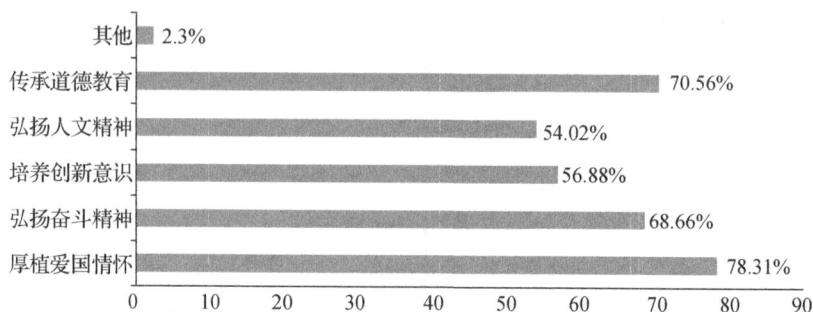

图 5-15　大学生对融入内容的认识

最后,对融入意义的认识方面,"提高人格修养""培养家国情怀"以及"传承中华优秀传统文化"居前三位,占比分别为 82.48%,81.79%,78.36%;此外,认为可以"促进良好社会关系"和"反哺马克思主义理论知识的学习效果"的大学生分别占 68.21% 和 36.37%(见图 5-16)。可以看出,大学生对中华优秀传统文化融入高校思想政治理论课的意义的认识是全面和肯定的,同时也说明融入的内容应该是涉及国家、社会、个人发展的不同层次的内容,融入应该是系统性的和全方位的。

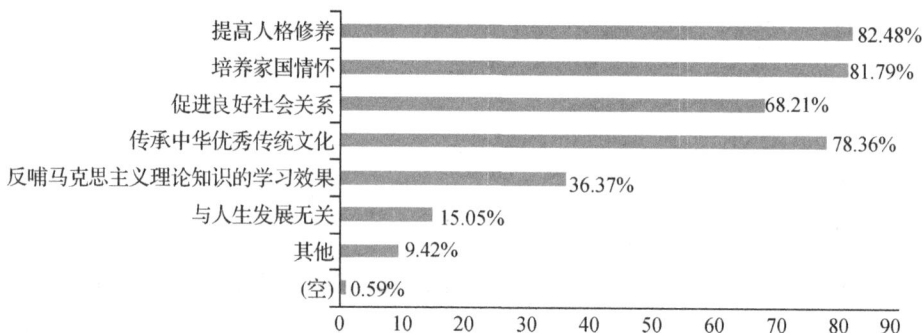

图 5-16　大学生对融入意义的认识

以上调查结果显示,中华优秀传统文化融入高校思想政治理论课主要通过课堂这一重要渠道实现,思想政治理论课教师在教学过程中应注重对学生进行积极的引导,要注重融入的效果、方式、内容以及意义。

3) 目前存在的问题维度

关于对目前中华优秀传统文化融入高校思想政治理论课存在的问题的认识,选择"缺乏传统文化类实践活动"的大学生最多,占 68.48%,选择"思政课与中华传统文化类知识的课堂教学方法有待改进"的大学生占 62.49%,选择"缺乏相关领域优质的指导教师资源""传统文化典籍对于学生读懂和理解有一定的难度""缺乏适用的教材"的大学生分别占 39.98％,37.05％和 29.23％,选择"其他问题"的大学生占 8.6％(见图 5‐17)。这说明融入时,在教学方式上重理论讲解轻实践教学,在教学方法上存在单一性;同时,在教师自身素质方面还存在提升空间,在教学过程中也缺乏专门的合适的教材等。这些问题影响到了中华优秀传统文化融入高校思想政治理论课的效果,需要我们找到解决问题的路径。

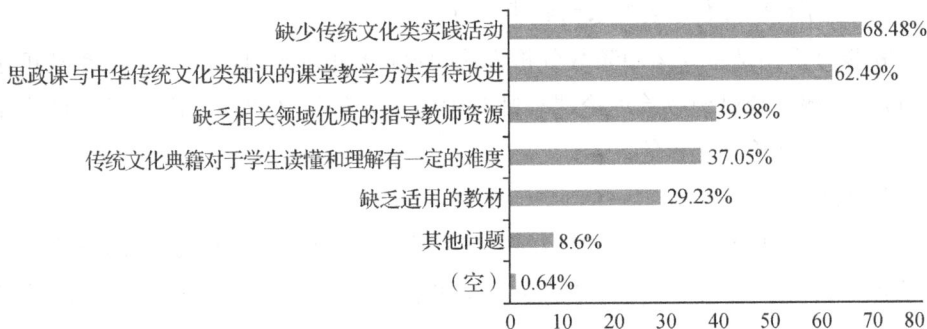

图 5‐17　大学生对目前融入问题的认识

　　对于中华优秀传统文化融入高校思想政治理论课,参与问卷调查的大学生还给出了很多宝贵的意见,例如在实践、讲座、选修课、宣传等方面加强融入的广度和深度(见图 5‐18)。

图 5‐18　大学生对目前融入的建议

综上可知,绝大多数大学生对当前中华优秀传统文化融入高校思想政治理论课是持肯定态度的,并愿意支持融入地继续开展,这对我们而言有着重要的意义;同时,还有很多大学生明确表示对中华优秀传统文化非常感兴趣,只是目前对中华优秀传统文化的了解和学习远远不够。当前中华优秀传统文化融入高校思想政治理论课在融合内容和融入方式等方面还存在一些问题,需要我们找到解决问题的正确路径。

(三)对教师问卷调查结果的初步分析

初步分析还是主要运用频数分析方法,分别针对问卷调查的三个维度展开分析,以此了解高校思想政治理论课教师对中华优秀传统文化融入高校思想政治理论课的态度、评价和建议等。

1)价值评价维度

高校思想政治理论课教师对当前中华优秀传统文化教育缺失的原因有着深刻的认识。如图5-19所示,选择"整个社会没有形成学习传统文化的氛围"的教师所占比例最高,达73.17%;选择"学生对传统文化缺乏兴趣"和"西方文化思潮的冲击"的教师分别占56.1%和51.83%;除此之外,选择"学校没有足够重视""传统文化不符合现代生活方式,难以发展""其他"的教师也占有不小的比例。这说明,造成当前中华优秀传统文化教育缺失的原因是复杂多样的,既有主观原因也有客观原因,高校思想政治理论课教师对这个问题的看法还是比较全面的。

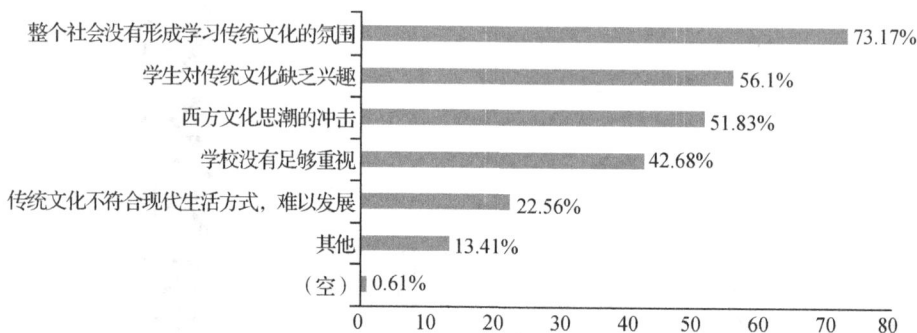

图5-19 高校思想政治理论课教师对中华优秀传统文化教育缺失的认识

高校思想政治理论课教师对中华优秀传统文化是否应该融入高校思想政治理论课的认识至关重要,他们的认可程度将直接影响融入的教育教学效果。首先,高校思想政治理论课教师在融入的必要性方面,认为"非常有必要"和"有必要"的分别占67.07%和29.27%,总和达到了90%以上(见图5-20)。这说明绝大多数高校思想政治理论课教师认同将中华优秀传统文化融入高校思想政治理论课,因而他们必然愿意在思想政治理论课中加入中华优秀传统文化的元素,从而更好地教育引导青年学生。

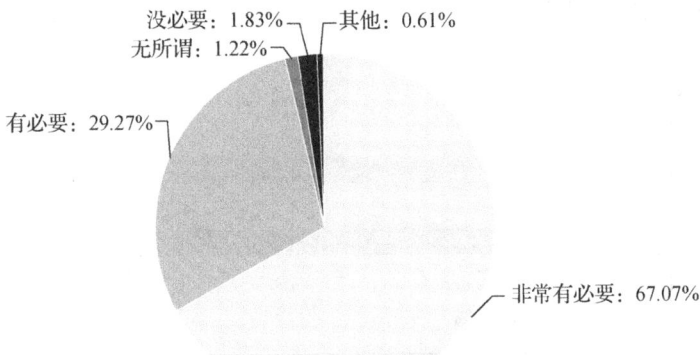

没必要:1.83%　　其他:0.61%
无所谓:1.22%
有必要:29.27%
非常有必要:67.07%

图 5 - 20　高校思想政治理论课教师对融入必要性的认识

其次,高校思想政治理论课教师在是否愿意加强中华优秀传统文化的学习和实践,积极为学生答疑解惑、排忧克难以及做思想引领方面,选择"非常愿意"和"愿意"的分别占 65.24% 和 32.93%,总和达到 95% 以上(见图 5 - 21)。这说明绝大多数高校思想政治理论课教师认可中华优秀传统文化的学习是有必要的,并且愿意为了加强学生在这方面的学习而努力付出。

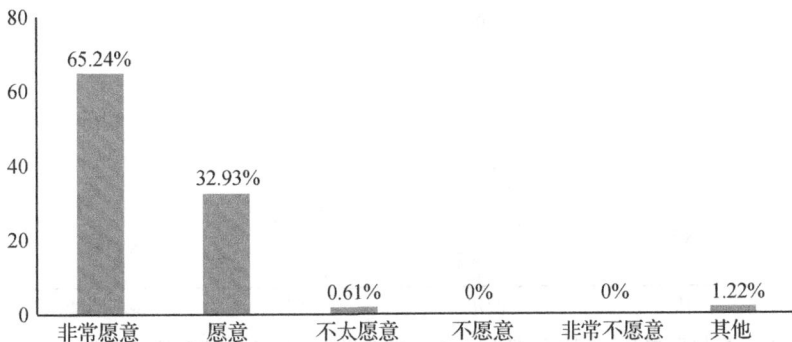

非常愿意	愿意	不太愿意	不愿意	非常不愿意	其他
65.24%	32.93%	0.61%	0%	0%	1.22%

图 5 - 21　高校思想政治理论课教师对是否愿意加强中华优秀传统文化学习和实践的认识

再次,基于前面高校思想政治理论课教师对中华优秀传统文化有必要融入高校思想政治理论课以及愿意加强中华优秀传统文化教育的基本认识,高校思想政治理论课教师对是否有意识地把中华优秀传统文化的核心思想理念、人文精神等融入到高校思政课教学过程当中,选择"偶尔"的教师占比最高,达到 45.12%;选择"经常"的教师占 43.29%(见图 5-22)。这说明高校思想政治理论课教师已经有意识地将中华优秀传统文化融入高校思想政治理论课中,只是对如何融入、怎样融入可能还不能准确把握。

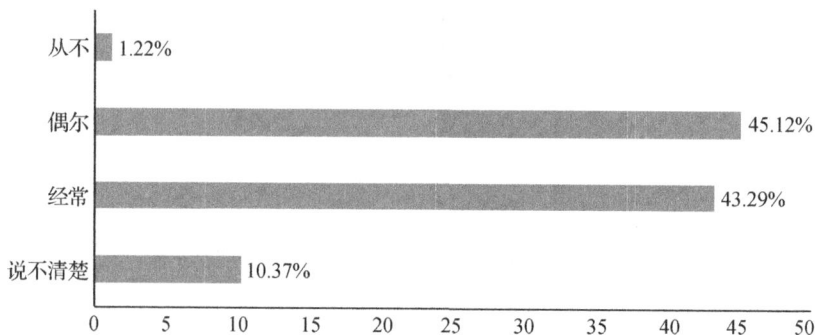

图 5-22 高校思想政治理论课教师对是否有意识融入中华优秀传统文化的认识

最后,关于高校思想政治理论课教师是否经常与学生讨论中华优秀传统文化的相关话题,偶尔与学生进行交流的思想政治理论课教师占大多数,达到 68.9%,而经常交流的只占 15.85%(见图 5-23)。在今后的教学过程中,教师应加强与学生的互动,只有经常交流才能及时了解学生真实的学习情况,及时发现问题并解决问题,从而更好地将中华优秀传统文化融入高校思想政治理论课教育教学中。

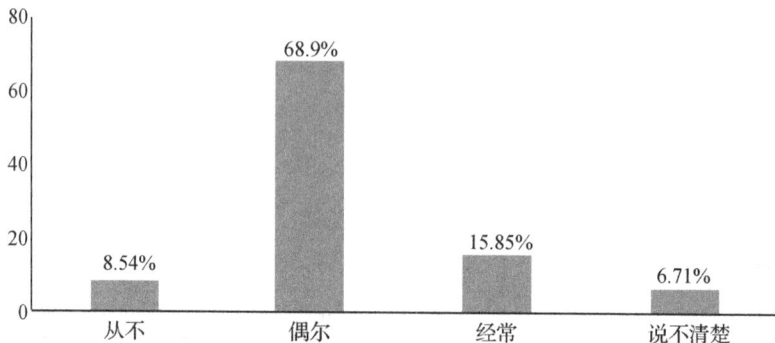

图 5-23 高校思想政治理论课教师是否经常与学生讨论中华优秀传统文化的相关话题

2)融入涉及的问题维度

高校思想政治理论课教师将中华优秀传统文化融入高校思想政治理论课的原因是多方面的,选择"帮助学生树立正确的价值观、人生观"的高校思想政治理论课教师所占比例最高,达 87.8%;选择"引领良好的社会风气""为学生传递正能量"

"可提高学生政治素养"的教师比例也都比较高,分别占81.1％,76.22％和75％;除此之外,选择"为学生进一步深造做准备""学校要求""其他"的教师也占有不小的比例(见图5-24)。这说明高校思想政治理论课教师对中华优秀传统文化融入高校思想政治理论课是非常认同的,在高校思想政治理论课中加强中华优秀传统文化教育后所取得的效果也是多方面的。

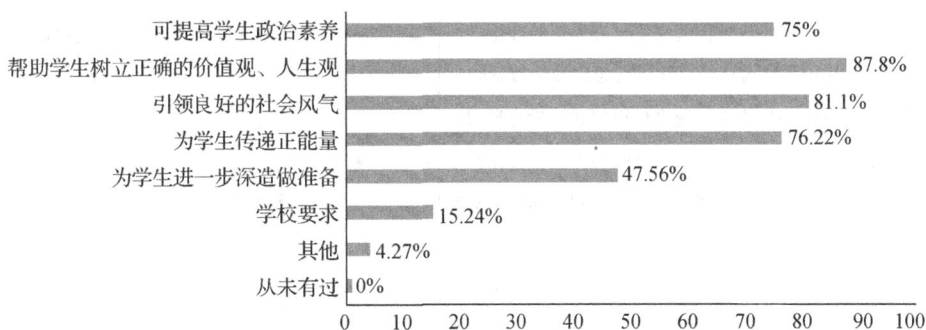

图5-24　中华优秀传统文化融入高校思想政治理论课的原因

在如何看待中华优秀传统文化融入高校思想政治理论课的作用方面,高校思想政治理论课教师普遍认为,可以"提升中华优秀传统文化素养和思想政治教育意识""提升挖掘课程蕴含的中华优秀传统文化思想政治教育资源的能力""提升运用中华优秀传统文化分析解决现实问题的能力"(见图5-25)。由此可见中华优秀传统文化融入高校思想政治理论课的作用是非常明显的,二者是相互促进的。

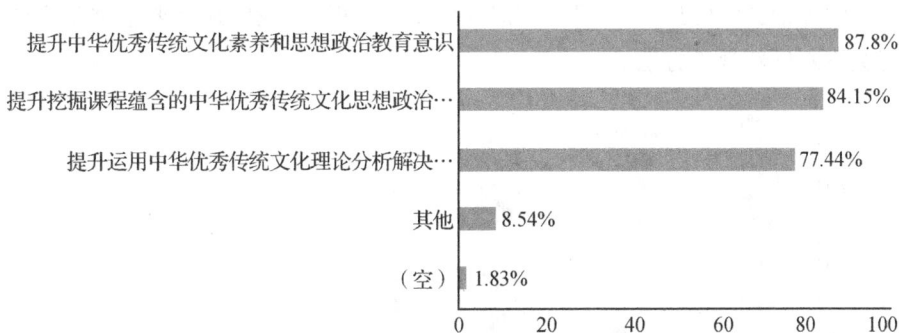

图5-25　中华优秀传统文化融入高校思想政治理论课的作用

在对增强高校思想政治理论课教师将中华优秀传统文化融入高校思想政治理论课的意识和能力培养的建议方面,思想政治理论课教师也有较深的思考。选择"加强运用中华优秀传统文化进行思想政治教育的实践锻炼"的高校思想政治理论课教师所占比例最高,达到 80.49％;选择"加强对中华优秀传统文化核心思想的理论学习"和"建立常态化的中华优秀传统文化思想政治教育学习与培训机制"的比例均超过 70％,分别达到 78.66％和 70.73％;除此之外,选择"加强思政课教师与专业课教师之间的沟通与合作教学""建立相应考评制度和激励机制"等的教师也占有不小的比例(见图 5 - 26)。

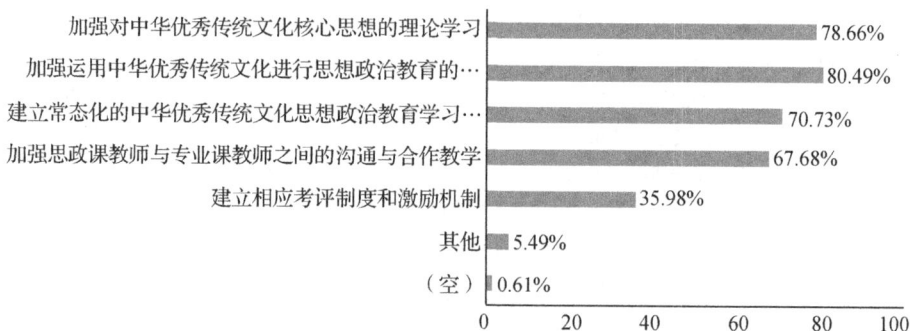

图 5 - 26 中华优秀传统文化融入高校思想政治理论课的意识和能力培养的建议

在融入的教学方法方面,高校思想政治理论课教师普遍倾向于综合运用多种教学方法。选择"讨论式教学"和"情景模拟式教学"的高校思想政治理论课教师占比分别排第一位和第二位,达到 75％和 71.95％,说明教师们希望通过加强互动的教学方式充分调动学生学习的积极性;选择"专题式教学"和"教师为主导的讲授式教学"的分别占 62.8％和 53.05％,该比例也比较高,说明教师们依然注重以自身为主导的理论教学(见图 5 - 27)。当然,在教学过程中,我们还需要根据学生的实际情况不断创新教学方法。

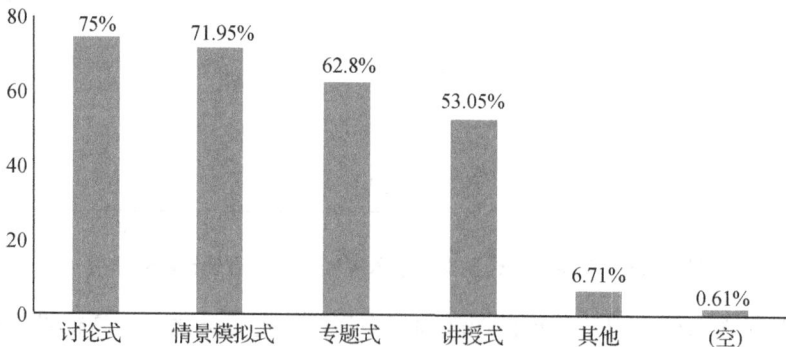

图 5 - 27 中华优秀传统文化融入高校思想政治理论课的方法

在评价融入后学生的学习收获情况时,大部分思想政治理论课教师认为学生的收获是比较大的,其中选择"收获非常大"和"有一定收获"的高校思想政治理论课教师占比之和超过了95%(见图5-28)。这也充分说明了应该将中华优秀传统文化融入高校思想政治理论课中。

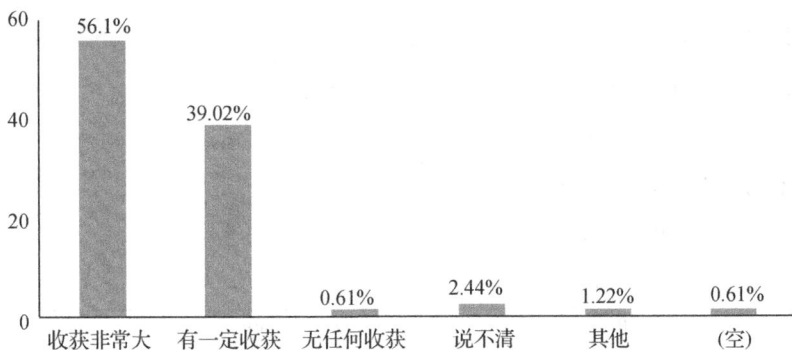

图5-28　中华优秀传统文化融入高校思想政治理论课学生的收获情况

3)目前存在的问题维度

通过对中华优秀传统文化融入高校思想政治理论课后存在的问题进行反思,可以发现这些问题是多方面的。如图5-29所示,选择"缺乏可以融合的优质教育资源"的教师所占比例最高,达62.8%;选择"缺少思想政治教育与中华优秀传统文化教育的融合意识"的占60.98%,说明高校思想政治理论课教师在这方面的意识还有很大的提升空间;除此之外,"学生对中华优秀传统文化的学习不够重视""与课余活动的结合较少""教师的课堂教学方法有待改进"等也是目前比较突出的问题,需要进一步改进和提高。

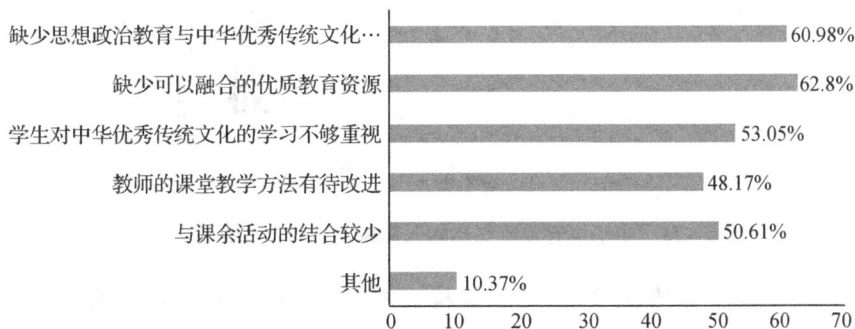

图5-29　中华优秀传统文化融入高校思想政治理论课目前存在的问题

在对中华优秀传统文化是否能为高校思想政治理论课提供丰富的教育资源的认识方面,占比达63.41%的高校思想政治理论课教师认为"能提供丰富的教育资源",选择"能提供一定的教育资源"的教师占 30.49%(见图 5 - 30)。由此可见高校思想政治理论课教师非常肯定中华优秀传统文化对思想政治理论课的作用,这就需要我们在教学中进一步加强融入的力度。

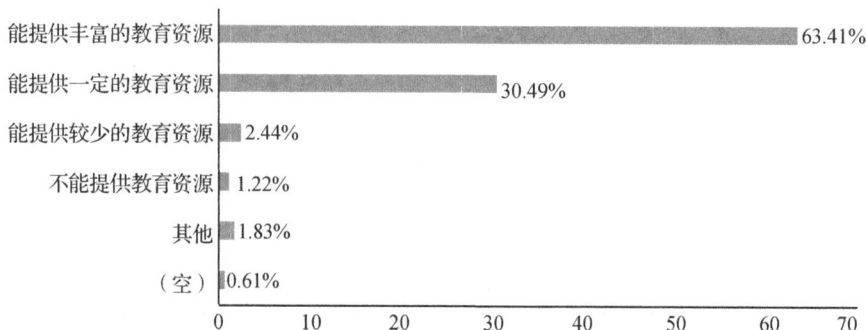

图 5 - 30　中华优秀传统文化是否能为高校思想政治理论课提供丰富的教育资源

参与问卷调查的高校思想政治理论课教师给出了很多如何进一步促进融入的建议,如创新手段、加强实践、创造教学环境、提高思政课实践学分等(见图 5 - 31),要让融入教育真正体现出效果而不是停留在形式上。

图 5 - 31　中华优秀传统文化融入高校思想政治理论课的建议

二、中华优秀传统文化融入高校思想政治理论课的基本情况

总体来看,参与调研的大学生对当前中华优秀传统文化融入高校思想政治理论课基本持积极态度,并认可融入的重要意义,同时也认为目前融入的内容非常有限,融入的广度和深度也都有待提升,因而融入的效果还不十分明显。

　　参与调研的大部分高校思想政治理论课教师对中华优秀传统文化融入高校思想政治理论课也是持肯定态度的，并且进行了一些尝试和反思。由此可见，中华优秀传统文化融入高校思想政治理论课是非常必要的，但是在具体融入过程中还存在一些问题。例如，学生和教师都对中华优秀传统文化学习不够深入，因此对相关内容把握不住，直接影响了融入的效果和学习的效果。高校思想政治理论课教学质量的提升跟教师有着密切的关系，教师的教学能力、教学方式都会对学生产生很大影响。上好思想政治理论课本身就很不容易，而要在把握住思想政治理论课的内容基础上将中华优秀传统文化融入其中更加困难。如果融入得好，学生从中将受益匪浅，教学效果也可以提升；但若融入得不好，不仅导致原本的问题没讲清楚，还会导致中华优秀传统文化的内容也没有讲清楚，教学效果不升反降，事倍而功半。由于没有统一的融入教材，也没有统一的融入标准，同时相关管理部门也没有给予足够的重视，没有提供相关的保障措施，使得融入中华优秀传统文化时高校思想政治理论课教师很难准确把握。因此在实践过程中，我们还需要在这些环节找到解决问题的办法。

第二节　中华优秀传统文化融入高校思想政治理论课存在的主要问题

　　新时代新征程，在新的历史时期为中国特色社会主义现代化培育堪当重任的时代新人，责任重大，意义深远。如何才能培养好青年学生，其中非常重要的一个方面就是要加强对青年学生的价值引领，突出德育的重要性。为此，党的十八大以来，以习近平同志为核心的党中央高度重视高校思想政治理论课建设，也多次强调了中华优秀传统文化创造性转化、创新性发展问题，这为中华优秀传统文化融入高校思想政治理论课创造了良好的大环境。将中华优秀传统文化融入高校思想政治理论课，既可以保证高校思想政治理论课立德树人作用的发挥，为培育时代新人提供了更深厚的情感认同，提升了大学生为国家为民族奋斗的意识；还可以促进中华优秀传统文化在新时代的传承和发展，为高校思想政治理论课注入了鲜活的案例、丰富的精神养料，为青年学生成长成才提供了精神动力，为建设社会主义文化强国奠定了基础。目前来看，这一融入得到了绝大多数大学生和教师的肯定。大学生欢迎这样的融入，教师则在融入过程中不断总结经验，使得中华优秀传统文化与思想政治理论课形成合力，进一步发挥出育人功能，更好地引领大学生坚定不移走中国特色社会主义道路，并为中华民族伟大复兴不断奋斗。但同时，在融入过程中还存在不少问题,直接影响了融入的效果。

一、融入的主体缺乏主动性

这里的融入主体主要指在校大学生和高校思想政治理论课教师两个群体。学生学、教师教构成融入的完整环节,如果融入主体缺乏主动性,就会直接影响融入的教育教学效果。

(一)当代大学生对于融入的内容了解不够

由上述问卷的调查统计结果可知,当前高校大学生对于融入的相关中华优秀传统文化的内容不够了解、认识不够全面深入是融入面临的最大难题,具体表现在以下几点。第一,大部分大学生没有系统学习过中华优秀传统文化知识,很多内容不熟悉。从小到大,他们基本没有接受过系统的中华优秀传统文化的学习,只是在学习其他课程时会零散涉及一些,以至于大部分学生对一些经典著作并不了解,更没有读过,即使了解也仅限于一些最基本的介绍,根本谈不上对相关融入内容的理解和思考。第二,目前在校大学生大都是"00"后,他们是互联网的原住民,喜欢接受新事物,受网络文化的影响较大。他们的成长经历已远离了中华优秀传统文化所倡导的价值观,加上对内容的不了解,必然会造成有学生排斥传统文化的现象发生,甚至会简单认为传统文化都是过时的。第三,正是因为长期远离了传统文化,大学生普遍没有强烈的传承和弘扬中华优秀传统文化的意识。因为各种网络文化对中国传统文化的冲击,以及各种错误思潮的影响,再加上对传统文化中精华和糟粕的认识也不够全面,使得大学生对中华优秀传统文化的传承和弘扬没有积极性,甚至有一些误解,进而影响到对融入内容的理解。

(二)高校思想政治理论课教师对于融入的掌控力不够

第一,课程设置不能突出融入的效果。由上述问卷的调查统计结果可知,当前大部分高校都重视将中华优秀传统文化融入思想政治理论课,但由于学生对中华优秀传统文化相关内容不了解,有的还缺乏学习动力,因而导致融入后的教学效果一般。而且思想政治理论课基本还是以教师讲授为主,可以融入的中华优秀传统文化的内容不多,即使融入也仅限于课堂,方式也比较单一,显然并不能取得非常好的教学效果。同时,在开设有关中华优秀传统文化的选修课方面,因为选修课的学习要求不高,学生更多是为了拿学分,并不是为了更好地学习中华优秀传统文化而认真学习,这就使得中华优秀传统文化的教育效果更低,学生无法通过这一形式真正获取中华优秀传统文化的精髓和重要价值。第二,教师自身的文化修养不够。高校思想政治理论课教师自身对中华优秀传统文化的学习和了解不够深入,很难把思想政治理论课中涉及的中华优秀传统文化的内容融会贯通,再加上思想政治理论课本身的理论知识讲授就存在不小的难度,两者的融合对教师提出了更高要求。如果教师不能加强学习,采用更新颖的教学方法和手段,那么融入无疑将以失败告终。第三,教师对融入的整体缺乏系统性认识,难以全面把控。例如,不能很好地利用校园文化等身边的资源引导学生关注中华优秀传统文化,不能把融入与学生日常的学习生活结合起来。因此,在融入过程中呈现出教师对融入内容难以把控,从而不能很好的保证融入的效果。

二、融入的内容缺乏规划

融入最关键环节就是解决融入哪些内容的问题。虽然这一问题已经引起了很多人的关注,并有了一些共同的看法,但总体上看对融入的内容还是缺乏规划,因而影响了融入工作的推进。

(一)对融入的内容发掘不充分

中华优秀传统文化博大精深,蕴含着丰富的思想政治教育资源,只有对其进行系统梳理,找出融入的几个切入点,再进行选取和挖掘,才能使融入的内容全面深刻。但从现状来看,大部分思想政治理论课教师对中华优秀传统文化缺乏全面的研究,即使研究了也仅限于一些大家熟知的文化,比如只聚焦儒家文化的研究,这直接影响到融入内容的选择。如果融入内容不明确,再好的融入形式也只能使教育停留在表面,无法让学生真正领会到传统文化的育人价值。另外,对融入内容还缺乏深入的研究,这就导致相关内容缺乏学理性支撑,让人无法感悟出中华优秀传统文化所蕴含的深层次的思想内核,学生会觉得这些内容早就已经听说过,没有学习的必要,从而影响了融入的效果。

(二)思想政治理论课教材中涉及中华优秀传统文化的内容较少

目前全国各高校使用统一的思想政治理论课教材,这些教材的编写越来越科学,得到了教师们的普遍认可。中华优秀传统文化的相关内容也出现在了教材中,这是进步的地方,但是缺乏整体规划,这些内容只是零散地出现在各章节中,没有一条主线将它们串接起来,使得融入没有系统性。这就给教师在教学过程中如何能更好地把握中华优秀传统文化融入的内容提出了难题,也增加了教材体系向教学体系转化的难度。

(三)有关中华优秀传统文化的教材和课程设置缺乏系统性

目前,国家层面还没有出版统一的关于中华优秀传统文化的教材,也没有颁布专门的教学大纲或课程建设标准。但有关中华优秀传统文化的问题已经被很多学者关注,因此相关的专著、教材也很多,可是质量却不尽相同,这给开设相关课程的高校教师提出了难题,必须要在大量调查研究的基础上才能找到好的合适的教材。再从中华优秀传统文化的相关课程内容来看,大部分内容存在一定的局限性,没有系统性地进行讲解,而且仅仅涉及了传统文化中的一小部分内容。当然中华优秀传统文化本身的内容就很多,要想全面深刻地介绍难度很大,同时课时有限,而且大部分都是以选修课、网络课的形式进行授课,这也使学生的学习效果大打折扣,最终也影响了融入的效果。

三、融入的话语转化不够顺畅

虽然思想政治教育的话语体系具有较高的严肃性,但在新媒体时代,人们创造了丰富的话语资源,我们应充分利用这些现代化手段和话语资源,将思想政治教育话语体系转变为大学生喜爱的、能够理论联系实际的、通俗易懂的话语体系。在融入过程中,同样需要高校思想政治理论课教师在遵循传统文化本义的基础上创新转化方式,只有用大学生认同的教育话语并找到契合的语境才更能够教育人、感染人。但实际过程中融入的话语转化还存在一些问题,直接影响了融入的效果。

(一)话语转化不充分

一些教师对中华优秀传统文化的把握不全面、不到位,因此在授课过程中只能做"搬运工",简单、直接地表述相关的文化内容,而不能做到对其深层内涵和时代价值进行分析,更不能运用大学生喜欢的形式进行解读并密切联系学生的实际学习和生活。有的教师甚至自己都没有弄清楚融入的内容与思想政治教育有怎样的内在逻辑关系,而是为了融入而融入,常常是断章取义、牵强附会,这样的教育话语显然又陷入说教的模式中,既不能激起大学生学习的兴趣,还可能会使大学生在理解时出现偏差,不能真正领会融入的意义。

(二)话语转化过度

少数教师在转化过程中不尊重传统文化的本来面貌,而是"无中生有"或过度解读其内涵,这不仅会影响学生对中华优秀传统文化的学习和理解,甚至还会误导学生。还有极少部分教师一味地迎合学生的"喜好",为了活跃课堂气氛,放弃了实事求是的原则,而是讲网络段子、讲"野史"、戏谑历史人物等,使融入呈现出娱乐化、庸俗化的倾向。这样的话语不仅曲解了融入内容的本义,而且出现在思想政治理论课上也是不合适的,对学生既不能起到教育引导作用,还容易让学生产生错误认识,大大降低了思想政治教育的效果。

四、融入的具体方法缺少创新

人们对高校思想政治理论课的改革提出的要求越来越高,而改革不是一蹴而就的,目前在融入过程中依然存在方法单一的情况。

(一)课堂教学依然以灌输说教为主

受传统因素的影响,大部分高校思想政治理论课教师在课堂教学过程中通过简单说教的方式向学生灌输融入的相关内容。当然,灌输在思想教育过程中确实有着非常重要的作用,因为这一教育是要进入学生的头脑中改变他们的思想,不是一朝一夕能完成的,需要不断地灌输。但在新媒体时代,如果还停留在灌输阶段,显然是不利于提升教学效果的。这是因为过去相关教育资源的获得渠道单一,教育者掌握了大量资源,有着明显的优势,对学生的灌输和说教自然处于主导地位;而现在互联网、移动传媒改变了原来的单向传递的模式,受教育者同样可以获得更多的教学资源,这样教师和学生之间的关系便趋于平等,二者之间需要平等对话。当前再仅靠单向的灌输不但不能实现融入的效果,还会引起学生的反感,甚至是抵触。以往的课堂教学很难使思想政治教育体现出中华优秀传统文化的价值意义,而现在运用新媒体、新形式,教师和学生都可以深入挖掘中华优秀传统文化中的育人资源,如果还只是注重单向的"教",不向"教"和"育"并举转变,那么融入再多的中华优秀传统文化也不能促进思想政治教育效果的提升。

(二)实践教育不够规范

融入不能仅体现在课堂教学中,还应通过实践教育加强大学生对融入内容的理解和体验,从而使融入的形式更丰富,融入的效果有保证。但从目前的实践教育的方式来看,总体比较单一,无非就是组织演讲赛、辩论赛等,在内容和形式上都缺乏创新,已无法调动大学生参与学习的积极性和主动性;从实践教育的范围来看,这些实践教育还是局限在课堂和校内进行,还没有搭建起更好的实践平台,也没有很好地利用校外丰富的优秀传统文化教育资源,让校内校外的优秀资源进行整合,构建起长效的实践教育机制;从实践教育的实效性来看,大部分形式都是走过场,为了完成相应的任务而进行,并没有真正起到教育的作用。除此之外,教师与学生之间的交流仅局限于课堂,课后缺乏沟通,在融入过程中教师对学生的指导作用有限,这势必也会影响实践教育的效果;同时,实践教育还没有形成可以遵循的标准,如何评价实践教育效果依然没有很好的办法。

(三)隐性教育的作用不明显

将中华优秀传统文化融入高校思想政治理论课后,课堂上体现的是思想政治教育的显性教育作用,但实际上还需要在课后隐性教育作用的共同努力才能取得良好的教育效果。而这种"润物细无声"式的教育往往更容易让学生接受,因此要课上课下、校内校外共同努力,形成协同育人的合力。但目前来看,这种隐性教育的作用并没有很好地显现。例如,对大学生的思想教育还需要课程思政的配合,但在相关课程中融入思想政治教育元素难度就很大,更不用提对中华优秀传统文化的融入,因此这部分的隐性教育作用就已经打了折扣;很多大学在校园文化建设过程中也没有注重中华优秀传统文化元素的融入,忽视了文化育人的重要作用;大部分高校还未成立专门的工作部门,为融入发挥隐性教育作用提供组织平台;在日常生活中也没有对学生进行引导,让学生感受到中华优秀传统文化的作用,从而使得融入教育不接地气,学生总感觉这些教育就像空中楼阁,对实际生活学习没有任何作用。

中华优秀传统文化融入高校思想政治理论课是一项复杂而又系统的工程,绝不仅仅是思想政治理论课教师的责任,融入也不能仅局限于思想政治理论课的课堂上,而应该形成协同育人的局面。但目前来看,在融入过程中,很多环节之间缺乏合作交流,使融入难以持续。

第三节　中华优秀传统文化融入高校思想政治理论课存在问题的原因分析

目前中华优秀传统文化融入高校思想政治理论课确实存在一些问题和不足,只有进一步剖析产生这些问题的原因,才能为更好地融入找到依据和路径。本书主要从主客观两个层面进行分析。在主观层面,主要原因在于大学生群体的文化观念日趋复杂,教师队伍则达不到兼通马克思主义理论与中华优秀传统文化的要求;在客观层面,主要原因在于网络文化产生的负面影响,以及缺乏有效的融入路径。

一、大学生群体文化观念日趋复杂

当代大学生思维活跃,加上他们又是网络的原住民,接触到西方各类思潮、多元文化的机会大大增加,使得他们的文化观念越来越复杂。

(一)多元化思想加剧了思想政治教育难度

受成长环境等因素的影响,大学生接触世界的方式方法更多样,接触到的新事物也更丰富,这使得大学生的思想观念更加多元化。这个世界本就是丰富多彩的,也就是多元化的。虽然多元化的思想有利于大学生发挥能动性和创造性,有利于大学生群体的全面发展,但同时,多元化的思想也会带来一些弊端。首先,在各种思潮的影响下,原来的思想体系会逐渐瓦解,新思想体系会逐渐形成,大学生正好处在这样一个新旧更替的发展过程中,自身的思想也未完全成熟,在这样的双重不确定之下,中华优秀传统文化不可能得到完全的认同,思想政治教育也就变得愈加困难。其次,随着大环境的改变,我国各方面的物质条件都得到了很大改善,这也使大学生们越来越注重精神追求。当前大学生对文化产品的需求越来越大,而已有的产品娱乐化倾向明显,短视频、网络游戏等对学生的教育意义不够突出,但对学生的影响力很大,甚至不乏一些大学生沉迷其中,通过中华优秀传统文化和思想政治教育来抵消这部分文化产品的负面影响做得还远远不够。再次,因为全球化、互联网的影响,加上大学生没有成熟的分析思维去面对多种思潮的冲击,极容易导致他们更加反感思想政治理论课的说教,而倾向于崇尚西方文化,这也给中华优秀传统文化的教育和思想政治教育带来了难度。

（二）缺乏应有的文化自觉

很长一段时间,社会上实用主义盛行,使得大学生在对待学习时也充斥着实用主义,只注重专业课的学习而忽视了自身道德水平、人文素养的提升。例如,很多高校认为人才培养不应与社会脱钩,应优化人才培养结构,以培养应用型、技术技能型人才为主,因而特别注重提升大学生的专业知识素养,努力寻求大学生的理论学习与实际生产生活中所需要的技术能够相统一。这就导致大学生普遍重视专业课的学习,而忽视了思想政治理论课的学习,更谈不上对中华优秀传统文化的学习与研究。对于思想政治理论课和中华优秀传统文化,我们不能简单地用是否有用来评价,用是否有利于找工作、有利于毕业等标准来衡量,而无视科学理论、传统文化对一个人成长成才的思想指引和价值引领作用。高校首先应该是为国家培养人才,必须明确"为谁培养人、培养什么人"这一基本问题,应该避免再培养出"有知识而无内涵""懂技术而无素养"的"人才"。网络时代,信息的海量化、碎片化、娱乐化,使得大学生很难静下心来认真读书、深入思考,再加上生活节奏快、追求速成等使得快餐文化大有市场,这些都对大学生产生了深刻影响,阻碍了他们对一些深层次问题的思考,慢慢形成了大学生的这种文化自觉缺失的状态,明显不利于中华优秀传统文化融入高校思想政治理论课。

二、缺少兼通马克思主义理论与中华优秀传统文化的师资队伍

能否上好高校思想政治理论课,教师至关重要。目前高校非常重视思想政治

理论课教师队伍的建设,大部分教师也都具有专业的思想政治教育背景,但普遍缺乏深厚的中华优秀传统文化教育功底。

要想上好思想政治理论课,教师不仅要对马克思主义基本原理熟悉,还要能够结合中华优秀传统文化的特点和中国的话语体系对马克思主义进行阐释,这样才能够把理论讲清楚、讲透彻,学生才能听懂。其实一百年前在中国进行马克思主义理论宣传的先进知识分子们已经为我们做出了表率,他们普遍具有深厚的中华优秀传统文化的基础,因此他们能用具有民族特色的语言对马克思主义进行宣讲和传播,使得更多的中国人能认识并接受这一非中国本土产生的、来自西方不同文化背景下的理论。然而我们曾经远离了自己的传统文化,忽视了文化的作用,单纯强调专业的重要性,导致很长一段时间大家对传统文化持否定态度,甚至在文化领域失去了自信,言必称西方。虽然这样的社会氛围目前已经有所改变,但还是影响了不少人,尤其部分高校思想政治理论课教师此前并没有过多关注中华优秀传统文化对思想政治教育的重要作用,相关研究也较少。今天我们越来越意识到中华优秀传统文化的重要性,要将马克思主义与中华优秀传统文化相结合,这给没有系统学习研究过中华优秀传统文化的思想政治理论课教师提出了不小的挑战;再加上课堂控制能力不强、教学方法有待创新等因素,对思想政治理论课教师来说融入的难度确实很大。如果不能很好地掌控,不仅不能弘扬中华优秀传统文化,提升思想政治理论课的教学效果,反而会弄巧成拙,使得两方面的内容都没能讲清楚。

三、中华优秀传统文化与现代网络文化的对峙

网络信息技术的不断发展,确实给人们带来了很多便利,改变了人们原有的生活方式,但也给大学生带来了很多错误引导。中华优秀传统文化能流传至今离不开文字和语言的表述,这些文字、语言所蕴含的丰富哲理和价值是不言而喻的。网络文化是网络信息技术进步的产物,其所使用的语言是较为随意、不严谨的,与中华优秀传统文化的语言形成鲜明对比。但网络文化凭借其快捷便利的特点迅速征服了广大年轻人,甚至有不少年轻人沉浸在虚拟的网络世界中,不愿意通过真实的情感交流打开自己的心扉。这与中华优秀传统文化几千年来所倡导的情感生活方式和价值理念是相背驰的。

现在的大学生都是网络原住民,使用的手机都是智能手机,强大的网络技术让大学生对虚拟世界抱有无限想象。然而网络上的海量信息真假难分、对错难辨,这很容易使大学生迷失在错误的信息中,而对正确的中华优秀传统文化引导、思想政治教育无视和反感,进而影响大学生树立正确的理想信念。如何才能在网络世界

中抢占一席之地,正确引导大学生,是目前思想政治教育亟待解决的问题。高校应该将网络世界作为思想政治教育的重要阵地,引领中华优秀传统文化参与到网络空间的思想政治教育之中。通过在网络空间"设置学生喜闻乐见的中华优秀传统文化内容,在潜移默化中让大学生接受熏陶"[①]。

四、中华优秀传统文化融入高校思想政治理论课缺乏有效的融入路径

在党和国家的高度重视下,近几年高校思想政治理论课不断进行改革创新,取得了很大进步。但由于事物发展的惯性,很多时候课程依然以教师的理论讲授为主,融入的路径需要拓宽,在创新教学方法、丰富教学载体方面也需要有较大提升。有的学校也认识到了中华优秀传统文化教育的重要性,但更多的是通过大班选修课的形式开展教学。其实选修课并不能真正调动大学生学习的积极性,很多学生仅是怀着拿学分容易而不是学习的目的来上这门课;教师在上选修课时常常通过影视欣赏、诗词鉴赏这样的形式来呈现教学内容,其实也没有达到预期的教育效果。对教师而言,要善于寻找大学生关切的问题,紧密结合大学生的学习生活实际,从问题着手,通过对融入内容的讲授更好地帮助大学生解决问题;通过启发式教学方法,让大学生学会主动学习和研究,加强文化自觉、文化自信;要充分利用现代化的信息技术,使教学载体丰富多样,增加大学生学习的兴趣。高校思想政治理论课教师必须要在这些方面下功夫进行研究,否则不能体现"中华优秀传统文化成为涵养社会主义核心价值观的重要源泉"[②],也就不能保证融入顺利进行。

---

①吴晨.基于全程育人的隐性课程建设探究[J].江苏高教,2019(4).
②习近平.习近平在中共中央政治局第十三次集体学习时强调 把培育和弘扬社会主义核心价值观作为凝魂聚气强基固本的基础工程[N].人民日报,2014-02-26.

第六章 中华优秀传统文化融入高校思想政治理论课的目标原则方法

中华优秀传统文化融入高校思想政治理论课,并不是要脱离思想政治理论课再新开一门课程,所以融入的中华优秀传统文化与高校思想政治理论课的教育教学目标是一致的,只不过是为了更好地实现这一目标。由此,中华优秀传统文化融入高校思想政治理论课的目标任务就清晰起来,但在融入的过程中需要遵循一定的原则,讲究方法的运用。目标的确立可以保证融入的方向不偏颇,原则是融入过程中应当遵循的基本行为准则,方法则是高校思想政治理论课教师为了实现融入时确立的目标所采取的思想方法和工作方法的总和。目标任务及原则的确立、方法的实施应充分体现高校思想政治教育的规律性、时代性和实践性。

第一节 中华优秀传统文化融入高校思想政治理论课的目标任务

中华优秀传统文化融入高校思想政治理论课的目标任务应该是一个立体的系统,根本目标是将大学生培养成为担当民族复兴大任的时代新人,而在具体目标层面则对高校、高校教师、大学生等提出更细化、更有针对性的要求。

一、目标的逻辑指向

目标是使命的具体化,是实现使命所要完成的任务以及要达到的预期效果,同时也是对目的的标定。[1] 中国特色社会主义进入新时代,党和国家对高等教育提出了更高的要求。坚持中国共产党领导、坚持马克思主义的指导地位、为党和人民事业服务、落实立德树人根本任务、扎根中国大地办教育、保证更公平更高质量的教育、服务中华民族伟大复兴,这些都是新时代高等教育的新使命。

高校思想政治理论课是实现这一新使命而必须加强的重要课程。新使命对高

---

[1]李梁.新时代高等教育的使命与思政课教育目标设计的逻辑思考[J].中国高等教育,2019(1).

等教育的内涵式发展提出了新要求。实现高等教育内涵式发展的核心是提高办学质量,而提高办学质量的首要任务是提高人才培养质量,特别是为大学生成长成才奠定科学的思想理论基础,这就需要高校思想政治理论课一方面注重对大学生进行系统深入的马克思主义理论教育,另一方面还要引导大学生树立崇高的理想信念,践行社会主义核心价值观。因此,高校思想政治理论课责任重大,意义深远。

新时代高校思想政治理论课的建设目标就是要从大学生关心的实际问题出发,以习近平新时代中国特色社会主义思想为指导,加强理想信念教育、爱国主义教育,体现中华优秀传统文化的时代精神和时代价值,帮助大学生树立崇高的理想并努力成长为能担当民族复兴大任的时代新人。中华优秀传统文化融入高校思想政治理论课的目标任务显然与新时代高校思想政治理论课的建设目标是一致的,而中华优秀传统文化中所包含的思想政治教育资源可以更好地促进大学生理解和学习马克思主义中国化的理论成果,树立"四个自信",自觉践行社会主义核心价值观,从而成长为可以担任民族复兴大任的时代新人。

二、根本目标

高校思想政治理论课是立德树人的关键课程。大学生也要讲政治,并且要将讲政治放在首位,这就需要对大学生进行正面的马克思主义理论教育,要让大学生能运用马克思主义的立场和观点分析问题、解决问题,要注重对大学生的政治引领和价值引领。因此,融入的根本目标就是要增强大学生的使命担当。

第一,培养时代新人要有崇高理想。首先是共产主义远大理想,即时代新人能够在学懂弄通马克思主义的基础上,正确把握社会历史的发展规律,洞悉解放和发展生产力的要义,为实现人自由而全面的发展奋斗终身;其次是中国特色社会主义共同理想,即时代新人能够立足中国特色社会主义的伟大实践,与中国人民、中华民族同呼吸、共命运,为实现中华民族伟大复兴的中国梦奉献自己的青春年华;再次是个人发展的理想,即时代新人对自身的发展有着明确清晰的目标,并且能够将个人理想与共产主义远大理想、中国特色社会主义共同理想统一起来,以共产主义远大理想和中国特色社会主义共同理想作为个人理想的方向指引,在追逐这些理想的过程中实现个人理想。

第二,培养时代新人要有过硬本领。在社会分工日益细化的新时代,大学生们要不断探索自身能力的边界,锤炼多方面的本领,形成自己的"硬实力"。首先是基本能力,即时代新人能够掌握和运用马克思主义立场、观点和方法,具备一定的理论素养和人文素养;其次是专业技能,它可以帮助青年在社会上立足,并通过自身的不断努力,传承劳模精神、工匠精神;再次是创造能力,即时代新人善于接受新事物,思维活跃,有不断创新的潜质。

第三,培养时代新人要有使命担当。一方面,在日常工作和生活中,时代新人做事认真负责,在各行各业、各个群体中始终发挥着排头兵、领头羊的作用;另一方面,在困难面前,时代新人敢于迎难而上,敢于挺身而出,特别是在大是大非问题上态度绝对不含糊,敢于斗争、善于斗争,切实履行好新时代党和人民赋予的使命和任务。

习近平总书记指出:"青少年阶段是人生的'拔节孕穗期',这一时期心智逐渐健全,思维进入最活跃状态,最需要精心引导和栽培。"①新时期,更需要做好大学生的思想政治工作,充分发挥他们的潜能,在他们心中播下真善美的种子,为他们扣好人生的第一粒扣子。现阶段我们的工作还有很多需要完善的地方,例如从培养时代新人的根本目标出发促进中华优秀传统文化融入高校思想政治理论课,深入挖掘相关教育资源,加强思想政治理论课的实效性,让大学生能从中提升获得感。

三、具体目标

根本目标关涉中华优秀传统文化融入高校思想政治理论课的方向和原则,具体目标则关涉融入的方法和路径。

1) 在教育主体层面,促进高校思想政治理论课教师自身文化修养的提升

第一,高校思想政治理论课教师要在思想政治教育中充分意识到文化育人的重要性,大胆尝试,不断实践。要将相关的中华优秀传统文化资源运用好,准确表达,正确引导,为学生更好地学习营造良好氛围;不仅要注重思想政治理论教育,同时还要注重对中华优秀传统文化教育等相关内容的深入研究,并自觉将研究成果用以指导教育教学工作更好地开展。第二,高校思想政治理论课教师要加强对中华优秀传统文化的学习,并将学习成效体现在教育教学活动中。要注重顶层设计,要有融入的总体规划,不是一想到可以融入的文化元素就随意进行融入;要研究学生,要从学生的知识背景出发,采取合适的方式,选取适当的融入内容,确保融入取得比较好的效果。正所谓"腹有诗书气自华",高校思想政治理论课教师率先垂范,对中华优秀传统文化加强学习和研究,不仅可以提升自身的文化素养,讲课也更有

---

①习近平.思政课是落实立德树人根本任务的关键课程[M].北京:人民出版社,2020:2.

底气,还可以为学生起到良好的示范作用,真正做到"以德立身、以德立学、以德施教"①。第三,高校思想政治理论课教师还应及时洞悉社会发展的变化,不断学习,跟上时代前进的步伐。要注重从中华优秀传统文化中汲取养分,从思想政治教育的理论学习中提升理论素养,坚持和运用好马克思主义立场、观点和方法,为把课程建设好、把学生培养好而不断努力。

2) 在教育客体层面,帮助大学生成为以中华优秀传统文化涵养自身的主力军、排头兵

当代大学生本身就肩负着传承和创新中华优秀传统文化的历史使命,而每个中国人都深受中华传统文化的影响,只有增进文化认同,才能增强大学生对国家对民族的认同,才能在中华优秀传统文化的影响下学会做人做事。当代大学生要成长为时代新人,不仅是学习科学文化知识,更重要的是要将自己的命运与国家的命运、民族的命运紧密联系起来,这就要有崇高的理想、远大的抱负,就要满怀爱国主义情怀。中华优秀传统文化融入高校思想政治理论课,一方面可以促进大学生在中华优秀传统文化中汲取智慧,凝聚思想共识,汇聚道德力量;另一方面,在思想政治教育实践中,大学生可以加强与教师的互动交流,塑造成为更加符合时代发展和社会需要的个体。大学生喜欢接触新事物,可以运用创新思维和手段,在融合其他优秀文化成果的基础上对中华优秀传统文化进行创新性发展,使他们自觉承担起弘扬中华优秀传统文化的责任。这一融入过程既加强了大学生对中华优秀传统文化的了解、学习和研究,更有助于大学生从中感悟真理,感受中华优秀传统文化的魅力,从而加强学习的自觉性,更好地弘扬民族精神,凝聚中国力量。

3) 在教育介体层面,推动高校成为中华优秀传统文化教育的主阵地、新堡垒

所谓教育介体,指的是思想政治教育主体作用于教育客体的媒介或"桥梁"。首先,要充分发挥高校的作用。高校是中华优秀传统文化教育的中心,应该充分强调文化的作用,要学会用先进的文化去影响社会的发展;高校应该要有人文底蕴,应该是积极进行文化宣传和文化教育的重要场所;每个高校还都应形成具有自身特色的人文精神,并要将文化教育与时代紧密结合,不断丰富人文精神的内涵。在这样的教育介体中,中华优秀传统文化融入高校思想政治理论课的路径和维度将得到拓宽。高校应将校园文化建设与弘扬中华优秀传统文化相结合,灵活运用中华优秀传统文化资源打造具有文化特色的社团活动、社会实践活动等,打响文化品

---

① 习近平. 在北京大学师生座谈会上的讲话[N]. 人民日报,2018-05-03.

牌。这既有利于为思想政治教育营造良好的文化氛围和教育环境,又能保证融入后大学生对中华优秀传统文化的学习和认识从课堂延伸到课后。

其次,要倡导积极使用现代教育介体,跟上时代发展步伐。运用好多媒体、各类资源库等,既能为中华优秀传统文化的创造性转化提供条件,又可促进更多文化作品的创新、文化经典的传播,使更多中华优秀传统文化资源能够共享。高校思想政治理论课教师通过现代化教育介体,让传统与现代碰撞出火花,可以提高大学生学习中华优秀传统文化的积极性,帮助大学生远离个人主义、享乐主义、拜金主义的错误影响,树立起崇高的理想信念,自觉提升自己的思想道德水平,充分发挥出思想政治教育隐性教育的功能。

再次,要把融入的相关教学内容和教学方法作为重要教育介体。在教学内容方面,高校应为教师搭建更好的教学平台,帮助教师进一步挖掘符合时代发展要求的中华优秀传统文化思想政治教育资源,帮助教师加大融入的力度,更好地促进融入的发展,还可以开发有关中华优秀传统文化的辅助教材。在教学方法方面,理论说教是必须的,除此之外,体验式、任务驱动式、讨论式等教学方法综合运用才能提升教学效果。另外,高校教师还需要关注互联网、全媒体时代教育介体的发展,不断进行改革和创新,充分利用校内校外各类文化资源来构建融入教育的新堡垒。

4) 在教育环体层面,打造具有中华优秀传统文化元素和意境的文化环境

所谓教育环体,指的就是思想政治教育的环境以及影响思想政治教育的各种外在条件的总和。只有营造良好的文化环境,才能让中华优秀传统文化在校园内落地生根,并发挥影响作用。文化环境的打造,一方面是利用好已有的文化资源,另一方面是寻找、创造更多可以利用的文化资源。要让文化活起来,不再仅仅停留在书本上,例如可以聘请国学大师、文化遗产传承人走进课堂、走进校园开讲、传授;要丰富传统文化转化的形式,让文化的发展接地气,而不是只存在于束之高阁的文化典籍之中。校园文化要接地气,离不开从中华优秀传统文化中汲取营养,不论是在有形环境的打造上,包括校园景观、教学楼、办公楼的设计建造等,还是在无形环境的塑造上,包括学习氛围、师生关系、学生精神风貌等,都应该弘扬中华优秀传统文化。要传递社会正能量,自觉抵制低级庸俗的文化产品,为文化传承创造风清气正的良好环境,以利于开展思想政治教育工作,并让课堂学习效果在生活中得到延续。除了建好校园环境,高校还应该为进一步建好社会环境自觉做出贡献,要让高校文化成果出校园,辐射更多的社区、企事业单位;还要建好网络环境,在网络空间加强对大学生的引导,推动网络文化科学发展。最终形成良性循环,让这样一

个充满中华优秀传统文化气息的教育环体为高校思想政治教育教学服务。

中华优秀传统文化融入高校思想政治理论课的目标与任务的明确为如何融入指明了方向,对促进大学生思想政治教育水平的提升有着重要的现实意义。

第二节　中华优秀传统文化融入高校思想政治理论课遵循的原则

中华优秀传统文化融入高校思想政治理论课并不是随意进行的,必须遵循融入自身的要求。因此,在融入过程中,我们还需要明确融入应遵循的原则,探寻其中的规律,才能避免方向上的错误,确保融入的顺利进行,从而保证在融入后取得良好的教育效果。

一、传承性与创新性相统一

对待中华优秀传统文化,首先要抓住传承性这一突出特点,在其发展过程中还需要结合时代特点突出创新性,否则融入就会脱离实际。两者是有机统一的整体。中华优秀传统文化有着顽强的生命力,历经数千年依然没有断流,并且一直延续至今,之所以能有这样的成就,离不开一代又一代中华儿女对其继承弘扬,使得中华民族紧紧团结在一起,形成了独特的精神标识。融入时要让大学生明确,我们必须要传承中华优秀传统文化,不能忘记中国人的"根"。即使时代发生了根本变化,中华优秀传统文化的内核依然值得我们传承,这也正是我们树立文化自信的源泉。当然,对中华优秀传统文化的传承不是绝对的,不能照搬照抄,而是应该有所取舍,要用辩证唯物主义和历史唯物主义的方法来分析判断。所以传承性必须与创新性统一起来,一方面要以马克思主义为指导思想,运用马克思主义中国化的最新理论成果促进中华优秀传统文化的创新,克服传统文化中的狭隘性,摒弃那些故步自封、不合时宜的思想,使其以更加积极、包容的姿态在新时代焕发出新光彩;另一方面中华优秀传统文化本身就含有革故鼎新的理念,从自身发展来说,也需要结合时代特点不断完善,在新旧碰撞过程中丰富了原有文化的内涵。习近平总书记指出,要"使中华民族最基本的文化基因与当代文化相适应、与现代社会相协调,以人们喜闻乐见、具有广泛参与性的方式推广开来"[①]。

在高校思想政治理论课中融入中华优秀传统文化也要深刻把握传承性与创新

[①]习近平.习近平在中共中央政治局第十三次集体学习时强调 把培育和弘扬社会主义核心价值观作为凝魂聚气强基固本的基础工程[N].人民日报,2014-02-26.

性相统一的原则。一方面,中华优秀传统文化的精髓应该得到进一步传承和弘扬,我们在授课过程中要讲清楚相关内容,如"天人合一"与"天下为公"的价值追求、"协和万邦"与"求同存异"的处世之道、"同舟共济"与"以德立身"的人格品质等;另一方面,在中华优秀传统文化融入的过程中,应当坚持对其完善创新。换言之,就是要求当前的思想政治理论课教师在融入中华优秀传统文化的过程中充分认识到传承与创新两者的关系,要辩证统一地对待。创新的前提是传承,传承的结果是为了更好地创新,两者缺一不可。需要注意的是,传承不是对中华优秀传统文化的一切照搬照抄,不是机械地当传声筒,而是应该紧密结合时代特点,使其为新时代中国特色社会主义建设事业服务,真正做到古为今用;同时,在融入时一定要避免将两者割裂开,造成融入的中华优秀传统文化的相关内容带有明显的封建社会色彩,不能起到良好的教育效果。传承性与创新性的内在统一还体现在高校思想政治理论课要实现的根本目标中。根据前文的分析,这一根本目标就是要增强大学生的使命担当,那么就需要大学生在学习马克思主义基本原理的同时,还要不断从中华优秀传统文化中汲取力量,树立崇高的理想信念,并能自觉同历史虚无主义、文化虚无主义做斗争。习近平总书记高度重视弘扬中华优秀传统文化。党的十九届六中全会通过的决议指出:"习近平新时代中国特色社会主义思想是当代中国马克思主义、二十一世纪马克思主义,是中华文化和中国精神的时代精华,实现了马克思主义中国化新的飞跃。"当前用习近平新时代中国特色社会主义思想指引大学生成长成才,就必须了解马克思主义及其中国化对中华优秀传统文化传承与创新的理论成果,由此也说明了传承性与创新性是融入遵循的第一原则。

二、理论性与实践性相统一

高校思想政治理论课的理论性体现在马克思主义对人类社会发展的本质和规律的揭示上以及认识世界的方法上等。我们对马克思主义的认识不能仅仅局限于它是一种意识形态,而是有着内在的科学性。马克思主义是在革命、建设和改革实践中不断完善发展起来的而不是主观臆断的,再经过专家学者的学理性阐释,最终形成了全面系统的、逻辑严谨的理论体系。马克思主义要想在中国更好地发挥作用,就必须与中国具体实际相结合,与中华优秀传统文化相结合,产生马克思主义中国化的理论成果,为马克思主义的发展添砖加瓦,使马克思主义在新时代依然保持旺盛的生命力。这些理论成果离不开历史发展的背景,只有在历史发展中反复实践,才能不断完善。高校思想政治理论课需要给学生讲清楚这些理论,但同时,思想政治理论课又是要从价值观上引领学生为中国特色社会主义现代化建设服务,价值观教育是抽象的,要想取得好的效果,还要从源头上找动力。中华优秀传统文化为价值观教育提供了大量的好的素材和资源,利用好这些资源就必须注重从大学生的实际出发,遵循学生成长的规律,不断总结教育教学方法。

中华优秀传统文化融入高校思想政治理论还应遵循理论性与实践性相统一。理论指引实践更深入发展,实践对理论又产生反作用,是检验理论是否正确的重要标准。正是两者的统一才促进了马克思主义科学理论与中国具体实践不断结合,产生了马克思主义中国化的理论成果,实现了马克思主义理论发展的一次又一次飞跃。其实对于融入教育来说也同样如此。中华优秀传统文化融入高校思想政治理论课既是马克思主义中国化与中华优秀传统文化相结合继续发展的需要,也是更好实现培育时代新人的教育目标的需要。将思想政治理论课上所要讲的理论和教育实践紧密结合起来,从大学生成长成才的具体实际出发,既加强了学生对理论的认识,也创新出更有利于学生学习的教育教学方式。这种理论性与实践性的统一,一方面表现在要始终坚持以马克思主义为指导,选取符合时代发展和大学生成长需要的、能促进大学生思想道德水平提高的优秀传统文化,既要突出融入内容的理论深度,又要确保正确的政治方向;另一方面是不能忽视实践性,要让大学生在学习实践中体会中华优秀传统文化积极的引领作用,真正做到以文育人,并将这种引领作用最大化,既要在学习、生活中引领,又要在班级、家庭乃至社会中引领。理论与实践相辅相成,只有这样,中华优秀传统文化在融入的实践中才能不断丰富其时代内涵,推动相关理论研究的深化;而思想政治理论课的教育教学内容更充实、更具有说服力,课程的实效性提升,又为教育实践提供了有益的经验,促进思想政治理论课不断创新发展。对于二者来说这是一个双赢的局面,因此在融入过程中,要将理论性与实践性相统一作为融入的原则之一。

三、思想性与人文性相统一

思想政治理论课的重要任务之一就是要培育能够担当民族复兴大任的时代新人。时代新人的要求是全面的,不仅要努力学习专业知识,更要成为有崇高理想、有良好德行、有责任担当的人,要能用马克思主义和马克思主义中国化的理论成果武装大脑,能够坚定不移地跟党走。中华优秀传统文化融入高校思想政治理论课必须为这一任务服务,做到思想性与人文性相统一,在提高大学生理论素养的同时还要着力提升其人文素养。

人文素养通常指一个人基于文化知识、价值观等方面的了解后表现出的相关看法和态度。高校思想政治理论课就是要给大学生讲清楚什么是马克思主义以及马克思主义中国化的相关理论成果,并帮助学生运用马克思主义的立场、观点、看法分析问题和解决问题。因此在教学过程中,高校思想政治理论课偏向于马克思主义相关理论思想的传播,以突出政治性和理论性,对人文素养部分不是特别重视。其实人文素养的提升对于大学生的成长非常重要,因此高校思想政治理论课在这方面也应发挥重要作用。中华优秀传统文化中富含人文精神,融入后将有效弥补高校思想政治理论课在这方面的缺失。例如,思辨精神与马克思主义唯物辩证法有着内在的一致性,将两者结合起来,既可以使学生加深对中华优秀传统文化相关内容的理解,更好地把握马克思主义基本原理,还有利于培育学生不迷信权威、独立思考的精神。思想性和人文性并不是矛盾的,找到这些资源的契合点,就可以将二者统一起来。事实上,只要不断地挖掘,就可以得到很多这方面的资源。一个能在未来立足的时代新人,必定既坚持正确的政治方向,又能掌握科学的方法论,还具备高尚的人格。在高校思想政治理论课中,只有坚持思想性与人文性相统一,才能培育出真正全面发展的时代新人。

四、主导性与主体性相统一

主导性一般体现在高校思想政治理论课教师群体上,主体性则体现在大学生群体上。融入首先要发挥好教师的主导性作用。教师不仅要讲清楚马克思主义及其中国化的理论成果,突出思想政治理论课的政治性、思想性,筑牢意识形态思想防线,还要运用好这些理论中蕴含的科学方法引导学生坚定理想信念,树立远大理想和正确的价值观。但仅分析理论肯定是行不通的,还得将中华优秀传统文化中的丰富资源融入到理论讲解过程中。例如,爱国主义,这是中华民族几千年来最深厚的精神传承,无论我们碰到多大的困难,始终不能舍弃的就是爱国主义精神,中华优秀传统文化中有着无数鲜活的例子,为思想政治理论课教师发挥主导性作用提供了丰厚的资源,要把这些资源好好加以利用;数千年来形成的家国情怀也是教师对学生做出正确引导的优秀素材,通过教师的讲解,更能激发大学生的爱国情、报国志;教师还应该加强对学生的高尚道德情操的培养,"仁义礼智信"的核心要义所展现的中华优秀传统文化的伦理道德标准,在今天结合时代特征,依然能发挥出重要作用。通过对这些融入的内容的讲解和分析,教师可以更好地发挥主导性,使得学生的思想道德水平显著提升。其实在发挥主导性过程中,教师也接受了内心的洗礼,促进了自身综合素养的提升。

在充分发挥高校思想政治理论课教师主导性作用的同时,大学生的主体性作用也是至关重要的。一方面,在大学生接受思想政治教育的同时加入中华优秀传统文化的相关元素,提升了大学生对理论的把握程度和对正确价值观的理解力;另一方面,积极发挥大学生的主体性,体现出大学生的自我学习教育能力,能更好地将中华优秀传统文化融入高校思想政治理论课的学习之中。大学生是一个充满朝气和生机活力、思维活跃的群体,这样的融入必然会引起大学生学习的兴趣,变得乐于学习乐于思考。此时教师应给予更多的鼓励,让他们能大胆提出自己的看法及主张,并拓宽教育途径,鼓励大学生通过他们喜闻乐见、乐于接受的方式将学习成果展示出来。这其实也给居于主导地位的教师提供了启迪。当学生主体性得到充分体现后,他们与教师之间将形成良性互动,不但能激发教师主动创新的积极性,还能激发自己主动学习的积极性,从而达到主导性与主体性的统一。

五、认知性和践行性相统一

思想政治教育的最终目标是希望大学生能运用马克思主义的立场、观点、方法分析和解决实际问题,能运用富含中华优秀传统文化底蕴的价值观指导自己看世界,成长为社会主义建设者和接班人。因此,在中华优秀传统文化融入高校思想政治理论课的过程中还应该注重认知性和践行性相统一,这也是对思想政治理论课教师和大学生两者的共同要求。

有什么样的认知就会产生怎样的思想,进而决定有什么样的行动;同时,具体行动又会对认知产生反作用,不断完善和巩固已有的认知水平。这就是我们经常说的"知"和"行"之间的关系,它们辩证统一。如果处理好两者的关系,它们就会产生相互促进作用,反之则阻碍对事物的理解和认知,影响正确的行为举动。在融入思想政治理论课的过程中,教师注重两者相统一,可以提升自身的认知水平,并能更加坚定正确的立场;大学生要想提升自身的认知水平,离不开教师的讲授,同时自己也会将学到的这部分内容付诸实际行动当中,只有通过生活加深这部分内容的理解,才能够真正领会融入的意义。

高校思想政治理论课教师要做到"传道者自己首先要明道、信道"[①],如果自己都不能做到言行一致,那么是没有办法感染和教育大学生的。不能做到言传和身教相统一,这和中华优秀传统文化中所涉及的教育理念也是相违背的。特别是思想政治理论课教师更要体现自己的榜样作用,否则就不能取得良好的教育教学效果,让有信仰的人讲信仰的意蕴也正在于此。融入思想政治教育理论课的过程中

---

①习近平.习近平在全国高校思想政治工作会议上强调 把思想政治工作贯穿教育教学全过程 开创我国高等教育事业发展新局面[N].人民日报,2016-12-09.

也要注意认知性和践行性相结合,二者同等重要。认知是第一步,接下来就是要将认知落实到实际行动当中。这就需要大学生不能把学习只停留在理论说教环节,还应该在社会实践等环节中体现对知识的领悟和对价值观的解读,在"行"的过程中逐步反思,深化对融入内容的认识和理解。如此循环往复,才能真正做到知行合一。

六、民族性和世界性相统一

中华优秀传统文化的形成离不开中国这块独特的土地。在这块土地上,几千年来勤劳的中华民族不断耕耘实践,最终孕育出具有中华民族显著特点的中华文化,是"有别于其他民族的独特标识"①。中华优秀传统文化中的民族性是异常明显的,是激励着中华民族不断奋勇前进的强大精神动力。随着新时代的到来,我们始终坚持对外开放,并且大门是越开越大。全球化让大家密切联系在一起,偌大的地球俨然成了一个村子,谁也离不开谁。习近平总书记指出,"中华民族是一个兼容并蓄、海纳百川的民族,在漫长历史进程中,不断学习他人的好东西,把他人的好东西化成我们自己的东西,这才形成我们的民族特色。"②作为时代新人,必须要有更广阔的视野,要有全球观,要能放眼世界看问题。中华优秀传统文化迎来了继续发展的契机,既要大胆走出去,又要积极引进来,要以更加包容的姿态吸收借鉴全人类优秀的文化成果,不断发展自身。这就使得我们在融入时既要突出民族性,又要彰显世界性。民族性强调的是民族文化的特色,这是我们坚定文化自信的底气,放弃了民族性就会迷失方向,在融入时强调民族性也是为了更好地引导学生加强对中华优秀传统文化的学习。世界性强调的是未来发展的方向,高校思想政治理论课需要引导学生运用更广阔的视野看待问题,要提高自己的政治站位,学会运用马克思主义的科学方法发展中华优秀传统文化,能够理解为什么今天我们要走一条具有中国特色的社会主义道路,为什么今天我们能为解决世界难题提供中国智慧。我们应当注重中华优秀传统文化与世界上其他优秀文化之间的交流互鉴,促进民族性与世界性的统一。

---

①习近平. 在纪念孔子诞辰 2565 周年国际学术研讨会暨国际儒学联合会第五届会员大会开幕会上的讲话[N]. 人民日报,2014-09-25.
②习近平. 在省部级主要领导干部学习贯彻十八届三中全会精神全面深化改革专题研讨班开班式上的讲话[N]. 人民日报,2014-02-18.

第三节　中华优秀传统文化融入高校思想政治理论课的教学方法创新

教学方法是指为了完成一定的教学任务和实现一定的教学目标,教师和学生在互动的教学活动中采用的手段和方式的总称。[①] 教学方法的创新是为了能够切实提升教学效果,而教学方法是否使用得当直接影响到教学质量。高校思想政治理论课教师要想提升教学质量和效果,就必须注重教学方法的创新。现在创新的手段和方式方法都很多,但并不是漫无目的的,必须围绕特定的教学目标展开。中华优秀传统文化融入高校思想政治理论课的教学方法创新,就是在继承传统的基础上不断创新教学方法,提升教育教学效果。教学方法创新还必须是基于已有方法的创新。已有的方法也并不是完全不可用,只是每种方法的侧重点不同,应该综合运用多种教学方法,从学生的实际情况出发增添新的教学手段和教学方式。教学内容的改革创新最终还是需要通过具体的教学方法来呈现,所以伴随着融入内容的改革,教学方法创新势在必行。

一、方法论的总体认识

任何教学活动都需要依靠一定的教学方法,使用适当的教学方法往往会取得事半功倍的效果。因此,采用什么样的手段和方法能够高效地完成课程教学任务,是高校思想政治理论课教师最为关注的问题之一。

目前高校思想政治理论课采用全国统一教材,但是学生不尽相同,如何处理好教材体系向教学体系转化,需要思想政治理论课教师不断探索。在这一转化的过程中,教学方法恰当与否在相当程度上决定了能否实现教学目标、完成教学任务。同时,高校思想政治理论课的教学任务不仅仅是将知识点讲清楚,更要让这些知识点成为无形的力量来影响学生的思想,这也涉及教学方法的问题。方法其实就是一种工具,有了这个工具就可以有效地解决问题。教学内容和教学方法是高校思想政治理论课改革创新的两个着力点,二者之间既相互配合又相互作用。融入时不仅涉及教学内容的补充,而且还需要好的教学方法将这些内容呈现出来,以便让学生更好地领悟,这就需要我们在教学内容的调整、教学方法的创新上下功夫。再加上思想政治理论课的内容结构是不断调整的,这也要求教学方法能根据内容的

[①] 郭凤志.高校思想政治理论课程建设研究[M].北京:北京师范大学出版社,2019:182.

变化不断改变。在融入过程中,注重方法创新是跟上时代步伐、不断提升教学效果的有效手段之一。

融入的教学方法本质上就是为了实现培养的既定目标所采取的一系列的途径、手段和策略,从而形成师生之间一种有序的、相互联系的互动交往方式和科学方法的统一。这种方法应该是双向的,既包括教师教的方法,也包括学生学的方式。教学方法是否得当对融入的有效教学和贯彻有着重要的影响作用。教学方法得当往往会产生事半功倍的效果,所以对于教学方法的研究,不仅要研究教师,更要研究学生,要突出两者的互动联合,这样的教学方法才有效。

教学方法从理论上进行分类至少包括三个基本层次:一是宏观或哲学层面的教学方法观,即方法论意义上的教学方法,包括教学方法的指导思想、理念、原则等;二是教育学层面的一般教学方法,研究的是各科教学的共同规律、方法;三是分科意义上的具体教学方法,研究的是某一个学科的教学基本原理和方法等。[①] 这里讨论的融入时采取的教学方法显然属于第三层面的具体教学方法,但对具体教学方法的讨论离不开对前两个层面教学方法的认识。

二、正确的教学方法观的确定和导引

就教学方法三个层面的关系而言,第一层面的教学方法观是从宏观角度对教学方法进行分析,是"总指挥",为教学方法的改革提供了理论依据,为教学方法的研究提供方法论,解决了"为什么"的问题。要想融入过程中教学方法有所突破,就必须先树立正确的教学方法观,之后对这个问题的认识才会更深入。例如,要充分总结原有的教学方法,在此基础上进行创新;要注重教师与学生之间的互动关系,教学方法应该围绕师生间的互动展开;要采用能够充分调动学生积极性的教学方法;要紧紧围绕理论与实际相结合进行教学方法的创新等。

当前高校思想政治理论课在讨论教学方法创新时,更多的立足点可能是在具体方法上,实际上只有先弄清楚宏观教学方法观的研究内容,才能促进方法研究更具有高度、广度和深度。即要找到相关理论依据,从深层次认识何为教学方法,从而找到改革创新的突破口。教师面对的是新时代的大学生,这就要求教师首先要在教育理念上有所转变,需要树立科学的现代教育理念,只有理念先行才能更好地促进对教学方法的探索。现代教育理念转变了人们对人的主体性的看法,特别是在学生主体性上,教学不应只强调"教",还应该重视"学",这两方面统一于思想政

---

①郭凤志.高校思想政治理论课程建设研究[M].北京:北京师范大学出版社,2019:183.

治理论课教育教学的始终。

融入的教学方法观首要的就是确立"以生为本"的理念。当前教育主体性问题主要是指大学生不再是被动接受知识、灌输式学习的主体,他们可以通过更多途径获得各类信息,打破了原来教育者信息垄断的局面,同时他们的思维越来越活跃,主动学习的可能性越来越大。因此教师应充分调动学生的积极性,从这一教学方法观出发,注重"以生为本",改变原有的"重教轻学"的教学观念,而是从"基于学"的角度"设计教",并充分意识到学生学习的积极性和主动性,这样才能为融入的教学方法改革找到方向。

"以生为本"的教学方法观需要在融入时促进大学生这一主体充分发挥学习的主观能动性,由单向的学转为多向的互动。"教"是为了"学",不能引起"学"的"教"是无效教学。因此,教师在教育教学过程中应从调动大学生的主观能动性出发,激发大学生对相关内容学习的兴趣,提高大学生的参与度。要强调互动模式,教师与学生之间、学生与学生之间的互动能更好地碰撞出思想的火花;要让学生多思考,这既能体现教师的主导性,又能充分发挥学生的主体性,不仅对教师的"教法"提出了更高要求,还促进了学生从被动学习转向主动学习。

"以生为本"的教学方法观必然要求融入的教学方法改革应注重对大学生的学习状态进行客观分析,找到能刺激大学生主动学习的方法,唤醒大学生学习的热情,使大学生能积极地自主学习、探究学习,变"要我学"为"我要学"。这种学习的热情更多是来源于对学习内容产生的兴趣,而兴趣是引导学生学习最好的老师。中华优秀传统文化的相关内容与马克思主义理论相结合,可以改善学习内容的枯燥性和抽象性,再加上各类现代化技术手段的使用,如 VR 技术等,从学生喜闻乐见的手段入手,可以更好地激发学生学习的兴趣。

总之,中华优秀传统文化融入高校思想政治理论课的教学方法的改革需要科学的教学方法观作为总指导,这样才能保证方法创新的正确方向。教学方法改革是为了进一步提升教学效果,保证教学质量。融入的内容对于理论解读是非常有益的,但必须通过合适的教学方法呈现给学生,因此教学方法显得尤为重要。需要注意的是,在教学方法改革创新时要从整体上把握教学体系,不能将教学方法与其他要素割裂开来,要明确教学目标、教学任务等,要通过教学方法的改革更好地促进教育教学目标的实现。

三、教育学意义上的一般教学方法借鉴

教育学意义上的一般教学方法适用于所有课程,反映了课程的一般性规律。

这种一般教学方法当然也适用于高校思想政治理论课,在融入时应该借鉴具有普遍指导意义的教学方法。一般教学方法在教学方法研究中属于第二个层面,它是从总体性和全局性出发,反映出当前大部分教学方法所能达到的总体水平,对于融入时采取怎样的教学方法具有一般性的指导作用。

一般教学方法突出的是教学过程中的共性,正是把握了共性问题,教师才能在此基础上根据不同课程、不同学生群体采取不一样的教学方法。

思想政治教育方法论研究的是思想政治教育方法的具体规律。思想政治教育方法的形成发展具有一定的规律,要能根据这些规律选择最佳的方法,达到思想政治教育的目标。思想政治教育方法规律与思想政治教育过程规律相辅相成,后者是前者的根据,前者是后者的应用,要根据思想政治教育过程规律展开方法的具体应用。中华优秀传统文化融入高校思想政治理论课时,在方法选择和应用上,既要遵循思想政治教育的一般规律和人们思想的形成发展规律,也应根据思想政治教育方法规律,选择最适合大学生的具体教育教学方法和手段。同时,思想政治教育方法的形成、发展和实践具有一定的客观规律性,要在一定的历史条件、时代背景、特定环境下运用不同的方法。当前信息时代背景下大学生的思想政治教育方法与以往运用的方法肯定不同,面对自媒体时代信息技术的迅速发展和普及,高校、思想政治理论课教师、大学生群体都需高度重视和充分运用现代信息技术开展相关教育教学工作。思想政治教育的实践过程也具有一定的规律性,不同的方法都具有不同的特性,应综合运用多种方法和手段,扬长避短,形成合力。这也是融入过程中教学方法创新的基本要求。

四、具体教学方法

在"以生为本"的教学方法观的指导下,并通过借鉴一般教学方法,中华优秀传统文化融入高校思想政治理论课的教学方法的改革最终要落到实处,即要进行具体教学方法的创新。这主要体现在以下几个方面。

(一)专题式教学

我们要深刻把握专题式教学的内涵和设计原则。专题式教学是指教师打破教材的章节顺序,从学生的实际情况出发,带着问题对所讲内容进行重新编排,并按照一定的逻辑顺序给每部分内容重新确立主题,以便能更好地解答目前的现实问题和学生疑惑的问题,提升教育效果。专题式教学必须源于教材又高于教材,必须基于对教学要点非常熟悉,突出重点和难点,让讲课更有条理性;专题式教学每堂课突出一个主题,所有主题又将课程内容有机衔接,而不是随意切割规划,目无章法。专题式教学设计是在尊重教材的基础上对教材内容进行转化,对于将中华优秀传统文化的相关内容融入课程中,这一方法非常适用。专题式教学的基本步骤包括分解课程整体教学目标为具体教育目标、设定问题(例如实现教学目标在大学生思想层面存在的理论困难和现实疑惑等)、确立相对独立的理论主题等,主要优点是主题鲜明、重点突出、教学针对性强。

专题式教学可以更好地将中华优秀传统文化的相关内容与专题的主题相结合。因为中华优秀传统文化本身就包含了丰富的内容,在融入过程中,有针对性地结合专题的主题对中华优秀传统文化涉及的相关内容进行整合,能够更清楚地解读相关理论,但前提是需要有正确的理论引导。

第一,坚持整体性原则。要树立高校思想政治理论课一体化的整体意识,当中华优秀传统文化融入其中时,形成既突出统一又分工明确的大专题式教学体系,这不仅可以减少重复教育,还可以将几门主干课程整合在一起形成更强的教育合力。每门课程的专题要自成系列,针对课程的特点选取与其最贴切的中华优秀传统文化的相关知识融入其中,但同时又要与其他课程有效衔接。每门课程的专题设计也要体现整体性,应围绕几门主干课程的共同教育教学目标展开,细化每门课程的核心思想和基本脉络,并梳理出重点和难点。虽然单独的某一个专题在设置上可以不按照教材的顺序进行,可以围绕一个主题采取纵向跳跃、横向截取的方法整合相关内容,并构建起问题式的教学框架,但各专题之间应该要有一条主线将它们串联起来,并遵循一定的逻辑顺序,以便更好地实现教学目标。配合专题讲授的中华优秀传统文化的相关知识也要形成一定的逻辑体系,根据不同课程的特点,融入的侧重点、方式会有所不同,但最终都是服务于既定的教学目标。

第二,强化问题意识。高校思想政治理论课需要为学生在成长成才过程中不断地答疑解惑,因此设置的每个专题要能直面大学生关切的问题,并能运用马克思主义理论进行分析和解释。只有真正把道理说清楚,回答好学生的问题,真正做到答疑解惑,才能让学生产生认同感,提升教育效果。融入就是要不断发现"真问题",找到解决问题的理论依据,为大学生更好地答疑解惑。在这过程中,我们要善于将高校思想政治理论课的培养目标转化为大学生内在自觉接受的目标,将国家的意志、学校的期望、教师的教诲转化为大学生自身成长成才的内在要求,将外在的目标转化为内在的发展动力。高校思想政治理论课教师应该强化教育教学中的问题意识,在融入时通过层层递进的问题设定方式激发学生学习的兴趣。兴趣是最好的老师,学生只有对所学内容感兴趣,才能使马克思主义理论入脑入心,才能提升理论的说服力和影响力。

第三,突出思想政治理论课的教育实效性。高校思想政治理论课教师在授课过程中,一方面要遵循普遍的教育教学规律,另一方面要研究和把握思想政治理论课的矛盾特殊性,遵循思想政治教育的规律性。专题式教学重点突出,详略得当,可以让学生在学习过程中保持清晰的学习思路。中华优秀传统文化融入各专题内容的主要作用就是为了提高和突出思想政治理论课的实效性,要想将思想政治理论课讲好,高校思想政治理论课教师不能偏离思想政治理论课的教育功能,将其上成一般的文化课。中华优秀传统文化的相关内容可以更好地说明"中国共产党为什么能""中国特色社会主义为什么好""马克思主义为什么行",高校思想政治理论课教师要能认识和把握思想政治理论课与单纯的中华优秀传统文化类课程的不同之处。

第四,突出思想政治理论课的政治性。长期以来,很多人对思想政治理论课的印象就是抽象的理论和空洞的说教,实际上思想政治理论课有着自己的学科建设,独立的马克思主义理论一级学科内蕴的学理性为高校思想政治理论课的政治性提供了强大的支撑。同时课程还富含哲学、历史等丰富的教学资源,中华优秀传统文化的融入,更为丰富这些教学资源提供了不竭的源泉。高校思想政治理论课教师一定要有坚定的政治立场,在教学过程中突出课程的政治性,在学科建设的基础上,从中华优秀传统文化中寻找新突破,推动专题式教学改革持续深入,让思想政治理论课摆脱空洞、死板和教条的传统形象,成为大学生喜爱的课程之一。

(二)案例式教学

这里的案例式教学中的案例不仅可以选取当下真实的案例,也可以选取历史上有着重大影响力的案例,特别是结合中华优秀传统文化的相关内容,选取爱国主义、社会主义核心价值观、社会主义先进文化建设等方面的案例资料。案例式教学不仅要求教师对案例有全面的解读,而且要求大学生参与其中,充分调动学生的积极性对案例进行分析和讨论,从案例的启发性出发,提升学生解决问题的能力。融入过程中,采用案例式教学的理念主要体现在下面三点。

第一,坚持学生学习的主体性原则。案例式教学可以充分调动大学生自主学习的热情。通过讨论研究和对案例的内容进行辨析,加上教师的引导,大学生能从案例中把握学习的重点和难点,这不仅大大提升了他们分析问题、解决问题的能力,还能激发他们学习的兴趣,保持学习的动力。大学生的主体性得以充分发挥,变被动学习为主动学习。

第二，坚持理论联系实际的原则。任何理论的产生都离不开实践，我们在学习理论的过程中同样离不开实践，而中华优秀传统文化就是中华民族在劳动实践中不断创造并发扬光大的。学习理论的目的就是为了更好地指导实践，就是为了能有效地解决实际问题，因此大学生在学习思想政治理论课时必须始终坚持理论联系实际。案例式教学要注重案例的选择是否科学合理，是否能解决实际问题，因此选取的案例必须突出中华优秀传统文化的教育意义，要能促进大学生对马克思主义理论问题的理解和研究。这样的案例式教学才能兼顾理论与实践。

第三，坚持突出教学主题的原则。案例必须紧紧围绕教学任务的实现进行选取，好的案例是有效实施案例式教学的前提。在分析案例的过程中，教师还要引导学生围绕教学主题进行分析和思考，所以在融入时应从中华优秀传统文化的相关案例中选择与思想政治教育密切联系的案例，以便突出教学重点，突破教学难点，完成教学任务。

（三）研究式教学

研究式教学指的是教师基于学生已有的学习基础，启发学生在学习相关理论知识时并不是简单地看教材，而是从学科领域的高度出发，结合实践找到研究的切入点，并在教师提供的研究范围内运用科学的方法和理论进行独立思考，发现问题、分析问题最终解决问题的一种教学过程。研究式教学的难度比较大，不仅要求教师有深厚的理论功底，还要对学生前期的学习情况非常清楚，同时对学生的学习也提出了更高要求，不仅知其然还要知其所以然。

融入过程中采取研究式教学，可以说是一种教学方法的创新，更可以说是一种促进大学生积极主动学习的教学理念的更新。中华优秀传统文化对于每个大学生来说其实都有一定的认识基础，从小到大接受、接触的相关教育并不少，只是很多人停留在皮毛认识阶段，没有进行深入地研究。在高校思想政治理论课上，我们应结合所传授的相关理论知识，从学生的思想实际出发，引导学生对相关问题进行深入地研究和探讨。这样做，可以让学生直面学习过程中碰到的问题，可以发自内心地接受这些理论知识，最后运用到实践当中，提升自身的价值观；同时，相比单纯的说教式、灌输式教育，学生变被动学习为主动学习，学习的深度、学习的自觉性都有所提升。

研究式教学一般会有教师提出问题、学生自主研究（搜集资料、整理资料、论证）、学生得出结论、教师评价研究结果这四个环节。具体来看，首先教师通过对大学生已有知识体系的了解，选择中华优秀传统文化融入课程后大学生可能存在的疑惑作为需要研究的问题；接着是最重要的环节，学生通过小组或个人运用各类学习工具和手段开展相关问题的研究（可以从图书馆或互联网收集相关资料文献），形成自己的判断和结论；然后每位学生充分发表自己的观点，可以先在小组中进行讨论，再在全班或者更大的范围内进行论证，不断完善自己的结论；最后就是教师发挥主导作用的环节了，教师全面分析学生的研究结论，并结合所要讲授的知识和理论对结论进行补充和深入剖析，引导学生一是更全面掌握所学内容，二是掌握更科学的分析问题、解决问题的方法，三是提升对中华优秀传统文化的感悟，最终完成立德树人的根本任务。

可以看出，研究式教学更关注学生的积极主动性，即使刚开始学生是为了完成教师布置的学习任务才进行学习，但只要形成了这样良好的学习氛围，学生也可以从中感受到学习的成就感。从被动地调动学生的积极性发展到学生发挥积极主动性，离不开教师的鼓励和帮助，在这样的互动过程中，促进了师生之间的联系，加深了学生之间的合作和沟通，体现出平等的师生关系。

研究式教学方法是适应未来学生学习的一种模式。大学生所接触的世界越来越广阔，了解世界的手段越来越多元，他们喜欢通过互联网等平台大胆表达自己的想法，只要对他们进行正面引导，他们是能够很好地对已有问题进行深入分析和思考的。因此，在融入过程中采用研究式教学，可以对目前融入过程中大学生关注的相关内容、存在的问题进行进一步的探讨。

（四）实践教学

事实上，实践教学在很多高校是思想政治理论课的一个必要环节。理论学习不能仅停留在书本上，实践教学对深化理论教学，提升教学针对性和实效性具有不可替代的作用。因此，我们要深入探讨实践教学的发展方向和发展趋势，推动实践教学的改革创新，探索实践育人的新途径和新方法，提高融入的教学效果和教学水平。

实践教学是一种与传统课堂讲授式不同的教学方法，强调突出学生的参与性和体验性等特征。对于大学生来讲，获取知识和思想有两大途径：一是从书本中获取间接知识，二是从实践中获得直接知识。从一切知识来源于实践的终极意义上讲，实践教学的重要性不言而喻。实践教学是检验教学成果的有效手段，让学生灵活运用所学知识，通过实践检验所学内容是否正确，具有直观性和直接性，往往更能使学生领悟；实践教学还能促进学生理论联系实际能力的提升，真正掌握理论学习的方法并在实践中进行检验，避免死读书、读死书，犯本本主义的错误。这里所讨论的实践教学更多是针对高校思想政治理论课来说的,包括课堂实践教学、小组科研实践等形式,而不是广义上的实践教学,如暑期社会实践、到教学实践基地参加各种形式的劳动活动等。

之所以强调实践教学是课内实践,是因为思想政治理论课存在特殊性。其一,它是所有在校大学生的必修课,人数多,专业也各不相同,如果进行大规模的统一的实践教学活动往往会事倍功半,还无法实现既定的教学效果;其二,课程的目标并不仅仅在知识层面,更需要从知识层面上升为对大学生的思想引领,培育大学生正确的价值观,提高大学生的理论素养和人文素养,从而帮助他们更好地正确认识世情、国情、民情和党情,这就需要理论学习与实践学习相结合,运用理论分析实际无疑是提升教学实效性的基本途径。融入时的课内实践教学形式,首先要让学生积极参与课堂教学,再通过校内主题调研、小组协作学习、VR 实训室沉浸式体验学习、展馆的参观学习以及报刊查阅、网络检索、相关书籍阅读等完成实践主题论文,从而实现实践教学的目标。特别需要强调的是,实践教学还是培养大学生运用相关理论观察社会、认识社会、思考人生等方面实践能力的一个重要环节,需要制定科学的计划并进行系统的培养。因此,在实践教学方面,对融入的内容必须制定相应的教学计划,并且在实践中不断发展完善,才能使这一教学方法充分发挥作用。

实践教学,一方面突出了马克思主义理论中实践的观点。实践是检验真理的唯一标准,大学生在实践中检验真理、发展真理,这本身就是一种非常可贵的品质,需要不断坚持,同时对克服教条主义等错误也具有重要的意义。另一方面,也与中华优秀传统文化中强调"知行合一"的观点相一致,为解决"知行脱节"等现实问题提供了方法和途径。高校思想政治理论课往往注重课堂教学和理论知识的传授,这也很正常,毕竟很多理论知识需要教师在课堂上进行详细分析和阐述,学生只有听懂了才能更好地理解,才能更深刻领悟其中的真谛,进而上升为指导自己行动的指南。因此,高校思想政治理论课教学走的是一条"重知轻行"的道路。现实中住在象牙塔里的大学生往往过着与社会脱节的生活,还不是很清楚实践的重要意义。此时思想政治理论课更应该给大学生提供实践的途径,带给他们真切的感受,使他们能有的放矢,自觉加强相关理论的学习,所以实践教学也是非常重要的。教育的最终目的就是培养既有理论功底又具备实践能力的人才。

实践教学还强化了"以生为本"的教育宗旨。以生为本就是在融入过程中突出大学生的主体地位,即在实践教学中从学生发现的问题出发、从学生已有的知识结构出发、从学生的兴趣爱好出发进行实践教学的设计和组织,让学生在实践中增强团队协作能力,增强理论联系实际的能力;同时,促进学生不断创新多种实践方式,挖掘出更多实践环节的内容,完善实践教学。

（五）情境式教学

情境式教学是在思想政治理论课教学过程中通过创设真实或虚拟的情境,让学生亲身参与、感受教学内容,助力教学目标有效实现的教学方法。[①] 这种教学方法强调大学生的参与度,学生在参与的过程中有了积极正面的体验感,就会转化成学习的积极性。因此在情境式教学过程中,教师要尽量避免学生产生消极的体验感受,不断从理论讲授的科学性、人生哲理的感人性和直面问题的现实性等方面启发学生在学习中不断激发自己的主动性和积极性。情境式教学分为认识—领悟—融会贯通三个阶段,我们在进行"毛泽东思想和中国特色社会主义理论体系概论"等课程的讲授时,可以通过各类不同的情境创设将中华优秀传统文化的相关内容融入其中。

首先可以创设历史情境。例如,从中华优秀传统文化发展的历史背景中找到与新时代相关的思想,通过比较分析,呈现出中华优秀传统文化深厚的底蕴,并引导大学生思考在新时代又该如何创新发展;将马克思主义的理论讲解与中华优秀传统文化相结合,讲清楚为什么西方传来的马克思主义对中国的革命、改革和建设有着非常重要的指导作用,而我们要不断推动马克思主义中国化时代化,就必须与中国具体实际相结合、与中华优秀传统文化相结合,并且只有这样才能适应中国的国情。我们要通过历史的发展逻辑将这些内容融入其中,让学生更加清楚这些问题的来龙去脉,从中感悟中华民族的伟大,体会身为中国人的自豪,并进一步思考人生哲理,科学规划自己的未来。

其次可以创设文献情境。例如,在学习"毛泽东思想和中国特色社会主义理论体系概论"课程时,应该加强对经典文献的阅读和学习。毛泽东同志的很多著作,如《中国革命和中国共产党》《新民主主义论》《矛盾论》《实践论》等,这当中既包括了马克思主义基本原理,又融汇了中华优秀传统文化的精髓;还可以结合中国传统文化典籍一起学习和研读,如《论语》《大学》《史记》等。这些都是融入教育中非常好的资源,教师应加强理论的分析和引导,并在此基础上通过专题讨论、小型班级读书会等形式让学生进行充分地思考和交流,通过大家互相点评打分,既调动了学

---

①郭凤志.高校思想政治理论课程建设研究[M].北京:北京师范大学出版社,2019:202.

生自主学习的积极性,又能使学生更全面地分析问题,并将融入教育贯彻始终。

再次可以创设现实情境。例如,在学习"习近平新时代中国特色社会主义思想概论"课程时,可以将中华优秀传统文化与其中的重要内容结合起来。比如"天人合一"的思想与今天我们所强调的生态文明建设是内在统一的,如果不强调生态文明建设会出现哪些问题;中华民族自古以来对生态问题就十分重视并形成了自己的认识,对此我们应该如何分析和看待。通过融入教育,直面一些现实问题,对于学生更深入地理解和分析是大有帮助的。在讲授文化自信时更应该从中华优秀传统文化中找到支撑的力量,让学生真切地感受到在新时代我们依然需要中华优秀传统文化,并且需要不断将其发扬光大。教师应鼓励和引导学生在学习的过程中,善于发现、分析古人的智慧与新时代的完美融合,及与马克思主义中国化、时代化的内在统一。

总之,中华优秀传统文化融入高校思想政治理论课的教学方法的改革总体上呈现出如下主要特点。第一,注意调动学生的积极性,突出互动式教学。各种代表性方法的共性是突出"以生为本"的教学理念,从大学生的成长规律、行为特征、心理需求等方面的实际情况入手,整体把握大学生成长规律,根据学生的实际需求和不同行为特征探索融入过程中应采取的策略方法,使高校思想政治理论课不再是学生眼中的"水课",而是真正能够帮助学生成长、帮助学生答疑解惑、帮助学生树立崇高理想的金课。第二,注重课堂内外结合,系统综合地推进教学方法改革。在现代条件下,任何一种单一的教学方法都无法完成思想政治理论课程的教学目标,需要多种方法灵活运用,需要在探索多样化课堂教学方式和实践教学方式的基础上,加强课堂内外的结合,实现课上课下、课内课外、线上线下的衔接。中华优秀传统文化在融入高校思想政治理论课时,很多内容是以实践教学的形式融入的,给学生带来了直观的体验,同时利用了很多现代科技元素,比如 VR 技术、新媒体平台等,提升了学生学习的积极性,促进了教学方法的多方位、递进式、系统化发展。

从发展的意义上讲,改革教学方法、创新教学方式任务很艰巨。应进一步加强集体备课和名师引领,强化问题意识和团队协作意识,注重发挥教与学两方面的积极性,实现理论教学与实践教学、课堂教学与网络教学相互支撑,理念手段先进,方式方法多样,切实提高中华优秀传统文化融入高校思想政治理论课的教学效果。

第七章　中华优秀传统文化融入高校思想政治理论课的实践路径

　　2021 年 11 月 30 日,教育部印发了《高等学校思想政治理论课建设标准(2021年本)》,这不仅为高校思想政治理论课的组织管理、教学管理、队伍管理和学科建设提出了明确的要求和标准,为进一步落实高校思想政治理论课立德树人根本任务明确了目标,同时也为中华优秀传统文化融入高校思想政治理论课的实践路径指明了方向。通过二者间的互联共通部分,中华优秀传统文化将在高校思想政治理论课建设过程中协同发挥作用。接下来,本章将围绕中华优秀传统文化融入高校思想政治理论课的教学内容、话语体系、教育环境、有效载体四个方面有针对性地展开融入实践路径的探索。

第一节　中华优秀传统文化融入高校思想政治理论课的教学内容

　　高校思想政治理论课不同于其他课程之处,是其不仅要讲授知识,更重要的是要引导大学生,以"思想"对大学生进行政治教育。因此,思想是高校思想政治理论课教学的根本。这一"思想"其实就是指高校思想政治理论课的教学内容①。教学内容是高校思想政治理论课教学活动的基础,其最终归宿则是转化为大学生的思想体系、信仰体系、价值体系。如何把握、组织好相关教学内容,是融入能否取得成效的基础。

　　高校思想政治理论课须从其理论课程的基本特征出发,抓住"理论"二字,突出马克思主义理论教育。要让大学生了解马克思主义基本原理,掌握用马克思主义的立场、观点和方法分析问题和解决问题,在马克思主义的指引下逐步成长为国家所需要的有用人才。"上好思政课,需要结合新的时代条件,挖掘好、运用好中华优秀传统文化中的丰富资源,将其融入教学过程,用以培根铸魂、启智润心,引导学生

---

①隽鸿飞.论思想政治理论课教学中的"术"与"道"[J].思想理论教育,2022(3).

立大志、明大德、成大才、担大任,努力成为堪当民族复兴重任的时代新人。"①为此,我们要坚持不懈地根据时代发展要求对课程教学内容进行更新和完善,特别是要注意将适合的中华优秀传统文化有效融入,促进大学生更好地理解和把握马克思主义理论。

思想政治理论课要想提高教学效果,"内容为王"这一基本原则是必须坚持的。很多大学生一上到思想政治理论课内心就很排斥,是因为长久以来他们一直觉得这类课程就是讲授枯燥的理论知识,而且学了也没有用。确实,如果教师只是单纯地讲授理论,学生则因缺乏一定的知识积累,社会阅历有限,限制了他们对理论的理解,最后结果就是教师讲得天花乱坠,学生听得昏昏欲睡。要想改变这种状况,从教学内容着手是非常必要的。中华优秀传统文化中的丰富资源正好可以增加理论讲授的直观性,而且文化的影响是无处不在的,大学生在学习生活中也多多少少都受到过传统文化的影响,从这里入手更容易引起他们的共鸣,提升他们学习的积极性。

一、坚持科学原则,合理选择融入内容

融入的内容应符合时代发展要求,并能对大学生树立崇高理想信念有所帮助,要"在继承中转化",又要面向未来进行创造性转化和创新性发展②。中华优秀传统文化内容极其丰富,在有限的教学课时中如何进行融入就涉及内容的选择问题。总体来看,应坚持"去粗取精、去伪存真"的科学原则进行相关内容的合理选取,既要传承弘扬传统文化,又要符合高校培养目标。

首先,精心提炼,萃取精华。中华优秀传统文化有着丰富的内容,既不可能全部融入也不可能在讲课时面面俱到,因此需要对它们进行提炼。例如,在强调讲仁爱、守诚信等道德理念时,可与思想政治理论课中的社会主义核心价值观的讲解结合起来,让学生明确社会主义核心价值观来源于中华优秀传统文化,不仅仅要知道"24字"社会主义核心价值观的含义,还要清楚为什么我们会提出以及怎样在实践中落实。这也需要思想政治理论课教师能从整体上把握中华优秀传统文化,只有深入研究中华优秀传统文化,才能把真正需要融入的内容筛选出来,并结合时代特征和学生的实际情况进行提炼。这样有针对性的融入才能有效提升学生的兴趣,帮助他们在学习理论知识的同时自觉提升人格修养、家国情怀。

①李奇峰.将中华优秀传统文化融入思政课[N].人民日报,2022-05-06.
②中共中央文献研究室.习近平关于社会主义文化建设论述摘编[G].北京:中央文献出版社,2017:175.

其次,立足新时代,明确目标。改革开放四十多年来我国取得了举世瞩目的成就,青年人成长的环境也发生了很大的变化,新时代的青年人已经可以用平视的眼光看待世界了,这也给新时代培养人才提出了更高要求。"育新人,就要坚持立德树人,以文化人"①,融入时要注意选取的内容应偏重于能提升大学生的道德水平,能切实帮助大学生了解历史,增强对国家对民族的认同感,帮助他们成长为担当民族复兴大业的时代新人。对融入的内容也并不是简单的拿来主义,要根据时代发展的要求,从学生的学习实际着手,对传统文化进行转化和发展。一是创造性转化。要在内容方面加入新时代的元素,引经据典的目的是帮助解决新时代的问题,促进社会的发展,弘扬民族精神和时代精神,而不仅仅是对经典文献进行解读;要在价值引领方面协助思想政治教育做好道德理念和传统观念的转变,要用马克思主义理论作为指导思想,对含有封建色彩的观念进行改造;要用新时代的语境来表述中华优秀传统文化的相关内容,要与思想政治教育的相关话语衔接起来,不能让学生觉得这是两方面的内容,完全没有融入的必要。二是创新性发展。中华优秀传统文化有着强大的生命力,在融入了时代特征后其内涵又得到了不断丰富,显著增强了高校思想政治理论课的亲和力。因此,我们在传承好中华优秀传统文化的基础上,应运用科学的态度、现代化的技术手段,打造更多丰富多彩的融入内容,让学生能够更好地理解马克思主义中国化的理论成果,更明确为什么我们要建设中国特色社会主义。而这个特色就来自于中华优秀传统文化,从而使学生更加坚定文化自信,更能够产生民族自豪感。

再次,以"本"为本,突出重点。融入相关内容时不能天马行空,想融入什么内容就融入什么内容,也不能仅凭教师个人的喜好而选取相关内容,所以得有一个最根本的参照,那就是国家统编教材。"统编教材是思政课教学的根本遵循和基本要求。"②虽然当前国家统编教材中涉及中华优秀传统文化的内容不多,但可以以此为依据进行拓展,这样既不会偏离思想政治理论课的教学目标,也为选取内容的科学性提供了保障。

二、立足思想政治理论课,全面构建融入内容

首先,从源头上加强融入内容的建设。其一,前文提到融入的内容必须以国家统编教材为根本,因为这些教材都是邀请了国内知名专家学者经过反复讨论、多次

---

① 习近平. 习近平谈治国理政:第 3 卷[M]. 北京:外文出版社,2020:312.
② 吴云. 地方优秀传统文化融入高校思想政治理论课教学的几点思考[J]. 思想理论教育导刊,2017(4).

修改,在高标准严要求下出版的。国家高度重视教材的编写工作,教材的使用覆盖所有在校大学生。近几年来随着社会主义现代化建设的发展,相关理论成果非常显著,导致教材的更新周期也在缩减,很多好的理论成果都能及时地在教材中体现出来,并且科学性、理论性都有保证。但教材中对于中华优秀传统文化相关内容的融入偏少,而且内容也相对比较简单,在融入内容的思想阐释力、现实解释力和理论说服力方面还需要教师花功夫进行梳理和拓展,才能更好地将其与马克思主义相结合,并讲深讲透,从而帮助大学生科学地掌握马克思主义基本原理。其二,融入内容必须坚持大中小学一体化建设,一方面要突出"螺旋上升"的特点,另一方面要避免低层次的重复问题。高校思想政治理论课在价值观引领、爱国主义教育等方面融入的中华优秀传统文化的内容,不可避免会与中小学政治教材上相关内容重复,这对教材宏观规划的设计者提出了更高要求。如何衔接,如何纵向深入、横向配合,如何从不同角度、不同层次学生的实际出发对融入的内容进行合理布局和分配,这些都需要宏观指导。其三,融入内容必须始终坚持"以生为本"的原则,从大学生成长成才的实际出发,在各门课程中纵向上分配的内容能紧紧围绕课程主题,为更好解决大学生的各类困惑给出更直观的答案;横向上还要注意各门课程之间的联系,在分配内容时既要有所侧重又要遵循一定的逻辑,使所有内容都能为立德树人的根本任务服务。总之,这些内容要为大学生成长成才提供必需的人文素养、正确的价值观念。

其次,提升教学内容加工的技艺。中华优秀传统文化融入高校思想政治理论课,要想实现两部分的育人合力,只有对教学内容合理设计,使其有效呈现,才能充分彰显既学习了马克思主义理论又弘扬了中华优秀传统文化。因此,对相关内容的加工显得尤为重要。这里的加工,强调要保证原有内容不能被篡改,要保证内容的正确性,然后用大学生喜欢的方式如生动活泼的语言、别具特色的现代化手段、更直观的实践平台来展示这些内容。如何用中华优秀传统文化中鲜活的案例、深厚的情感去影响大学生的思想,这些都需要高校思想政治理论课教师不断深入研究,不仅要提升自己的理论功底还需要不断改进教学方法,掌握更多新的教学技能。学生需要不断学习,教师也需要不断学习,否则就不能适应时代的变化,也就无法理解学生的想法,不了解学生,再好的教学内容也于事无补。具体来说,在融入相关内容时要注意从学生的学习现状和课程特点出发。比如文科学生相对来说对马克思主义相关原理较为熟悉,又有了前期的学习积累,对中华优秀传统文化的认识也会更多更全面一些,那么教师就应注重相关内容的理论深度,避免对学生已经熟悉的内容重复进行介绍,即使是以前接触过的内容也应从更深层次进行分析;而理工科学生相对理论基础会薄弱一些,对中华优秀传统文化也没有太多关注,需要从"是什么"的问题着手对相关内容进行解析,然后再分析"为什么""怎么办"等,深入浅出地引导学生对理论的学习和理解,加强思想认同,自觉传承中华优秀传统文化。对于不同层次学生来说,教学内容的加工侧重点也不尽相同。对本专科学生要侧重教学内容的亲和力,从提高学生的学习兴趣出发对内容进行包装;对硕士、博士研究生则要注意理论深度,通过启发、研究的教学方式突出中华优秀传统文化的融入能更好地发挥思想政治理论教育的作用。

再次,追求"内化于心、外化于行"的教育实效。不强调教学内容,往往就会使思想政治理论课落入肤浅、空洞无味的俗套中,而忽视了课程的思想性、理论性。现在不少教师特别是年轻教师善于使用各种教学素材,但需要注意避免娱乐化倾向,中华优秀传统文化为课程注入了丰富的内容,这些内容要围绕课程的理论性展开,不能为了通俗易懂就放弃对理论的研究,而没有了理论性就没有办法保证课程的政治性。思想政治理论课涉及为党和国家培养什么样的人的问题,因此,我们一方面应该通过课程帮助学生理解马克思主义基本原理,另一方面还要通过融入中华优秀传统文化帮助学生更好地理解理论,增强对国家民族的认同感,特别是理解应该"怎么做"的问题。这一过程也很好地增强了学生的获得感,不仅体现在理论学习上,更体现在实践方面。理论学习的目的就是为了更好地指导实践,正所谓"内化于心、外化于行",思想政治理论课不仅要讲清楚马克思主义理论,更是要引导学生树立正确的"三观",拥护中国共产党,爱祖国爱人民,只有在行动中展现获得感,大学生才会更坚定马克思主义信仰,才会更认同中国特色社会主义道路,才能提升文化自信,从而才能在未来为国家做出更大的贡献。

三、挖掘中华优秀传统文化价值,科学设计融入内容

科学设计融入的内容,对有效提升融入的教学效果至关重要。中华优秀传统文化的内容非常丰富,在融入过程中应注重对中华优秀传统文化价值的挖掘,并对融入的内容进行科学设计。要从学生的实际诉求出发(比如学生关心的就业、考研等问题),贴近学生的生活,拉近与学生的距离;要从课程实际出发,注重思想性、理论性、亲和力的有机融合,在提升大学生的理论素养的同时提升他们的传统文化素养,并使他们在今后的学习中将这种提升转化为自觉行为;要从不同课程的融入侧重点出发,不能千篇一律。由此提升高校思想政治理论课的感染力。

第一,注重学生思想引领,明确"三观"教育。要深挖社会主义核心价值观背后

的中华优秀传统文化内容,运用相关案例分析,让学生对社会主义核心价值观的理解更全面,并学会运用马克思主义的基本观点和方法分析传统文化的传承与发展问题,深入思考新时代中华优秀传统文化应如何发展,从思想上深化对相关问题的认识。例如在爱国主义教育中,从古至今很多耳熟能详的经典名言和名人事迹都是非常重要的融入内容。不论在任何历史时期,爱国都是人世间最真挚深厚的情感,融入时可以加强这些内容的讲解,真正达到共情的效果,从而进一步加强对学生思想的引领,提升思想政治理论课的教学影响力。

第二,贴近学生生活,明确家庭观教育。习近平总书记非常注重家风建设,其实家风也是中华优秀传统文化中非常重要的一部分内容,家庭对每一个人的影响都是最直接的,家风建设事关社会风气的形成。因此,思想政治理论课要对这部分内容进行科学设计,促进学生对自己家庭的了解,与父母家人多对话多交流,学会从自身的实际出发进行思考,从而更清楚何为中华优秀传统文化的精髓、何为思想引领的作用。大学生的成长期往往伴随着叛逆期,对家人的关心和交流也因为在外求学而变得越来越少。如果一个人不关心家人,没有家庭观念,那么以后也不会真正关心集体、关心国家。教师可以通过组织写家书、打电话等方式帮助学生思考何为优良家风,何为家庭责任;大学生更可以通过学习影响自己的父母和家庭,促进家风的建设。中华民族自古以来就重视家庭关系、血缘关系,对于家风建设有着很多优秀的案例。家是组成社会的最小单位,拥有良好家风的家庭越来越多,必然会营造出积极向上的社会风气,整个社会风清气正会对大学生产生长久的影响,对高校思想政治理论课的长远发展也必然起到积极的指引作用。

第三,帮助学生规划,融入从业观教育。高校思想政治理论课不仅要传授知识,更是要将大学生培育为时代新人。对时代新人的要求是全面的,需要有正确的从业观、科学的规划和远大的理想,这样的时代新人才能在未来走向社会后为中华民族伟大复兴贡献自己的力量。中华优秀传统文化中的忠诚、仁义都是优良从业观的体现,是高校思想政治理论课教师对学生进行引导教育的优秀素材,既能引导学生对待就业问题有更科学的认识,也能回应学生关切的问题,提升学生思想政治理论课的获得感。通入融入相关内容,还能拉近思想政治理论课与学生的距离,让思想政治理论课不再是"高冷"的理论课,而是更具现实价值。通过对融入内容的科学设计,在帮助大学生了解社会发展的动向、科学规划未来发展方向、更全面认识社会等方面都有着积极意义。

第四,不同的思想政治理论课融入的侧重点不同。虽然所有思想政治理论课的总体目标一致,但在教学过程中各有侧重,围绕的教学主体也不一样,因此在融入中华优秀传统文化的相关内容时也应该有不同的侧重点,否则就会出现内容的不停重复,影响学生的学习效果。同时,要对融入内容进行深入挖掘和思考,使文化育人与思政育人紧密结合,真正提升思想政治理论课的实效性。而融入的侧重点应该与对应课程的教学目标一致,与该门课程教学内容的重难点一致。

例如,在"毛泽东思想和中国特色社会主义理论体系概论"课程中,可以从"天人合一"的核心理念出发讲清楚生态文明建设的问题,并不是今天我们才想到要保护生态文明,中华优秀传统文化中早就蕴含着生态文明思想;还可以发现这一思想与马克思主义所讲的人与自然和谐共生有着相通的地方,也就更能够理解为什么马克思主义可以中国化,为什么马克思主义要和中华优秀传统文化相结合。显然,融入这样的案例比单纯的理论分析更具有说服力。在"马克思主义基本原理概论"课程中会涉及很多马克思主义的具体原理,更需要大量的案例来解释。例如对"质量互变规律",中华优秀传统文化中就有非常经典的论述,"千里之行,始于足下"等体现出古人的智慧,而这又跟马克思主义辩证法相一致;此外在"世界的物质性""实践观"等方面可以融入的元素也很多。这些不仅可以帮助学生很好地理解马克思主义,还能帮助他们体会到中华优秀传统文化的伟大。"思想道德与法治"课程侧重于道德法治的讲解,中华优秀传统文化能够提供的资源就更多了,例如见义勇为、孝老爱亲等,不仅体现在个人道德修养上,更体现在对社会、对国家的认识上,与今天我们所强调的道德思想、法治思维都有着内在的一致性,可以通过情感的共鸣达到以情入理。在"中国近现代史纲要"课程中,加强历史的学习是为了更好的以史为鉴。我们自古以来强调的爱国主义、家国情怀、责任担当在今天依然适用,通过学习历史,大学生将更了解这些崇高品质的形成过程,也就更能够立志在新时代继续弘扬和传承这些宝贵的精神财富。

第二节　中华优秀传统文化融入高校思想政治理论课的话语体系

思想政治理论课话语体系是高校思想政治教育者为引导大学生接受社会主义思想观念所构建和使用的系统化理论化的语言符号和表述方式。[①] 思想政治理论课的话语体系是比较特殊的,一方面要体现意识形态性,另一方面还要体现教育的科学性,这两者是内在统一的,在构建话语体系时应充分体现两者的一致性。当中

---

① 卢文忠.高校思想政治理论课话语体系的结构形式及其优化[J].中国高等教育,2017(11).

华优秀传统文化融入高校思想政治理论课后,课程内容将更加丰富,同时又受到新媒体的影响,因此话语体系的构建不仅要发挥教师的主导性,还要充分调动大学生的主体性;不仅需要重视相关的理性话语,还需要强化价值性话语;不仅要体现政治性、学理性,还需要接地气、生动活泼,要用大学生喜闻乐见的方式来表述。只有这样才能提高学生的学习兴趣,进而使他们更好地接受思想政治教育。讨论融入的话语体系问题,需要弄清楚几个基本问题,即谁来构建这一话语体系(话语体系的主体是谁)、为什么要构建这一话语体系、怎样构建这一话语体系。

一、话语体系构建的主体

探讨中华优秀传统文化融入高校思想政治理论课的话语体系的主体,简单说就是探讨"谁来说"的问题。

(一)多结构、多层次主体

在融入过程中所形成的话语体系的主体是多结构、多层次的,可以是组织也可以是个人,可以是直接主体也可以是间接主体,还可以根据所起的作用不同划分为主导主体和实施主体。主导主体即党和国家。高校思想政治理论课的突出任务是守住意识形态主阵地,贯彻党和国家的意志,因此话语体系中政治属性尤为突出,所以中华优秀传统文化融入后,也必须为传递主流意识形态服务,而不能违背这一基本原则。从这一角度而言,党和国家就是中华优秀传统文化融入高校思想政治理论课的话语体系的主导主体。实施主体即高校思想政治理论课教师。高校思想政治理论课教师是在课堂传递主流意识形态的最重要主体,在融入后话语体系的建设过程中他们依然发挥着主体作用。同时,党和国家还是隐性主体、间接主体,思想政治理论课教师是显性主体、直接主体,教师的话语表达就是为了突出党和国家倡导的价值理念。在融入后话语体系的构建过程中,各层次话语主体之间相互配合、互相作用。

(二)话语体系中主体间的互动

高校思想政治理论课的接受者——大学生同样是话语体系的重要主体。作为传播者的话语主体,高校思想政治理论课教师在面对党和国家这一话语体系的主导主体时会转化为接受者的身份,对思想政治理论课话语的表达也是其将主流意识形态内化选择后的结果。因此主体身份并不是一成不变的,在不同话语空间中,可以既是传播者又是接受者。同样,大学生在思想政治教育话语体系中首先是接受者,但当他在自觉接受了相关教育后,把对理论的理解、价值的认同转变为自己认可的话语体系再进行传播时,又会进一步影响原来以教师为主导者建立起的话语体系;在这一过程中,教师了解到了学生对相关理论的理解程度和表达喜好,也进一步促进自身话语体系的转变。主体的复杂性导致话语体系构建难度大,再将中华优秀传统文化融入其中,就更增加了话语体系构建的难度,但大的方向不会发生改变。此时每一个主体都将面临对各种意识形态价值的选择与过滤,都将对中华优秀传统文化的相关内容进行思考和选择,因此接受者是否能完全明白传播者想要表达的初衷存在着不确定性,而中华优秀传统文化融入高校思想政治理论课话语体系建设的终极目标就是尽可能地实现教师的教育教学初衷能完全被学生接受并内化为自己的行动。

话语体系最直接的作用对象是大学生,大学生既是话语体系的接受者,又能够对话语体系的构建起能动作用。融入时,教师要从话语体系接受主体的角度理解这些上思想政治理论课的大学生,需要注意他们所具有的能动性和差异性。这种能动性一是体现在对话语的选择上,要选择大学生能接受的、不晦涩难懂的,甚至可以用幽默风趣的、群众性的语言来表达,避免对理论、制度的解读都是空话、大话、套话,并且要加强语言表达的指向性,坚持意识形态底线,传递正能量等;二是体现在对话语的再创造上,要结合相关的实践活动,将话语在具体情境中进行再加工,特别是关注学生的具体情况,有针对性地进行话语再创造。中华优秀传统文化的内容本身就需要创造性转化和创新性发展,那么在与思想政治理论课相结合过程中,话语接受者的能动性的发挥显得尤其重要,对进一步地融入以及融入的效果有着直接影响。这就要求在构建话语体系时,一定要注重表达方式的创新,要基于接受主体的普遍性和特殊性,综合考虑学生的思想状况和话语表达习惯,只有让学生先愿意听才会产生进一步的教育意义。因此,教师与学生在话语体系下的互动程度表现为在融入过程中所传递的价值认同与内化程度,这也成为衡量中华优秀传统文化融入高校思想政治理论课的话语体系建设效果的重要指标。

二、话语体系构建的作用

高校思想政治理论课教师在融入的话语体系构建中是实施主体,起着关键作用。但在多重话语体系影响下,融入后教师如何既能准确地阐述包括马克思主义和中华优秀传统文化等相关知识,又可以发挥对大学生主流价值观的引导作用,这是融入后对话语体系构建提出的要求。原来思想政治教育的话语体系有一些显著特点,比如凸显理论阐释力,既有号召作用,还有明显的引导作用,为的是能够增加学生的接受度,通过这样的话语体系能让学生先听进去再逐步改变自己。现在,在思想政治理论课中不断融入中华优秀传统文化的相关内容,对内容的表达则使用了更接地气的话语,增强了课程的亲和力,增加了学生学习的兴趣。同时,教师也意识到与学生交流的重要性,减少了原有话语体系中的说教成分,增加对话成分,一切娓娓道来,既拉近了与学生的距离,也让理论的讲授充满了温暖。另外,一些教师群体为坚定主流意识形态,在多重话语体系中抽丝剥茧,以消除融入后对思想政治理论课话语体系的负面影响,这一出发点是好的,但对教师的理解能力、价值判断能力、认知水平提出了更高要求,如果处理不好,会直接影响融入后话语体系的构建效果。新时代变化日新月异,学生所接触的话语体系也更加复杂,高校思想政治理论课教师要想适应这样的变化,就要避免对理论的直接转述,而应该从学生的客观需求出发,研究好"如何说"的问题,找到更好的语言表达方式。但目前没有可以借鉴的直接经验,需要教师在教学实践中不断摸索出一套更适合于融入后的话语体系,以保证更好的教学效果。

融入后话语体系的构建非常重要。一是有利于形成具有中国特色的新提法,从中华优秀传统文化中创新发展话语构成的新元素。例如,"人类命运共同体"思想不仅是马克思主义中的共同体思想的继续发展(因为马克思强调"自然共同体""自由人的联合体",反对资产阶级"虚假的共同体",强调每个人自由发展),而且是受中华优秀传统文化中所倡导的"和平""包容"启发产生的新提法,为融入后的话语体系提供了支撑。通过这样的话语元素,既提高了大学生学习的兴趣,又传授了大学生中华民族一以贯之的做法,增强了大学生的民族认同感。二是有利于增强思想政治理论课话语表达的穿透力、感染力与说服力。要讲好中国故事,就要讲好中华优秀传统文化的故事,利用好这些资源,并从时代特征出发加以改造和创新,学生会非常感兴趣。例如在讲解爱国主义时,能引起共鸣的典故数不胜数,通过多种角度的解读,既能为思想政治理论课的话语表达增加力量,又能引导大学生更好地学习。三是坚持古为今用、推陈出新。融入后的话语体系并不是要重现古人的话语表达或思维,而是应该活学活用,赋予传统全新的方式,让它们能为中国特色社会主义服务,能让传统和现代碰撞出火花。总之,在融入后的话语体系中既要有体现传统文化的优美语言,又要有巧妙地坚持思想政治理论教育的通用语言,使得话语体系通俗易懂、形象生动。

三、话语体系构建的要求

在融入过程中,话语体系的构建不仅要突出亲和力,提升大学生的学习兴趣,而且要遵循一定的要求,否则话语体系就失去了科学性,不利于教育教学内容的准确生动表达。

第一，不断突出话语体系的针对性。应从两个方面来理解话语体系的针对性。首先，针对的是教育教学内容。高校思想政治理论课本身就随着时代的发展内容不断更新发展，因此教师在教育教学过程中要及时更新内容，特别是马克思主义的原理和中华优秀传统文化都博大精深，教师在构建话语体系时要有充分的理论阐释力，要多读原著、多挖掘时代价值，只有为其赋予充分的理论价值和时代价值，才能让融入的内容更具有说服力。其次，针对的是现实存在的问题。新时代大学生思维活跃，关注的问题多，更倾向于接受富有时代感和互动性强的话语，因此教师在构建融入后的话语体系时要及时捕捉大学生关切的现实问题，不断完善原有话语体系的建设工作。

第二，不断增强话语主体的感召力。这对高校思想政治理论课教师提出了更高的要求，不仅要讲清楚理论知识，还要提升话语的魅力。因此，高校思想政治理论课教师要不断学习，不断提升自己的素养，要用中华优秀传统文化来感染学生、鲜活的事例来教育学生、将心比心的心境来理解学生，要用形象的生动的语言提高融入教育的效果。

第三，不断提升话语体系的创新性。目前，新时代下环境的复杂性、网络对思想政治教育的冲击，加上大学生自身的认知特点，都对融入后话语体系的亲和力提出了各种挑战。我们唯有不断创新，才能应对这些问题。需要说明的是，在话语体系构建的各环节都可以进行创新，但必须遵循思想政治教育的相关规律和语言表达的规律，并加强教师与学生间的交流，提升思想政治理论课的亲和力和感染力。

四、话语体系构建的途径

融入后的话语体系构建需要多措并举。只有找到话语体系构建的创新途径，才能从话语上对大学生真正起到引领和教育作用，达到融入教育的目的。

（一）突出政治性与文化主体性相结合的特点

突出政治性与文化主体性相结合的特点，可以保证融入后话语体系建设的方向正确。

第一，话语体系要强调政治性。中华优秀传统文化中也包含着很多政治性的内容，表现出对政治生活的关切，而这与思想政治理论课的政治性并不冲突。例如，政治合理性的最高标准是"仁"，处理人际关系的最高标准就是要处理好"利"和"义"的关系；从强调君子人格、个人的道德修养上升到社会层面，追求以"德"为核心，崇尚大同、小康等未来社会的发展模式。可以看出，政治性在中华优秀传统文化中占有很大的分量。高校思想政治理论课话语体系要突出政治性，这关系到方向问题,因为该课程是为党和国家培养社会主义接班人服务的。高校要"抓好马克思主义理论教育,为学生一生成长奠定科学的思想基础"①,因此对融入后的话语体系强调政治性是必然要求,与传承中华优秀传统文化也是一致的。只有强调政治性,话语体系才更有力度,才能更鲜明地突出马克思主义在意识形态领域的指导地位,才能让学生更坚定地抵制错误思想,增强辨析能力。

第二,话语体系应坚持文化主体性。任何一个民族都必须坚持其文化的主体性,否则就失去了独立性。中华文化在漫长的历史长河中不断包容借鉴各类优秀文化成果,并在与各类文化交流过程中依然保持着自身的主体性,才形成具有独特标识的中华优秀传统文化。中华优秀传统文化的包容性在不同历史阶段得到不同的体现,当马克思主义传入中国后,中华优秀传统文化立刻展现出包容性,并不断推进马克思主义中国化。目前高校思想政治理论课的话语体系还应从文化主体性出发,深切感悟中华优秀传统文化的博大精深和源远流长。只有这样,才能更好地发展社会主义先进文化,促进马克思主义在中国不断结出丰硕果实,保持马克思主义的强大生命力;才能不断发挥主体性身份吸纳不同的文化,推动中华优秀传统文化的创新发展。

第三,强调政治性与文化主体性相结合。我们曾经远离过传统文化,甚至全盘否定传统文化,"言必称西方",造成了文化主体性的迷失,进而丢失了文化凝聚共识的功能。当前,将中华优秀传统文化融入高校思想政治理论课的话语体系,要想克服这方面的问题,提升大学生的文化认同感和思想凝聚力,防止意识形态话语权受西方错误思想的冲击,就必须强调政治性与文化主体性相结合。一方面,在话语体系中突出思想政治理论课,就是用鲜明的带有政治性的语言为大学生分析透彻思想理论,为他们指明正确的发展方向,帮助他们做出正确的价值判断;另一方面,在话语体系中突出以主体身份采撷中华优秀传统文化中的养分,用妙趣横生的中国故事、人物案例丰富思想政治理论课话语内容,既能增强大学生的思想凝聚意识,也为思想政治理论课的政治性增加一些轻松的元素,有效克服了当前高校思想政治理论课话语体系中缺少情感、缺少丰富内容支撑的问题,并能充分体现中华优秀传统文化在新时代的解释力。

（二）构建生动活泼的话语体系

构建生动活泼的教学话语体系是提升中华优秀传统文化融入高校思想政治理

---

① 习近平. 习近平在全国高校思想政治工作会议上强调 把思想政治工作贯穿教育教学全过程 开创我国高等教育事业发展新局面[N]. 人民日报,2016-12-09.

论课话语感染力和亲和力的重要一环,我们可以从以下四个方面入手。

第一,采用时代话语。在中华优秀传统文化融入高校思想政治理论课的过程中要结合时代特征,对中华优秀传统文化的内容进行创新发展,找到与时代特征相结合的话语表达形式,改变学生对传统文化过时、落后的看法,并将这些改造后的话语体系运用到课程教学中。"用充满时代感的语言开展课程教学,有助于实现语言表达的时代化。"①要让大学生对思想政治理论课刮目相看,认识到所学习的理论不再枯燥,并且是与时代发展紧密结合的,中华优秀传统文化的内容也并没有过时,即使在新时代依然有学习的价值,民族自豪感油然而生。如果融入后话语体系依然不能改变原来思想政治教育过程中存在的单一、严肃等问题,那么就不能改变学生对思想政治理论课学习排斥的现象,更不能增强对学生学习的吸引力。

第二,采用生活话语。理论的抽象性确实给教学带来了难度,也让学生学习起来觉得很枯燥。中华优秀传统文化的融入正是为了改变这一现状,因此在融入过程中要注意使用生活语言,来源于生活的真实感受更能够打动人。中华优秀传统文化渗透到人们生活的方方面面,运用生活语言也正是以文化为依托,做到通俗易懂,以利于达到教育的效果。习近平总书记在这方面做得尤为突出,他总是能引经据典,使用中华优秀传统文化中具有代表性的故事,以"迅速的代入感、较强的画面感,进而快速产生即视感,从而激发认同感"②。我们也应从中有所感悟,尽可能运用好的生活语言来讲清楚大道理,同时还弘扬了中华优秀传统文化。对大学生而言,他们只有愿意听之后才能更好地理解和思考。

第三,采用对象话语。由于成长的时代环境发生了变化,大学生的语言喜好和表达习惯也随着时代的发展不断变化。了解学生的特有话语体系,对于促进师生互动,加强思想政治理论课的亲和力是非常有益的。高校思想政治理论课教师在这方面要进行研究,了解大学生对中华优秀传统文化中的哪些内容感兴趣,积极挖掘其中蕴含的思想政治教育资源。比如近几年比较火爆的电视节目《中国诗词大会》、网络点播量非常高的《唐工夜宴》等对大学生们的影响很大。而那些大学生们喜闻乐见的表达方式也值得教师好好反思,可以尝试在如何打破沉默的课堂气氛、如何填平教师与学生之间的话语代沟、怎样恰当地使用一些网络语言等问题上找到突破口,激发起学生的认同感,提升话语的亲和力。

---

①白显良.论高校思想政治理论课教学亲和力的逻辑生成[J].思想理论教育导刊,2017(4).
②张彧.习近平语言艺术对思想政治理论课教学的启示[J].思想理论教育导刊,2020(6).

第四,优化教学话语的表达技巧。上好思想政治理论课仅仅关注"道"的"可信程度"是不够的,还要注重在"术"上提升"可爱程度"[①]。思想政治理论课教师往往给人的印象是刻板、严肃,很难和可爱联系在一起,这也使学生有先入为主的感觉。因此,教师必须要在话语表达技巧上下功夫,充分运用中华优秀传统文化的相关资源,让学生感受到语言的魅力,从而改变学生对思想政治理论课和教师的刻板印象。比如教师讲话时不要总是使用高频的、强烈的、教训的语气,一听就是说教成分偏多,特别容易引起学生的反感,而应该是抑扬顿挫、娓娓道来,这样的语气更有感染力;再加上一些现代化的教学手段的使用,以及教师丰富的表情和肢体语言,让学生有更立体的体验,才会愿意参与到课堂的互动当中。当然,使用话语表达技巧要适度,不能本末倒置,最重要的还是要突出课堂的教学内容。

（三）塑造大学生喜闻乐见的话语风格

塑造大学生喜闻乐见的话语风格,这是提升中华优秀传统文化融入高校思想政治理论课感染力与亲和力的着力点。

第一,教学话语要幽默、风趣。幽默、风趣的语言可以第一时间引起听众的注意,很多人都非常喜好这种语言风格,尤其大学生,他们的心智还未完全成熟,看事物还停留在表象,因此对这样一种语言风格是非常喜欢的;同时,教师幽默风趣的语言也可以增强课程的感染力。从中华优秀传统文化中汲取养分,使思想政治理论课的教学话语更加生动,可以让学生在开怀一笑中消除排斥和抵触;还可以引导学生先学习最浅层次的、有意思的理论知识,进而喜欢听讲富有人生哲理又有着科学指引的相关理论知识。

第二,教学话语要平易近人。人们一般只愿意接触熟悉的事物,因此在高校思想政治理论课上,教师应该用学生熟悉的事物、所能接受的表达方式来阐释理论,这样可以消除学生固有的思想政治理论课就是说大道理、教训人的课程的看法。平易近人的话语表达方式可以拉近教师与学生的距离,得当的语言会展现巨大的教育引导力量。《平易近人——习近平的语言力量》这本书给予了我们很好的启发。其实中华优秀传统文化中有很多资源可以让我们用来拉近与大学生之间的距离,要利用大学生熟悉的文化内容,找到他们更容易感知的对象,用平实的话语展现智慧的光芒。

---

①刘艳萍.基于核心价值话语提升思政课亲和力[J].教育评论,2019(8).

（四）创新话语传播手段

网络技术的持续更新发展给人们的生活带来了翻天覆地的变化,当然也影响了大学生的学习。习近平总书记强调:"要运用新媒体新技术使工作活起来,推动思想政治工作传统优势同信息技术高度融合,增强时代感和吸引力。"①《新时代高校思想政治理论课教学工作基本要求》中也指出,要推动传统教学方式与现代信息技术有机融合。融入时的话语体系也必然会受到新媒体时代的影响,因此要创新话语传播手段,特别是要加快新媒体技术的运用。例如,在进行线上线下混合式课程建设时要注意话语联动,利用与中华优秀传统文化相关的网站资源时,可以探索让手机成为学生学习工具的教学模式,把枯燥的文字表达转化为图片、视频、动漫等大学生喜闻乐见的形式,更可以使用 VR 技术创造沉浸式体验,不仅能活跃课堂气氛,而且还能够增强学生的学习兴趣。当然,在使用这些新媒体新技术时要加大对大学生的教育和引导,特别是网络空间不是法外之地,要注重运用中华优秀传统文化等传递社会正能量的教育资源加强对大学生的思想引领,牢牢把握网络空间的话语权。

运用网络语言,可以让思想政治理论课话语传播更具新意。时代话语、网络语言应成为教师在教学过程中关注的对象,在融入过程中运用好这些语言,既可以拉近教师与学生之间的距离,找到双方共同的关注点,还能丰富思想政治理论课的话语体系。中华优秀传统文化中那些生动的元素配以贴近时代、贴近学生生活的网络语言,更增加了思想政治理论课的亲和力、感染力。这也进一步促进了教师和学生的角色转变,教师从原来的教育者向引导者发展,大学生从原来的倾听者向参与者转变,营造出更轻松、愉快的学习氛围。同时,这也有利于中华优秀传统文化适应网络时代的发展,找到创新发展的新方式。

第三节　中华优秀传统文化融入高校思想政治理论课的教育环境

中华优秀传统文化融入高校思想政治理论课要想取得良好的教育教学效果,加强课程内部建设非常重要,但也不能忽视外部环境的影响作用。大力营造有利于高校思想政治理论课的教育环境,是提升融入效果的重要保障。习近平总书记强调,要"推动形成全党全社会努力办好思政课、教师认真讲好思政课、学生积极学

①习近平.习近平在全国高校思想政治工作会议上强调 把思想政治工作贯穿教育教学全过程 开创我国高等教育事业发展新局面[N].人民日报,2016-12-09.

好思政课的良好氛围"①。只有形成良好的环境,才能让更多人关心思想政治理论课的建设,进一步改造和发展中华优秀传统文化,提升思想政治理论课教师的获得感,增强其促进融入工作持续进行的热情。

一、新时代思想政治教育环境的内涵

张耀灿等人认为:思想政治教育环境就是"影响人的思想品德形成和发展,影响思想政治教育活动运行的一切外部因素的总和。相对人的主观世界和思想政治教育系统而言,它是思想政治教育所面对的外部客观存在。"②陈万柏等人认为:"思想政治教育环境是指思想政治教育活动以及思想政治教育对象的思想品德形成和发展产生影响的一切外部因素的总和。"③根据这两个具有代表性的概念解释,我们不仅需要明确思想政治教育同环境的关系,同时也要进一步明确思想政治教育环境与接受思想政治教育的人的关系。马克思在批判旧唯物主义时指出:"有一种唯物主义学说,认为人是环境和教育的产物,因而认为改变了的人是另一种环境和改变了的教育的产物,这种学说忘记了:环境正是由人来改变的,而教育者本人一定是受教育的。"④这里,马克思不仅指出了人对环境的影响,同时也指明人的主观能动性在这种影响中的作用。与此同时,马克思和恩格斯又进一步指出:"人创造环境,同样,环境也创造人。"⑤这就是说,人与环境是相互创造的,人类的劳动实践与环境的改变相互影响。对于思想政治教育而言,它是人类的一种客观实践活动,因而必然同周围的环境发生作用。在人与环境的辩证关系理论视域中,思想政治教育环境包含两个层面的含义:一是以思想政治教育为中心,通过思想政治教育活动有意识开创的环境;二是以人类自身的生存与发展为中心,与人的思想政治教育实践具有直接或间接关系的一切环境。⑥

从实践的角度出发,思想政治教育环境主要包括自在环境和自觉环境两个方面。思想政治教育的自在环境是指在思想政治教育实践活动中,充分利用已有的

①习近平.习近平主持召开学校思想政治理论课教师座谈会强调 用新时代中国特色社会主义思想铸魂育人 贯彻党的教育方针落实立德树人根本任务[N].人民日报,2019-03-19.
②张耀灿,郑永廷,吴潜涛,等.现代思想政治教育学[M].北京:人民出版社,2006:294.
③陈万柏,张耀灿.思想政治教育学原理[M].3版.北京:高等教育出版社,2015:101.
④中共中央马克思恩格斯列宁斯大林著作编译局.马克思恩格斯选集:第1卷[M].北京:人民出版社,2012:138.
⑤中共中央马克思恩格斯列宁斯大林著作编译局.马克思恩格斯选集:第1卷[M].北京:人民出版社,2012:172-173.
⑥冯刚,彭庆红,余双好,等.新时代高校思想政治教育学原理[M].北京:人民出版社,2021:291.

环境资源为思想政治教育实践提供的环境支撑。比如中发〔2004〕16 号文件指出的，"充分发挥爱国主义教育基地对大学生的教育作用，各类博物馆、纪念馆、展览馆、烈士陵园等爱国主义教育基地，对大学生集体参观一律实行免票"①。思想政治教育的自觉环境是指根据不同的任务和要求，我们通常需要具有一定针对性的环境支撑，这就需要在思想政治教育实践过程中有意识地营造一些环境来有针对性地满足思想政治教育的具体需求。比如中发〔2017〕31 号文件指出的，"实施中华文化传承工程，推动中华优秀传统文化融入教育教学"②。在新时代背景下的高校思想政治教育实践中，思想政治教育自在环境与自觉环境的共同作用为开展相关教育实践提供了必要支撑。因此，对新时代高校思想政治教育环境的理解，也要上升到自在和自觉两个层面。

思想政治教育具有深刻的理论性和实践性，二者密切相关，相互促进，因此在理论与实践结合中也会产生特定的教育环境。理论指导实践创新发展，实践则在实施过程中检验理论，生成理论需求，探索新的学科热点，为理论发展提供重要动力。对于思想政治教育环境而言，理论视域中的内涵和实践视域中的内涵相互联系、相互支撑，共同构成了思想政治教育学原理中思想政治教育环境这一特有概念。因此，思想政治教育环境主要是指思想政治教育活动生成的以及对思想政治教育过程产生影响的一切因素的总和，它既包括思想政治教育外部的自觉和自在环境，也包括思想政治教育内部的自觉和自在环境。③ 思想政治教育环境的内涵又进一步丰富和发展。

二、教育环境优化的作用

高校思想政治教育面临的环境日趋复杂。一是国内外环境正在发生深刻变化，大学生面临更多西方思潮的冲击；二是网络环境给高校思想政治教育环境的复杂性增添了变数，网络环境本身就非常复杂，当今的大学生又是网络原住民，很容易受到影响，使得思想政治教育的难度不断增加；三是思想政治教育环境本身就是一个复杂的综合体，有积极因素也有消极因素，如何发挥好积极因素是一个待研究的课题。因此，在中华优秀传统文化融入高校思想政治理论课时，我们必须意识到教育环境的复杂性以及对大学生的影响，进一步优化教育环境，提高融入的教育效

---

①中共中央文献研究室.十六大以来重要文献选编：中〔G〕.北京：中央文献出版社，2006：189.
②中共中央国务院.中共中央国务院印发《关于加强和改进新形势下高校思想政治工作的意见》〔N〕.人民日报，2017-02-28.
③冯刚，彭庆红，佘双好，等.新时代高校思想政治教育学原理〔M〕.北京：人民出版社，2021：293.

果。具体而言,教育环境优化的作用有以下几点。

第一,通过对融入的教育环境优化,可以更好地发挥引导作用。在融入教育过程中,加强中华优秀传统文化相关元素的融入,可以促进教师和学生都能够被这样的环境影响,从而增强自觉学习中华优秀传统文化并对其进行改造和发展的意识。教师和学生在与环境相互作用的过程中受到环境的影响,这对他们知识的学习、价值观的树立都有引导作用。

第二,通过对融入的教育环境优化,可以更好地发挥保障作用。高校思想政治理论课非常重视中华优秀传统文化的融入,若要确保思想政治教育取得更好的效果,提升学生的综合素质,就需要一定的环境为教育教学实践提供条件保障,在融入时提供必要的文化宣传、主题教育的支持。这也是为教师与学生之间更好地交流沟通创造了条件,构建了平台。

第三,通过对融入的教育环境优化,可以更好地发挥激励作用。一方面,可以促进融入教育的积极发展。例如,校园环境建设中加入了中华优秀传统文化的元素和思想政治教育元素,在这样的环境中进行学习,必然会对学生产生潜移默化的影响,能够激励他们更加努力地学习;良好的学风和班风环境会给学生带来正能量,也会激励他们从中华优秀传统文化中汲取精神力量,更好地接受思想政治教育。另一方面,可以从反面促进融入教育的发展。也就是说,通过明确反对什么、禁止什么,再提出解决问题的办法,可以激励学生沿着正确的方向去学习和实践。

三、教育环境优化的路径

中华优秀传统文化融入高校思想政治理论课过程中,原有的教育环境其实已经形成,因此对其进行优化成为提高融入效果的重点手段之一。如何认识和把握教育环境中"变"与"不变"的要素、如何能使环境因素朝着推动思想政治教育良性发展的方向发挥作用、这种作用如何才能稳定可控持久等等,解决了这些问题,就可以找到融入时环境优化的基本路径。

第一,在思想政治教育环境的"变"与"不变"中寻求优化。一方面,要理解思想政治教育环境中的"变"。任何环境都不可能是静止的、一成不变的,必然会随着人的实践活动而发生变化,思想政治教育环境也是如此。因此,要想合理认识和利用这些变化,需要在时代发展特征、中国改革实际、大学生成长发展等特点的基础上动态地理解和把握思想政治教育环境;在融入的实践过程中,要强化思想政治教育环境意识,加强自在环境资源的建设,注重中华优秀传统文化的创新改造,为高校思想政治理论课提供内容更丰富、形式更多样的教育环境；同时，在课程教育教学过程中，努力将中华优秀传统文化有效融入课程中，形成良好的学习氛围，营造出更有利于学生学习的自觉环境，做到思想政治教育环境为我所识、为我所用。另一方面，要理解思想政治教育环境中的"不变"。思想政治教育环境中还包含着一些相对稳定的环境因素，如班级学习环境、宿舍文化环境、社团活动环境、校内景观环境等，这些都是非常重要的思想政治教育环境要素。除了注重课堂上的教育环境的营造外，对这些教育环境中的稳定要素也要注重中华优秀传统文化要素的融入，让思想政治教育从课堂延伸到课后，从学习领域辐射到生活领域，并且要让这些不变的环境因素进一步优化，发挥更大的作用。

第二，在思想政治教育环境要素的重点把握中寻求优化。思想政治教育环境的要素众多，要想面面俱到，抓住每一个要素进行优化是不可能的。中华优秀传统文化融入高校思想政治理论课时，要求教育环境基本要素须结合时代发展要求、大学生成长发展特点，要在确保这些基本的环境要素科学、可控的基础上再进一步寻求环境的优化。一方面是宏观视角下思想政治教育环境中的重点要素。高校思想政治理论课不是独立于社会系统之外的，它所受到的环境影响绝不仅仅局限于校园之内。因此，将中华优秀传统文化融入高校思想政治理论课时要重点关注与之相关的经济环境、政治环境、文化环境、社会环境以及网络环境。原来我们特别重视经济建设而忽视了文化建设，但是近年来，我们越来越意识到中华优秀传统文化是中华民族的"根"和"魂"，文化自信是"四个自信"中最根本的自信，而经济建设只能是一种手段，文化发展才是最终的目的。这种转变必然引起经济环境、文化环境等的变化，也必然会影响思想政治教育的环境变化，因此教育环境要结合时代特征不断优化，需要我们持续关注。另外，网络环境的优化也非常重要。当前，网络环境对每个人的影响力都非常巨大，它也是目前高校思想政治教育迫切需要关注的环境要素。在教育环境的优化过程中，需要重点了解新时代网络环境的特点，了解网络环境中大学生的生活方式，通过运用中华优秀传统文化等丰富资源对大学生进行引导和教育，做到有针对性的优化。另一方面是微观视角下思想政治教育环境中的重点要素。对于融入后的微观环境而言，需要重点了解与大学生息息相关的家庭环境、校园环境、宿舍环境、社交环境等具体微观环境。在社交环境中，要重点关注大学生所处的网络社区环境，比如一些主要的自媒体平台、大学生喜爱的论坛等，尤其要重点关注"微信"等网络社交工具，这些网络社交环境对新时代大学生的思想与行为具有重要影响，是思想政治教育需要重点关注的微观环境。只有重点了解这些宏观和微观环境要素,才能有的放矢地寻求环境优化和资源整合。通过了解大学生的喜好,了解他们的家风、班风、学风等具体情况,帮助他们解决目前存在的问题,将为他们融入后的学习创造更有利的教育环境。

第三,在思想政治教育环境构建机制中寻求优化。在中华优秀传统文化融入高校思想政治理论课的过程中,我们通常会结合相应的教学目标和任务,积极构建与思想政治教育实践相符合的环境,并积极整合内部、外部环境资源,充分发挥这些资源的育人功能。这些资源的有效整合需要一定的环节和机制,才能保证环境育人功能的发挥。一方面是把握相关思想政治教育环境生成的基本环节。对于自觉环境而言,需要明确融入过程中思想政治教育的目标和要求,总体立德树人的目标是不变的,但要加入中华优秀传统文化的元素,通过不断融入,更好地引导大学生成长为时代新人。同时,还要了解教育对象的特点,把握这些要素同思想政治教育环境之间的内部联系,在此基础上确定与之紧密相关的环境要素。例如,新时代大学生的成长环境发生了一些新的变化,大的社会环境也发生了变化,同时我们又处于百年未有之大变局中,外部环境异常复杂;大学生都是网络原住民,网络环境也非常复杂,各种各样的言论、思想都会影响大学生的成长。在这样的环境变化的交织中,对大学生所呈现出的积极向上的态度,我们要多加引导和鼓励,从他们兴趣的出发点着手(例如网络点击量很高的电视节目《中国诗词大会》等),利用各种弘扬中华优秀传统文化的资源,将价值认同、文化自信等要素与思想政治教育结合起来,营造出更适合他们特点的思想政治教育环境;对大学生产生疑惑甚至发生错误认识的方面,应了解是什么原因导致的,到底是课堂上教师的引导不够还是家庭环境的影响或是网络环境的影响,进而反思应该如何加强这些环境要素的表现形式,最后选择合适的方式和方法构建思想政治教育的具体环境。另一方面是创新探索思想政治教育环境优化的机制。思想政治教育环境本身具有动态性,当高校思想政治理论课教师、大学生、授课的内容、授课的方式等因素出现新的情况时,教育环境构建要有相应的应对机制;当外部自在环境要素发生变化时,思想政治教育实践本身也要有相应的应急机制,防止思想政治教育在变化发展的环境中处于被动状态。这就要求在思想政治教育环境构建过程中加强环境评估机制建设,实时、动态地评估思想政治教育环境,并对其进行及时的监督和引导,确保思想政治教育环境发挥最佳效果。例如,当无法正常线下授课时,能通过平台构建起"互联网+"课堂模式,优化网络教育环境,将中华优秀传统文化与思想政治理论课的相关内容通过可视化、动态化、立体化、形象化的方式展现,增强大学生的学习兴趣和课程的获得感;要探索"线上线下"相结合的教育教学模式对思想政治教育环境的新要求,使教育环境优化升级。

第四节　中华优秀传统文化融入高校思想政治理论课的有效载体

中华优秀传统文化融入高校思想政治理论课,必须有一定的载体才能进行。就一般性而言,思想政治理论课中所包含的思想观念、政治观点、政策解读要用一定的载体承载,才能有效传递给教育对象。比如需要语言、文字、活动等一般意义上的载体来承载思想政治教育内容,离开这些载体,思想政治理论课就不可能正常进行。目前,思想政治理论课呈现出新特点,面临着新挑战,其载体也呈现出新的变化,不仅具有一般意义上的载体,特殊形式的载体也成迅速发展之势。因此在融入中要关注有效载体的新发展,它是更好融入的路径之一。

一、有效载体的内涵

思想政治教育载体主要是指在思想政治教育过程中能够承载和传递思想政治教育内容或信息,使思想政治教育过程中的不同个体能够有效快捷地接收到这些内容或信息,并且可被思想政治教育者有效运用和控制的媒介形式。[①] 从这个概念出发,融入时的有效载体必须满足以下几个基本条件。首先,无论是什么样的媒介形式,它必须能够承载中华优秀传统文化融入高校思想政治理论课所要实现的目标、内容等信息。如果载体本身的容量有限而无法承载以上相关信息,或者载体本身与这些内容相排斥,那就不能称其为有效载体。其次,无论是什么样的媒介形式,它必须能够为高校思想政治理论课教师所运用和控制。如果载体本身存在一定的认识难度,连思想政治理论课教师都无法理解和运用,那么它一定不会是有效载体;如果载体本身操控复杂,导致教师无法准确操控而造成教育目标的偏离,那么它也一定不会是有效载体。再次,这一载体必须有利于大学生有效快捷地获得包括中华优秀传统文化等在内的相关思想政治教育内容。在教育教学过程中,如果载体阻碍了相关教育教学内容和相关信息的传递,或是导致教育教学内容和相关信息传递失效,那也一定不会是有效载体。

二、有效载体的特点

第一,必须有一定的装载性。一方面,有效载体可以装载相关的教育教学内容

---

①冯刚,彭庆红,佘双好,等.新时代高校思想政治教育学原理[M].北京:人民出版社,2021:305.

和信息。在思想政治教育教学活动中，除了总的教育目标外，在融入教育活动中也有具体的教育目标，因此有效载体必须可以装载与中华优秀传统文化和思想政治教育的相关教学内容和信息。另一方面，有效载体能够装载这些信息。虽然可供选择的载体是非常多的，但是有效载体必须能够装载融入教育过程中的所有内容，还必须能兼容这些内容，不能太小也不能过大。例如网络载体是目前高校思想政治教育经常用到的载体，在进行融入教育时要充分考虑网络载体与教育教学内容的兼容性，避免这一载体虽然可以装载融入教育的所有内容，但由于载体过大，出现包容的内容相互矛盾的问题。

第二，必须有传递性。思想政治教育的对象是大学生，因此有效载体不仅要能够承载融入的内容和信息，还必须将这些内容和信息成功传递给融入教育中的大学生，所以有效载体必须具有传递性。有效载体本身就是一个独立的存在，内部具有一定的传递通道，可以将装载的融入教育的相关内容和信息传递给接受教育的大学生。有效载体在传递信息时还必须保证信息的准确性。融入的内容和相关信息在传递过程中很容易受到载体本身和社会环境的影响，从而导致传递的内容和信息出现偏差甚至错误，因此对于有效载体的选择要有明确的要求和限制，必须保证融入教育的内容和信息能够被准确无误地传递给大学生。这种传递性还应表现在能迅速、快捷地进行传递。之所以选择和运用有效载体，就是因为可以通过这一形式更快速、有效地促进大学生学习、理解和接受融入教育的相关内容。因此，在传递过程中有效载体既要突出准确性，还要突出快速性，从而帮助大学生更好地把握融入教育的内容。

第三，必须有能控性。有效载体往往是独立存在的，比如网络，早就先于融入教育实践而存在，因此在融入教育过程中必须要对这些独立存在的载体有一定的控制能力。首先，思想政治理论课教师对有效载体要有一定的了解和掌握。有效载体本身就与思想政治教育活动密切相关，只有全面了解和把握有效载体的属性和规律，才能更好地发挥载体的作用。其次，教师在融入教育的实践过程中，能够结合学生的实际情况，对有效载体及时进行调整。受到主客观环境的影响，载体可能也会面临很多问题，这就需要教师能结合实际，对载体的形式等要素进行适当的调整。再次，当有效载体中出现了不适合进行融入教育的内容时，教师必须要有控制载体的能力。比如，在融入教育过程中，大学生通过微电影等一些新颖的载体进行交流和学习时，可能会对融入内容把握不到位，出现了削弱融入教育要实现的目标、背离了融入教育的内容等问题，这时思想政治理论课教师要能对其进行有效控制和调整,消除这些问题对融入教育的影响。如果不能有效控制这些载体,那么这些载体就不能作为融入教育过程中的有效载体。

第四,必须能显示多样性。高校思想政治教育不是一成不变的,在不断创新发展过程中,其载体也会显示出多样性。特别是在互联网迅速发展的新时代,网络载体因其多样性越来越受到思想政治理论课教师的关注,并慢慢成为一种常用载体。有效载体的多样性还体现在融入教育过程中,为了完成融入教育的目标和要求,思想政治理论课教师会选择多样载体,以使更好地促进融入教育效果的提升。除了思想政治理论课程载体外,校园文化建设载体、学生社团文化载体、班级班风文化载体等也都可以为融入教育的目标出力,为融入教育的内容和相关信息传递给大学生提供更多的渠道,形成全方位育人的格局。

第五,必须有持续发展性。有效载体始终处于动态发展过程中,必然具有持续发展性。首先是对载体认识的发展。学界对于思想政治教育有效载体的认识与研究从未停止过,并经历了从无到有的过程,随着时代的发展,思想政治教育的发展对于载体的认识会越来越深入和全面,在融入教育中对于载体的认识也会不断发展。其次是载体个体的发展。思想政治教育有效载体中的个体也在不断创新发展和不断完善,比如网络载体的发展,不仅给思想政治教育带来了改革创新的新思路,也给融入教育提供了新的突破口。再次是载体总体的发展。在载体个体发展的基础上,思想政治教育载体也表现出总体性发展特点,并在质和量上都出现了新的飞跃。在融入教育过程中要重视载体总体发展的影响,不仅从载体个体发展中寻找融入的创新,还应利用好载体总体发展趋势,不断提升融入的教育效果。

三、有效载体的类型

融入过程中的载体类型是复杂多样的,我们可以从思想政治理论课教师、大学生和各类载体之间的关系角度进行把握,加深对思想政治教育有效载体的认识。

第一,作为实践产品的载体。融入是为了更好地进行思想政治教育,因此在思想政治教育的实践过程中必然会产生一定的产品,这些产品中既有物质形态的产品,也有精神形态的产品,都可以成为有效载体。比如,在融入过程中编写的学术专著和宣传读物就是思想政治教育物质形态的载体,在融入实践中形成的相关的规章制度就是思想政治教育精神形态的载体。作为实践产品的有效载体,也是数量最多最常见的思想政治教育载体类型。

第二,作为主观心态的载体。在实践过程中,伴随着实践产品的产生还会由具体实践生成主观心态。例如,在进行爱国主义教育的思想政治教育实践过程中,不仅会产生有关爱国主义的宣传读本,这一期间,编写爱国主义宣传读本的相关人员也会不自觉地产生更加坚定的爱国之心,会对自己所编写的读本由衷地喜爱。虽然这些主观心态看不见、摸不着,只存在于人的主观世界之中,但是它们是在思想政治教育教学实践中产生并真实存在的,也可以作为承载并传导一定思想的载体对大学生进行爱国主义等相关教育。

第三,作为实践本身的载体。这种实践不仅是物质形态载体、精神形态载体和主观心态载体的来源,同时它本身也是一种重要的载体。例如,融入时的思想政治理论课教学作为一项实践活动,它本身就是一个载体,承载着融入后的教育目标和内容,是沟通教师和大学生的一个重要桥梁;大学生通过小组讨论学习、实践调研等实践活动加深了对课堂学习的认识,这些活动也是有效载体的重要组成部分。

第四,作为网络虚拟存在的载体。这种网络虚拟存在不仅包括虚拟劳动,同时也包括虚拟劳动的产物。比如大学生在其熟知的网络世界中所进行的网络图像、网络视频创作,以及由此而产生的网络图片、网络视频等产物,还有里面蕴含的网络虚拟世界中独有的网络心态,这些都是网络虚拟存在的组成部分。虽然这个网络虚拟存在不是现实的客观存在,但是它可以通过计算机终端表现出来,由此成为思想政治教育的载体。2017年《关于加强和改进新形势下高校思想政治工作的意见》指出,要"加强互联网思想政治工作载体建设,加强学生互动社区、主题教育网站、专业学术网站和'两微一端'建设,运用大学生喜欢的表达方式开展思想政治教育"[①]。融入时应该重视网络载体建设,这具有一定的主客观原因。就客观原因而言,互联网信息技术迅速发展,我国互联网移动终端的产能和消费十分强劲,互联网环境已经成为高校思想政治教育的重要环境;就主观性而言,高校思想政治理论课教师对互联网信息技术的掌握具有一定的储备优势,同时大学生对网络信息技术有着较强的使用热情和较好的使用体验。这些都使得网络载体成为有效载体的重要类型。

四、有效载体的选择依据

第一,融入时载体的选择要结合新时代中国改革发展实际。既要使有效载体能够符合时代发展进程中的中国实际,同时,有效载体的创新发展也要符合中国改革发展的大趋势。如果脱离中国改革发展大背景、大环境,就容易使教育内容和相

---

①中共中央国务院.中共中央国务院印发《关于加强和改进新形势下高校思想政治工作的意见》[N].人民日报,2017-02-28.

关信息同教育对象之间产生传递障碍,导致思想政治教育活动脱离实际,造成教育对象的不理解、不接受或者不认同。

第二,有效载体的运用和创新需要关切大学生成长实际。大学生正处于人生成长的"拔节孕穗期",这是成长成才的关键时期,尤其需要多方关注和帮助。当今的大学生也开始关注自身的获得感和成长体验,这对于有效载体的运用和创新具有重要的指导意义。一方面,载体本身要符合大学生成长发展特征。如果载体本身与大学生存在矛盾,那么不仅不会有利于思想政治教育内容和信息的传递,同时很有可能降低学生对教育内容或教育活动本身的认知。另一方面,载体本身要关切大学生成长发展需求。在融入过程中,载体不仅仅承载着教育内容和教育信息,其本身也是大学生学习与生活中的重要组成部分。因此在有效载体的选择和创新中,不仅要确保载体能够承载并有效传递教育内容和相关信息,同时载体本身也要满足大学生的成长发展需求。

第三,有效载体的运用和创新需要体现高校思想政治教育自身的创新发展。就理论性而言,有效载体的运用和创新要能体现思想政治教育理论研究的最新成果。融入过程中对人文内涵的探索、对主客体关系的深入认识、对思想政治教育环境的科学把握,对于进一步发挥有效载体的效用具有积极意义。就实践性而言,有效载体的选择和创新要能展现思想政治教育实践创新的最新发展。中华优秀传统文化融入高校思想政治理论课还需要不断改革创新发展,因此有效载体的选择和创新要能充分展现这些实践的新发展,使有效载体总体反映新时代思想政治教育的时代特征,提升有效载体同融入教育中各要素的协调性,在实践中推进融入教育中各要素的协同发展。

五、有效载体的创新方式

有效载体的类型是多样的,在融入过程中,我们不仅需要同思想政治教育环境相适应的有效载体,还要根据时代发展、社会进步和人的全面发展的需要对有效载体进行不断创新。

第一,对传统的有效载体进行改造和创新。在传统的有效载体中引入多媒体、网络以及课堂活动等现代载体,运用多媒体技术来辅助教学,科学把握内容的真理性,把原理讲清楚,同时加强形式的创新,既能给学生带来耳目一新的体验,又能全面深刻、不打折扣地讲解清楚相关理论知识。中华优秀传统文化资源如同"润滑剂",将原本枯燥的思想政治教育课浸润得有声有色、有情有理。

第二,创设一些以前没有的新型有效载体。利用互联网、VR 技术、展馆等来进行思想政治教育就是近年来载体创新的一个亮点。例如，一些思想敏锐的高校思想政治理论课教师利用微博、微信朋友圈、微信公众号等新的网络技术作为思考相关问题、与学生互动、组织社会实践、收集研究性学习资源、发展兴趣爱好等活动的有效载体，使得教师能够及时跟踪大学生的学习动向和学习进度；建设 VR 实训室，让大学生进行沉浸式学习，通过身临其境的感知加深对学习内容的理解；通过对各级各类展馆资源的利用，将单一的说教转变为立体化的教育教学，更好地提升了学生的学习兴趣。

第三，综合现有的多种载体形成整体性的思想政治教育载体。高校思想政治理论课教师日益重视综合文艺表演、大众传媒、社会活动、网络互动等多种载体，并将它们看作是一个整体来进行思想政治教育。对于中华优秀传统文化融入高校思想政治理论课，在课堂上可以通过多媒体、课内实践活动等载体进行课程的讲授，课后可以利用校内文艺表演等载体进行学习中华优秀传统文化、弘扬社会主旋律的校园文化建设，同时利用宣传弘扬中华优秀传统文化、社会主义核心价值观的社会活动和互联网等载体在全社会营造热爱中华优秀传统文化、增强大学生文化自信的氛围。例如中央电视台的《中国诗词大会》《国家宝藏》《中国地名大会》等节目掀起了全民关注中华优秀传统文化的热潮，也备受大学生喜爱，这给思想政治理论课教师提供了可以利用的有效载体，通过这些热门节目可以激发学生的关注度和学习热情，同时可以充分利用校史馆、文化馆、博物馆等文化资源构建起校内外中华优秀传统文化实践基地。利用好综合载体，最终课堂上的思想政治教育将延续到大学生的学习和生活中。

第八章　中华优秀传统文化融入高校思想政治理论课的条件保障

中华优秀传统文化是中华民族生生不息的宝贵精神财富,是我们独特的精神标识,更为高校思想政治理论课提供了丰富的文化资源,为理想信念教育提供了底气。高校思想政治理论课在讲清楚马克思主义理论的同时,还要从中华优秀传统文化中不断汲取养分,并自觉承担起传承发展中华优秀传统文化的光荣使命,在新时代继续为中华民族繁荣发展提供精神动力。中华优秀传统文化融入高校思想政治理论课,要想真正提升课程的实效性,还须强化条件保障机制方面的研究,将融入真正落到实处。高校思想政治理论课教师要坚持守正不渝、创新不止,找准融入的着力点、突破口,形成较为完善的条件保障机制,努力将高校思想政治理论课打造成人民满意、学生欢迎的课程。

第一节　提升高校思想政治理论课教师队伍的整体素质

高校思想政治理论课的第一责任人就是教师,授课是否成功很大程度取决于教师是否能成功驾驭课堂和学生。中华优秀传统文化融入高校思想政治理论课要想取得良好的教学效果,首先就应该重视对教师队伍整体素质的提升。思想政治理论课的改革创新本身就对教师的综合素质提出了更高要求,再加上融入,又对教师的传统文化素养有了更全面的考验。因此,融入的效果如何与教师队伍的建设有着密切关系。

一、提高高校思想政治理论课教师中华优秀传统文化素养

要想在思想政治理论课中很好地融入中华优秀传统文化的相关内容,其实难度还是比较大的,需要教师对两部分内容都熟悉,能找到两者间内在的联系。高校思想政治理论课教师一般都是马克思主义理论专业出身,对马克思主义理论以及马克思主义中国化的理论成果相对比较熟悉,但对中华优秀传统文化普遍没有深入研究过,因而首先要提高自己的传统文化素养。如果自己都没有搞清楚中华优

秀传统文化,就谈不上有效融入和把其中的道理说清楚了。

第一,加强对高校思想政治理论课教师的培训。这里的培训并不是给教师开设相关的传统文化课程,而是指导教师学习习近平关于中华优秀传统文化的相关论述,搞清楚什么是中华优秀传统文化、为什么要进行创造性转化和创新性发展、怎样才能实现创造性转化和创新性发展等问题。习近平总书记指出:"我们要善于把弘扬优秀传统文化和发展现实文化有机统一起来,紧密结合起来,在继承中发展,在发展中继承。"①这些是关于中华优秀传统文化最前沿最值得研究的问题,只有弄清楚这些问题,才能够明白融入的重要意义,从而提高思想政治理论课教师自觉融入的意识。要注重培训的综合性,不仅是对教学内容方面的培训,还应该包括教学方法、科研能力提升等方面的培训。

第二,用中华优秀传统文化中的师德要求来规范高校思想政治理论课教师的言行。师德师风教育可以帮助广大教师坚定理想信念、涵养高尚师德,进一步明确为党育人、为国育人的重要性。师德师风建设其实古已有之。古人将教师的三大职能概括为传道、授业与解惑,这里的"道",一是为师之道,就是指教师应具有的基本素养;二是对所讲授内容的正确理解,就是要坚持真理。高校思想政治理论课教师清楚地知道,融入中华优秀传统文化是为了帮助教育大学生树立崇高的理想,形成正确的价值观。而崇高的理想、正确的价值观对教师来说同样重要。高校思想政治理论课教师必须突出"人格要正",只有让有信仰的人讲信仰才能够讲出底气,只有信仰坚定才能真正内化于心、外化于行,教师通过坚定信仰并落实到自己的言行举止中,会对学生产生直接影响,从而让教育更有意义。高尚的师德也有助于教师潜下心来深入研究马克思主义,也只有深入研究马克思主义,才能清楚马克思主义要中国化就必须坚持与中国实际相结合、与中华优秀传统文化相结合,才会运用习近平新时代中国特色社会主义思想为学生铸魂。

第三,研读传统文化经典,提高高校思想政治理论课教师的中华优秀传统文化学养。学无止境,相关管理部门应强调和加强教师对中华优秀文化相关内容的学习,弥补知识层面的不足。中华优秀传统文化博大精深,涉及很多方面,需要教师采取一定的方法进行学习。首先可以从自己熟悉的领域出发,多读该领域内的经典论著,多参阅权威资料,为更好地融入打下基础;在熟悉相关内容的基础上,再进

---

①习近平.在纪念孔子诞辰 2565 周年国际学术研讨会暨国际儒学联合会第五届会员大会开幕会上的讲话[N].人民日报,2014-09-25.

行深入研究,全面把握中华优秀传统文化的内涵;最后带着能为思想政治教育提供支撑的任务深入挖掘相关资源,找到能适应新时代发展需要的内容,扩充其内涵,让融入的内容更加清晰、涉及的领域更加全面。在学习过程中,这些经典论著对教师自觉提升道德修养也起到了重要作用。

二、提高高校思想政治理论课教师自觉运用中华优秀传统文化意识

高校思想政治理论课教师要加强在教育教学过程中自觉运用中华优秀传统文化的意识,用融入的内容支撑理论的讲解,深入浅出,使所讲授的科学理论、生活哲理更具有说服力。

第一,明确标准。应加强顶层设计,在高校思想政治理论课建设标准中进一步明确中华优秀传统文化融入的要求,这样一线教师在融入时就有了遵循,也会依据明确的标准,更有目的地学习和挖掘相关资源,在教学过程中逐步增强自觉运用中华优秀传统文化的意识。

第二,设立指标。学校应对融入教学给予支持,将教师是否有效融入中华优秀传统文化纳入教学评价体系和考核指标中。这会在客观上促进教师在课堂上进一步融入中华优秀传统文化,慢慢养成运用中华优秀传统文化的意识,渐而转变为自觉行为。

第三,教学示范带动。将有效融入中华优秀传统文化并取得良好教学效果的课程开设为示范课,向广大教师展示和推广,通过示范作用带动更多教师加入这个行列当中,能让教师们在教学中真正体会到融入所带来的教学效果的提升,从而自觉运用中华优秀传统文化。此外,加强教师之间的交流和经验分享,不断完善融入的过程,也会使教师自觉融入中华优秀传统文化的意识逐步提升。

第四,找准存在问题。目前中华优秀传统文化融入高校思想政治理论课还处于起步阶段,有很多亟待解决的问题,教师在教学过程中不断加强对融入的思考,还可以为科研工作找到很多值得研究的前沿问题。教师在教学和科研中都关注着融入的问题,那么自觉运用中华优秀传统文化的意识也必然会得到提高。

三、同步提高高校思想政治理论课教师的教学能力

融入对教师提出了更高要求,要想达到这样的要求,教师只有不断提升自己的教学能力,才能保障融入持续开展。教师的教学能力体现在教学的不同阶段。首先是提升备课能力。教师在上课前须研究透彻课程标准和教材内容,并进一步厘清重点难点问题,找准融入的契合点,找到恰当的案例;不仅要明确知识目标,更要

明确能力目标和价值目标。其次是提升讲课能力。再精彩的内容如果不能有效传授给学生还是毫无意义。教师在讲课时应不断创新教学方法，注意语言表达艺术，多采用先进的教学载体；要对相关内容层层深入地进行剖析，用理论的科学性征服学生，用中华优秀传统文化的力量感动学生；不是生硬地读故事而是娓娓道来，引人入胜，从而进一步提升教育教学效果。再次是做好教学反思工作。应不断发现学生在上课过程中暴露出的问题，比如学生对哪些中华优秀传统文化不熟悉，又对哪些内容特别感兴趣，在下次教学过程中有针对性地进行一些调整；不能简单地把教学等同于上课，要不断研究学生、研究教学，全方位提升教学能力。

教学支撑科研，科研反哺教学，再好的教学也离不开科研，因此高校思想政治理论课教师教学能力的提升还需要倚赖相关科研成果的取得。当然，科研并不仅仅是申报课题、撰写论文，关键是要在科研过程中有效提升教师的自身素养，要将科研成果很好地利用起来，促进教师队伍的建设。加强融入研究，既为中华优秀传统文化的融入提供了理论支撑，也拓宽了教师相关科研的角度。对这一问题深入研究后，可以更好地指导教学中如何进行融入，在融入过程中取得的经验教训又可以促进研究更深入更有针对性，两者相辅相成，为融入持续进行提供了理论支撑和实践支持，同时也有效提升了教师的教学能力。

教学能力的提升还离不开对教师创新思维的培养。首先，在融入教育过程中，相关管理部门应鼓励教师有敢于和善于打破常规的勇气。教师不能总是从经验出发，要研究融入教育对新时代中国特色社会主义发展有怎样的重要意义，要与对大学生的思想道德素养的提升结合起来不断探求新的突破；对教师的一些创新做法要给予支持和肯定，帮助教师进行大胆尝试。其次，教师要不断发现问题、解决问题。对融入教育过程中呈现出的问题及其特点进行创新研究，既可以解决提升融入教育效果的问题，又可以以点带面促进整体教育教学效果的提升，加强思想政治理论课的整体建设。再次，相关管理部门应指导教师正确把握融入教育创新的重点和方向。创新也不是毫无限制的，必须基于正确的政治方向、先进的教学手段进行创新。要从融入教育的重点着手，才能使创新取得成效；要从大学生的实际出发，从提升教师的综合能力出发进行创新，帮助教师强化创新思维的发展。

四、为高校思想政治理论课教师文化素养的提升创造条件

第一，高校及下属马克思主义学院应为思想政治理论课教师文化素养的提升给予大力支持。例如，可以加强教师相关文化的培训，邀请专家做专题讲座，建设内容丰富的线上资源库，以及鼓励教师多听多看相关的课程。高校在校园文化建

设和校园环境打造方面也要突出中华优秀传统文化的相关元素,让教师能在潜移默化中提升自己的文化素养。

第二,加强相关教学研究组织建设。关于融入教育的教学研究组织建设,可以在马克思主义学院现有体制下成立专门的研究小组或团队,指定负责人,而且负责人必须要由直接从事融入教育的一线教师来担任,必须要有一定的组织协调能力和较优秀的教学科研能力。有了相关的组织,才能在人员、经费、管理等方面更规范,才能真正调动相关教师研究融入教育的积极性。当然,这一研究小组或团队必须要有明确的职责和任务,要能促进各项工作有序开展,要能真正提升团队的凝聚力,从而为更好地进行融入教育大胆尝试,开拓创新,并努力获取研究成果以进一步帮助融入教育的开展。这其实也在一定程度上促进了马克思主义学院整体教师队伍的建设,并形成学院的一个特色。

第三,加强教师的实践研修和培训。应带领教师到更多蕴含中华优秀传统文化因素的实践基地参观学习,多运用这些实践资源,并结合相关的历史文化遗产资源进行现场教学培训。通过不同的培训内容、培训方式,让高校思想政治理论课教师在学习中进一步感知中华优秀传统文化的魅力。只有教师增强了对融入的认同感,才能在教学中更好地打动学生。

高校应该以培育人才为目的,以文化营造为统领,以制度建设为抓手,进一步建立健全教师考核评价机制。对自觉融入并确实提升了教育效果的教师要给予肯定,并在考核中有所体现。要积极打造融入的相关学习平台,为教师和学生的学习提供更便利的条件。

第二节　制定大学生积极主动性激发机制

当今的大学生是"实现中华民族伟大复兴中国梦的主力军"[①],要把大学生培育为堪当民族复兴大任的时代新人,高校思想政治理论课责任重大。将中华优秀传统文化融入其中,不仅可以更好地为学生讲解马克思主义基本原理,贯彻学习习近平新时代中国特色社会主义思想,还能够在他们树立远大理想、加强爱国情怀、增进文化自信、形成正确价值观方面发挥重要作用。除了教师的引导,更重要的还在于大学生自身主动的学习。要增强大学生对融入内容学习的主动性,就要充分发挥大学生的主体作用,构建大学生积极主动性激发机制。

---

① 习近平.做党和人民满意的好老师——同北京师范大学师生代表座谈时的讲话[N].人民日报,2014-09-10.

一、大学生积极主动性激发机制的内涵

激发指的是通过激励手段使其奋发，机制原指机器的构造和工作原理，而激发机制就是指通过一定的激励手段，使激发对象能发挥作用的过程。这里讨论的激发机制指的是大学生对中华优秀传统文化融入思想政治理论课学习的内在需要与外在需要，即在学习的过程中，通过一定的激励措施调动大学生的积极性，鼓励大学生自觉学习提升综合素质，努力成长为堪当民族复兴大任的时代新人。

大学生积极主动性激发机制可以从以下三个方面来把握其内涵。一是激励因素的结合。通过物质奖励、精神奖励等激励因素调动大学生发挥主动性，对大学生在思想政治理论课学习过程中产生的需求进行分析预测，找到可以激励的因素，并设计相应的激励模式作用于大学生以刺激其主动性的发挥，这是属于启发机制。二是行为要求的引导。依据融入要实现的教育教学目标对大学生提出要求，对他们的努力程度、理念观念进行一定的限定，并进行正确引导，这是属于引导机制。三是行为时空的限定。在时间、空间两个方面对大学生相关的学习行为加以一定的限定，突出中华优秀传统文化与思想政治理论课结合的关联性，加大学习力度，这是属于支持机制。这三方面机制共同构成大学生积极主动性激发机制。

学习启发机制解决大学生融入学习从无到有的问题，他们原来对中华优秀传统文化可能有点兴趣，但是还没有意识到可以与思想政治理论课的学习结合起来，通过这一机制激发起自己融入学习的意识，认识到融入学习的重要性。有了这一意识之后才能推进接下来的学习，而启发效果越强说明大学生选择将两者结合学习的意识越强。学习引导机制是对大学生融入内容进入真正学习阶段的引导，是促进大学生更好地进行融入学习的重要环节。这一机制有助于大学生掌握正确的方法，能正确分析、感悟相关内容，不仅知道是什么，更重要的是知道怎样做，从而对这部分内容的学习产生浓厚的兴趣进而产生主动学习的动力。学习支持机制是从外部为大学生主动学习提供支持，通过良好学习环境的营造、教师的示范引领作用等，大学生对相关内容的学习更深入，理解也更透彻。

二、大学生积极主动性激发机制的构建

大学生积极主动性激发机制能帮助大学生端正学习态度，能调动大学生学习的积极性，挖掘出大学生学习的潜力，以保证融入方向的正确，并引导大学生朝着成为时代新人的目标努力前进。

（一）学习启发机制的构建

大学生对学习的兴趣、学习的努力程度、学习的悟性等都能促进大学生学习动机的形成,促使其能主动学习。人的主观能动性只有热爱才能够驱动,大学生对中华优秀传统文化融入高校思想政治理论课的学习也只有持之以恒的学习激情和坚忍不拔的坚持坚守才能激发。高校思想政治理论课教师要善于关注大学生的学习需求,对大学生进行正面鼓励和支持,积极解决大学生在学习过程中碰到的问题,不断增强学生的获得感,从而激发他们的内在学习动力。同时,大学生群体也需要对自身学习的情况和学习的外部环境的变化情况进行评估和分析,制定与自身学习发展匹配的学习计划。内生动机是大学生进行学习活动的源泉,大学生通过自己的努力,可以在学习中不断找到解决新问题的方法,会得到更多的认知感受,会更注重学习的过程,还会为完成学习任务收集大量的资料、进行深入的思考。因此,高校思想政治理论课教师应重视采用各种激励措施帮助大学生积极面对学习,并鼓励他们在学习过程中不断提升自己的综合素质。

首先,增强学习兴趣。兴趣是最好的老师,也是最好的内生动机,只有学生表现出强烈的学习兴趣,他们对融入内容的学习才会更持久。当然,在此基础上还需要教师对学生进行正确引导。在学习的初级阶段兴趣起很大作用,会立即将学生带入学习之中,但当学习任务有挑战性时,教师还应从学生的兴趣着手给予正确引导,让学生愿意发挥学习的主动性来克服困难、解决问题。在学习过程中高校思想政治理论课教师可以为大学生设计一些他们感兴趣的任务,让学生愿意投入到这些任务的学习中,并感受完成后的成就感;还可以通过课堂展示、小组比赛之类的活动,对正确的观点和能突出教学效果的观点进行奖励和鼓励,从而激发大学生的学习热情。

其次,授予大学生一定的学习自由度。大学生喜欢自由,对管得过多非常排斥。其实在学习过程中,应该给予他们一定的自由度。大家的兴趣爱好不同,学习的着力点也肯定不同,只要能保证融入目标的实现,在学习过程中可以从自身具体情况出发,采取适合自己的方法,找到自己的兴趣点,这样学习才有事半功倍的效果。一味采取统一模式,反而扼杀了学生的学习兴趣和学习主动性,如果学生带着排斥的心理来学习必然会有情绪,更谈不上有获得感了。教师对学生要正面引导,要多给予鼓励,学生只有被认可,才能有积极学习的动力。能够获得认可,也会让大学生在学习过程中更有动力,这样会促使大学生在思想政治理论课上更加积极主动地学习,甚至发挥主动性、创新性来促进高校思想政治理论课的改革。

再次,改善大学生的相关学习环境。营造能激发大学生更好学习的学习环境也非常重要,不管是在课堂上还是在课后,都应为大学生营造一个重视中华优秀传统文化学习的环境,并与辅导员及其他教师一道为校园文化环境建设出力。要为大学生创造出一个生机勃勃的、积极的校园环境,培养他们主动学习的意识,激发他们学习的内生动机。

（二）学习引导机制的构建

学习的引导不仅表现在教师对知识的讲授方面,还要积极构建起对学生的奖励和纠错机制。学习是需要学生积极面对的,带着饱满的情绪才能更好地投入到学习当中,要调动大学生的这种学习投入的状态,鼓励他们抓住每次学习的机会,不断进行锻炼,要以积极的心态面对学习上的困难,找到解决问题的方法,并不断创新发展,这些对于融入的学习具有正向影响。营造积极向上的学习氛围能为大学生更好地理解理论、学习理论及灵活运用理论提供灵感、拓展平台,在这样的学习氛围下更有利于正确引导大学生沿着正确的方向前进。而获得各级管理部门的支持和思想政治理论课教师的肯定,对大学生进行各级各类的奖励和鼓励,也必然能调动大学生学习的积极性,对所学习的内容进行更深入研究。

首先,创新奖励制度激发学习活力。各级管理部门的支持和思想政治理论课教师采取各种奖励措施给予大学生肯定,可以引导大学生更明确融入学习的重要意义,激发他们的学习热情,促进自身的创新发展。这种奖励不一定是经济奖励,更多的应该是精神奖励。例如对中华优秀传统文化进行宣讲、"大学生讲思政课"、微电影的创作拍摄等活动给予合理的嘉奖和激励,可以颁发证书,可以增加实践活动积分,也可以成为大学生入党争优的必要条件之一,还可以通过相关微信公众号等大学生喜爱的网络平台进行宣传鼓励,从而最大限度地提高大学生的自我成就感和获得感,在学习过程中不断发挥主观能动性。通过对这些学习成果的肯定,形成正面的引导力量,激发出更多大学生的学习活力,也为大学生在融入学习过程中积累了成果。

其次,加强理论学习和实践学习提高综合能力。高校思想政治理论课是为了立德树人、培养时代新人而设立的课程,对大学生综合能力的提高非常关键。特别是在新时代,大学生一定要学会运用马克思主义武装自己的头脑,要自觉将马克思主义与中国具体实际相结合、同中华优秀传统文化相结合,加强马克思主义中国化理论成果的学习,不断提升自己的理论素养,形成正确的价值观,坚定"四个自信"。只有不断加强相关理论知识的学习,才能明白中国共产党为什么能、中国特色社会主义为什么好、马克思主义为什么行,才能明白进入新时代,中华优秀传统文化为什么需要创造性转化、创新性发展。只有这样,才能让大学生不受错误思潮的影响,成长为合格的社会主义建设者和接班人。

对于高校思想政治理论课来说,其不但具有较强的理论性,同时也具有重要的实践性。有学者指出,"大学生在学习过程中,对于自身在课堂中所获得的思想文化道德方面的理念,需要借助于实践的方式来对其进行强化,以更好地提升自身道德素养,规范自身行为。"①因此在思想政治理论课教学工作中,实践教学同样有极为重要的作用。

实践教学是高校思想政治理论课的重要环节,没有实践教学而仅停留在理论说教阶段,显然是不能收到理想的教育效果的。一切理论的力量只有在实践中才能显现出来。大学生其实已经参与了不少实践活动,只是还没有意识将融入的内容在实践环节中体现出来。不断创新实践学习的方式非常重要,而落实学习成效更为重要。实践学习的地点是多样的,目前可以利用的具有传统文化特点的实践活动场地也很多,不论是线下还是线上,都可以进行参观学习。关键是参观学习之后还应继续跟进,要让大学生在参观中有所感悟,而不是为了凑热闹,看完走人,什么问题也没有思考。通过实践环节,让大学生把学习融入的内容真正与自己实践后的感悟结合起来,并进行更深层次的思考,然后相互交流和分享,提升大家的学习兴趣。教师应在这一方面给予充分肯定和积极引导。实践教学的创新发展也是对思想政治教育教学方式的创新。

再次,建立纠错机制并宽容失败。大学生发挥主观能动性进行学习,难免会受到思想不成熟、看问题比较片面不深入等因素的影响,因此应对大学生的学习持宽容态度,同时要有及时的纠错机制对大学生进行引导,避免大学生在学习过程中对所犯错误不知如何改正。高校思想政治理论课教师要多关心学生,多与学生交流,在第一时间了解学生的感受,特别是对学生碰到的问题、产生的错误想法、遇到的失败,这些在学习过程中再正常不过,不能全盘否定,要用科学的态度对待。对于错误思想,高校思想政治理论课教师应对学生及时进行引导,分析清楚学生存在的问题,要以理服人,对学生采取宽容的态度,但同时也要坚定不移地进行纠错,避免错误思想影响更多学生。

(三)学习支持机制的构建

大学生的学习主要是靠内在动力驱动,但也不能忽视良好外部条件的支持。这种外部条件包括有形的外部条件和无形的外部条件。比如现代化的教室、优美

①迟成勇.论中华优秀传统文化与高校思想政治理论课教学的融合[J].思想理论教育,2014(12).

的校园,这些看得见的有形的外部条件为学生提供了多功能的学习场所和使人身心愉悦的学习环境;又如国家出台的各类政策支持等,这些都会创造出看不见的无形的外部条件,特别是所营造的良好的社会氛围,不仅能帮助整个社会积极健康发展,更能通过弘扬主旋律正能量帮助大学生更好地学习思想政治理论课,为融入内容的学习创造了良好环境。

首先,浸润熏陶,培育良好的文化环境。熏陶感染是一个长期的过程,需要对文化环境有一个长久发展规划,而校园文化建设就是其中一个重要方面。长期以来,校园文化通过润物细无声的方式影响着在校园生活学习的大学生们。将中华优秀传统文化的元素融入其中,对大学生的融入学习和教育有着重要作用。思想政治理论课的教育并不是在课堂上就有立竿见影的效果的,需要延续到课后大学生的学习生活中,校园文化建设正是课后对这一教育效果的有效保障。校园文化建设表现为在校园环境美化过程中突出传统文化和思政元素,让大学生在教室、图书馆、宿舍、餐厅等学习生活场所时时能够接触;在第二课堂,例如文体艺术活动、社会实践活动中也融入相关元素,让大学生能全方位感受和了解融入的相关内容,加深印象,提高学习的主动性。要充分重视环境对人的影响作用,将隐性教育与显性教育有效结合。

其次,涵养精神,形成教育合力。虽然大学生还没有步入社会,但他们的成长已经与社会融为一体,能够感受到来自社会的压力,也感受到了各种思潮,特别是在当今时代,大学生们更喜欢通过网络了解世界,但网络上的信息海量真假难辨,这带来了不少问题。通过各种途径加强思想政治教育,突出中华优秀传统文化的精髓,能够帮助大学生抵御各种错误思潮的影响,能够对问题的拨云见日提供有力的精神支撑,不断增强大学生的文化自信。在融入过程中,还应注重发挥各部门的合力,"建立和规范一些礼仪制度,组织开展形式多样的纪念庆典活动,传播主流价值,增强人们的认同感和归属感"①,通过大型活动的举办、通过增强仪式感,激发大学生的使命感。

第三节　建立健全相关制度保障机制

中华优秀传统文化融入高校思想政治理论课,还需要建立健全相关制度保障

---

①习近平.习近平在中共中央政治局第十三次集体学习时强调 把培育和弘扬社会主义核心价值观作为凝魂聚气强基固本的基础工程[N].人民日报,2014-02-26.

机制,加强规范化建设。一方面,高校要充分认识中华优秀传统文化融入高校思想政治理论课的重要性和紧迫性,将这项工作始终摆在重要位置,提供完善的保障机制,健全激励政策,统筹推进此项工作创新性开展;另一方面,高校要安排专项经费用于中华优秀传统文化融入高校思想政治理论课项目开展等各项支出,要统筹兼顾、科学规划、合理安排,制定切实可行的方案,构建文化育人保障体系。

一、总体原则

牢牢把握高校思想政治理论课的根本,坚守初心使命,不断完善中华优秀传统文化融入高校思想政治理论课的相关制度和体制机制。

一要遵循根本指导。高校思想政治理论课遵循马克思主义根本指导,融入后当然也应该遵循这一根本指导。讲清楚马克思主义理论,宣传党的创新理论是高校思想政治理论课的首要任务。在现阶段,就是要给大学生讲清楚习近平新时代中国特色社会主义思想。只有在融入前、融入中、融入后都不折不扣地遵循这一根本指导,才能够让大学生在感受中华优秀传统文化魅力的同时体会到马克思主义的伟大,帮助他们不断追求真理,提高认识。同时,在融入过程中要从中华优秀传统文化与马克思主义相结合的角度挖掘相关资源,只有运用马克思主义立场、观点和方法才能让融入保持正确的方向,找到融入的正确方法,挖掘出适合新时代发展的相关资源。教师要充分研读习近平总书记关于教育、关于中华优秀传统文化的重要论述,为融入提供更充实的理论依据,让融入更具有科学性和说服力。

二要坚持根本方向。这个根本方向就是指社会主义办学方向。高校思想政治理论课的主要任务之一是要给学生讲清楚党的路线方针政策,尤其现在我们正处在世界之变、时代之变、历史之变的交汇期,如何把握正确的方向,不偏航,显得尤为重要。事实证明,中国特色社会主义是经得住实践检验的,我们的思想政治教育首先就是要坚持这一正确的方向,为把学生培养成社会主义建设者和接班人而不断努力。在融入中华优秀传统文化后,这一根本方向并不会发生改变,相反,中华优秀传统文化的相关元素更促进了我们对这一方向正确性的理解。没有中华文化哪来的中国特色呢?把这个给学生讲清楚,既能使教师讲课更加坚定,也能帮助学生构建正确的信仰体系。

三要落实根本任务。高校思想政治理论课要把立德树人作为根本任务,不仅要实现课程的知识目标,更要实现课程的价值目标,要把对大学生"德"的培育放在突出的位置上,完成对大学生的理想信念教育。中华优秀传统文化融入其中是为了更好地实现这一培养目标,落实根本任务。广大思想政治理论课教师要始终绷紧一根弦,那就是一定要坚守教育初心和使命,为党和国家培养人才。要从自身的德行出发,不断严格要求自己,形成良好的示范作用;要将"德"的教育不仅体现在对学生的教育过程中,也要体现在自身的内省过程中。

四要强化根本保证。坚持中国共产党的领导是高校思想政治理论课的根本保证。我们党在经历了一百年的发展后依然充满着活力,在党的领导下,我们完成了很多几乎不可能完成的任务,取得了举世瞩目的成就,这些都证明党的领导正确有力。高校思想政治理论课的政治属性也必然要求拥护中国共产党,为党做好理论宣讲、培养人才的工作。融入中华优秀传统文化的过程中,必须强化在"加强党的集中统一领导"下对中华优秀传统文化进行创造性转化、创新性发展,并把这些新的内容作为高校思想政治理论课教学的重要内容,让大学生认识到坚持党的领导是多么重要,中华优秀传统文化正是在党的正确领导下才迎来了繁荣发展的新时期,加深大学生对坚持党的领导的理解。

二、建立健全相关制度保障机制

为保证中华优秀传统文化融入高校思想政治理论课能真正落实,除了教师要有这方面的意识之外,还需要依靠相关的制度保障才能继续推进这一工作。因此,相关管理部门以及教师都应在实践中发现问题解决问题,形成相应的对策、制度,保障中华优秀传统文化融入高校思想政治理论课扎实推进、落地生根。

(一)争取国家宏观政策保障

高校思想政治理论课是党和国家非常重视的特殊课程,在课程建设方面给出了顶层方案,对思想政治理论课教师队伍建设也提出了明确要求,目的就是为了能够真正让思想政治理论课发挥好立德树人的作用。那么在融入中,也应该从国家宏观政策角度做好相应的规划。有了相应的国家宏观政策做保障,才能使融入更加规范化、科学化、具体化。国家宏观政策保障可以从政策法规的建设与落实两方面着手。

一方面,加强政策法规的建设力度。国家层面的相关政策法规为规范教学有序运行、完善课程法制化建设提供了政策依据,加强政策法规的建设力度还可以让更多的人认识到中华优秀传统文化融入高校思想政治理论课的重要性,通过积极思考和实践探索,能够更明确相关部门的责任义务,从而为融入创造更好的政策环境。可以将融入的程度和实现的教育教学效果作为衡量和评价教学质量、高校办学质量的一个指标,强化高校对融入的重视程度,更好地推动思想政治教育教学的发展。

另一方面,强化政策法规的落实力度。要根据所制定的政策法规层层落实相关部门的管理职责,教师明确相关的教学任务,推进融入工作规范化、有序化、合理化运行,保证课程教学效果的实现;要避免责任不清,出了问题互相推诿的现象。

(二)加强学校微观制度保障

学校微观制度是对国家宏观政策的细化和具体实施,是推动中华优秀传统文化融入高校思想政治理论课教育教学协调运行和规范管理的必要条件,主要涉及学校和学校的马克思主义学院两个层面。

首先,强化学校层面的制度建设。可以从学校组织领导、教学运行、考核评价等方面体现融入教育的要求,特别是教学管理单位应形成较为完善的规章制度,在原有思想政治理论课管理的基础上再突出融入教育的特点,为融入能更好地持续进行提供制度规范。一方面,制定相关的鼓励性政策、可以体现融入内容的教学大纲及相关教学文件,鼓励一线教师大胆进行尝试,并通过一定的经费支持,激发教师工作的积极性,确保教育的良好效果;还可以对相关社团活动、实践教学环节给予更多的支持,比如提供场地、经费,还有增加课时、学时等。另一方面,制定相关的约束性政策,用约束性政策针对在融入教育过程中始终持消极态度、不愿意进行探索的教师加强管理和监督,全面提升教育教学效果。学校层面的制度建设应偏向于宏观的把控,要给教师留有一定可以发挥的空间。

其次,马克思主义学院要结合实际的教学情况,健全和细化学校规章制度,编印中华优秀传统文化融入高校思想政治理论课的教学辅导资料,把融入的内容具体化,让教师讲得清楚,学生学得明白。另外,还需要完善目前的考核评价机制,融入后的教学效果到底如何要能在科学的考核评价机制中体现出来。马克思主义学院应在原有机制的基础上有针对性地进行完善和补充,这样才能够让教师及时发现融入后好的教学效果体现在哪里,存在的问题又集中在哪些方面,不断修改完善教育教学工作。教师在这样的制度框架下才能更好地进行教学工作,学院的管理也更加科学规范。

(三)完善课程运行保障机制

中华优秀传统文化融入高校思想政治理论课,内部要素多且复杂,只有让系统内的诸要素相互协调、彼此配合并在此基础上建立起行之有效的运行机制,才能够确保融入后思想政治理论课的实效性增加。

第一,加强课程的顶层设计,为中华优秀传统文化资源育人绘画蓝图、指明方向。关于在哪些章节、哪些环节加入中华优秀传统文化的元素,要先制定出具体方案或教学大纲,对思想政治理论课教师具体的教育教学工作给予指导;在如何融入方面,可以请专家进行指导,或通过集体备课等方式进行讨论和交流,确定适合的方式方法,为融入工作顺利进行打好基础。

第二,充分完善软硬件教学设施。要会利用多媒体、手机、网络等新型教学媒介,使中华优秀传统文化融入高校思想政治理论课后"活"起来;要会运用现代化技术手段对传统文化元素重新打造,使其以更具感染力的形式呈现出来。在课堂上,学生可以通过手机参观线上文博馆,通过VR感知立体化的传统文化形象,在光、电、声、影全方位的冲击下,他们会获得身临其境的直观感受。这不仅能增强学生的学习兴趣,打破他们对思想政治理论课严肃呆板的印象,还能够切实感受到中华优秀传统文化的伟大力量,增强自豪感自信心,从而让中华优秀传统文化真正在思想政治理论课上走近学生群体,走进学生内心,激发出大学生的文化自信。

第三,改进、创新教学模式和方法,保障课程效果。在课堂教学中灵活运用多种大学生喜闻乐见的教学模式和方法,尤其当线上教学成为一种常规教学方式后,如何更好地利用网络等现代化手段保证课堂效果需要不断研究。当然,教学方法的灵活运用并不是否定"内容为王"这一基本原则,还是要在融入的内容上下功夫。课堂教学之外也要重视融入教育,利用好"大思政课"和各种社会资源,搭建起更大的平台,为中华优秀传统文化融入高校思想政治理论课建设奠定良好的基础。

（四）健全规划管理保障机制

第一,健全规划设计保障机制。中华优秀传统文化融入高校思想政治理论课教育教学重在规划设计,要从大局出发,考虑思想政治教育的全局,并要保证其科学合理性。可从融入的针对性和可操作性着手,真正帮助学生答疑解惑,全面落实教学大纲的要求,突出重点难点问题的讲解。针对性就是针对各门思想政治理论课的具体要求融入适合的中华优秀传统文化的相关内容,让学生能够通过学习加深对相关理论知识的理解,自觉提升自身的道德素养;可操作性就是要符合本学校的教育教学条件,在可达到可运行的条件范围内进行操作,不能想法很好但完全是空中楼阁不能落地,最后落个徒劳无功。因此,要在可行性范围内进行规划和设计,例如教师团队的建设、专题化教学改革的推进、相关融入的实践教学形式的创新、深化对融入内容的体系梳理等,对目前实施过程中碰到的问题提出解决方案,并且要对这些问题有一个通盘考虑,形成可供实施的规划设计。这一规划设计也并不是一成不变的,要在实践中不断完善。一线教师的建议、实施过程中发现的问题要能够通过教研室或相关管理部门进行整合,并请专家给予指导,再反馈到规划设计部门修改;要保持上下沟通机制畅通,加强管理和引导,努力建成中华优秀传统文化融入高校思想政治理论课的资源库,并为进一步完善融入后的教育教学活动提出建议。

第二,健全组织管理保障机制。组织健全、职责明确的管理机制能够有效促进相关教育教学活动顺利展开,并能够为教学活动提供科学的指导。目前,各高校都非常重视相关管理机制的建设,为教学工作保驾护航。首先,从纵向管理保障机制上来看,高校应将与思想政治教育相关的部门组织起来,为融入的开展形成合力,保障相关资源、人员的配备。例如可以从相关职能部门和辅导员队伍、思想政治理论课教师队伍中选择相关人员组成中华优秀传统文化融入高校思想政治理论课教学领导小组,负责融入工作的长期规划和宏观指导工作,并定期召开会议,深入探讨如何能将融入的效果持续。其次,从横向管理保障机制上来看,由马克思主义学院成立专门教学指导小组具体指导中华优秀传统文化融入高校思想政治理论课,同时由教研室或教学团队协助进行管理监督工作,有效保障教师之间的交流与互相学习,加强对融入的相关问题深入思考。再次,对相关实践教学管理出台相应制度保障措施,将融入的相关工作与"大思政"建设密切联系起来,形成自上而下的管理体系,明确融入过程中产生的职责,例如在实践教学中各有关部门如何具体开展工作、每个环节如何配合等,使融入后的教育教学工作能更有效地开展。

(五)建立动态反馈保障机制

中华优秀传统文化融入高校思想政治理论课具有基础性、长期性、系统性等特征,并随着时代发展和实践深入,融入的内容和形式也会不断变化,因此高校应积极构建能评估融入的内容、方法、途径等的科学性、有效性的动态反馈机制,并由相关的部门和人员负责这项工作。

第一,在反馈信息中围绕思想政治教育的主要方面、核心环节设定核心观测点。核心观测点之一就是人,包括学生和任课教师。通过观摩课堂、问卷、座谈会等方式了解学生对融入内容的把握程度以及学习效果;通过集体备课会、座谈会等方式与教师建立沟通机制,及时发现问题,并带着问题请相关专家给予指导,然后对融入的内容进行调整和完善。在这样的反复实践过程中,可以实现教学效果的提升。核心观测点之二就是教学过程。教学过程中内容的选择、采取的方式方法对教学效果都会产生直接影响,要关注教学的整个过程,特别是对教师的教学能力给予客观的评价,并及时反馈给教师补齐短板;还要关注学生在整个教学过程中对融入内容的认同情况和理解情况,及时反馈给任课教师做出科学合理的调整。核心观测点之三就是实践教学环节。很多学生在实践教学环节就是去看一看、玩一玩，实践教学结束后也没有进行深入思考，更没有自觉与理论学习联系起来，显然实践教学并没有起到真正的教育效果。因此，要注意对实践教学质量的评估，以及对实践活动形式、实践活动开展秩序的评价等，及时发现问题解决问题，让实践教学更有实质性的教育意义。

第二，注重对动态反馈机制运行中收集到的各种信息进行科学分析。要用系统观、整体观分析各类信息，注重从多重维度深入审视和观察，从中找到规律，以便更好地指导融入的进行。例如，要充分认识到学科建设和课程建设之间的关系，促进融入内容的科学化；要从理论教学和实践教学两方面把握融入的教育教学效果，突出理论讲授的深入性和实践学习的全面性，加强理想信念教育和正确价值观引领；要从教师和学生两个主体的特点出发，注重分析教学互动还存在怎样的问题、应该怎样有效提升学生的参与度，切实提高融入的效果。通过对这些信息的科学分析，可以让融入更有针对性。

第三，动态反馈机制本身也应当不断发展完善。动态反馈机制的特点在于动态，就是非静止，不断变化发展着。特别是当前时代发展变化之快，带来了思想政治教育学科的不断变化，高校思想政治理论课的教育教学内容也要随之进行调整，因而融入的内容也应该根据这些变化不断更新。动态反馈机制的建设就是要在这些变化中不断寻找新的观测点，收集更多最新信息加以分析并反馈给相关部门和教师。有问题不回避，直到找到解决问题的办法，切实保证融入的教育教学效果，让大学生能在中华优秀传统文化的熏陶下更加坚定文化自信，在思想政治教育的指引下为成为堪当民族复兴重任的时代新人而不断努力。

第四节　完善中华优秀传统文化教育评价机制

对教育效果的评价是为了进一步完善相关教育教学环节。中华优秀传统文化融入高校思想政治理论课能否起到预期的教育效果需要相应的评价机制给予客观公正的评价，这对今后融入教育的完善有着重要的指导作用。教育评价机制是指依据正确的教育指导思想，运用相应的科学技术和方法对教育教学活动的实际教学效果进行客观公正的判断和评估的机制。中华优秀传统文化融入高校思想政治理论课到底有没有作用、有没有起到预期的效果，还需要进一步完善中华优秀传统文化教育的评价机制，才能科学地进行融入效果的评估，从而及时发现大学生学习的真实情况和实际需要，使高校思想政治理论课教师在教育教学活动中不断改进教学方法,大学生则在学习中不断调整学习方法,共同促进教学效果更上一层楼,并为以后中华优秀传统文化的融入工作给予指导。

这一评价机制有其特殊性。首先,必须保证政治性。中华优秀传统文化融入高校思想政治理论课的内容必须要能帮助解决中国特色社会主义建设中碰到的问题,一定要能让大学生更好地把握马克思主义基本原理。这是评价机制必须坚持的政治方向,其中的政治色彩不能削弱只能加强,只有这样才能体现出思想政治理论课的意识形态性。其次,必须体现针对性。要结合各门思想政治理论课的特点融入相关的内容,不是随意的融入,在评价过程中要体现出这种针对性;另外,这一评价不是仅仅评价中华优秀传统文化教育这个单一的元素,更应针对思想政治教育的整体效果进行评价,尤其不能忽视教师和大学生这两个群体的评价。再次,必须突出整体性。中华优秀传统文化的融入并不仅仅是为了传授知识,更多的是体现在价值引领和对大学生的道德水平的提升上,体现在大学生将所学知识融入到自己的实际行动当中,这就必须从整体性上完善评价机制,综合考虑评价因素和评价内容,构建科学的评价机制。

有了科学的评价机制,可以使高校思想政治理论课教师在融入时更有方向,还可以在第一时间向教师反馈学生学习的效果和存在的问题,帮助和督促教师及时调整相关的教学活动,改进教学效果。遵循科学的评价机制,对优秀教师而言是一种鼓励和肯定,也体现了对教师的尊重,将进一步激发教师的主动性和积极性,使得融入教育能够持续完善和发展。

一、中华优秀传统文化教育评价机制的基本要素

中华优秀传统文化融入高校思想政治理论课过程中,教育评价机制的基本要素包括评价主体、评价客体、评价过程和评价内容四个部分,它们之间相互作用,保证了评价机制的顺利运行。

(一)评价主体

评价主体是评级机制的核心要素,解决的是谁来评价的问题。评价主体要有科学性、代表性、要能够有说服力,否则评价机制的构建就缺乏公平公正性,即使给出了评价也不会获得教师们的认可。一般来说,这里的评价主体应该是由高校管理者、高校思想政治理论课教师、大学生和社会组成。

第一,高校管理者。中华优秀传统文化教育评价机制应有相应的管理者制定标准并监督实施,从总体上把握评价的结果。这里的管理者应包括相关部门的领导、专家和教学管理人员等。其中相关部门的领导应包括各级管理部门的领导,如

教育部、教育厅等相关部门领导,还有高校领导,他们的评价具有比较大的影响力;专家指的是在中华优秀传统文化教育和思想政治教育领域具有深厚的理论研究基础和实践教育教学经验的人员,他们参与到评价活动中可以使评价结果更具有普遍意义;教学管理人员在评价过程中可能更侧重于评价教育的实践效果,更关注的是教学质量、教学效果是否提高。另外,中华优秀传统文化教育的特殊性体现在对大学生的思想行为的指引上,而高校辅导员与大学生接触最为紧密,最清楚学生的思想状况,他们在评价过程中也应该发挥一定的作用。

第二,高校思想政治理论课教师。这一评价主体比较特殊,既是教育活动的实施主体,又是教育教学活动的评价主体,因此这里的评价涉及两方面,一是同行的评价,二是自我评价。同行最熟悉融入教育过程中所碰到的共性问题,因此通过相互听课、集体备课等环节的实施,能做出较为公正、准确的评价;评价机制还应充分尊重教师的自我评价结果,突出教师的评价主体地位,充分调动教师的积极性,通过自我认知、自我反思、自我完善可以取得事半功倍的效果。将这两方面的评价结合起来,形成信息互补,可以提高评价结果的科学性。

第三,大学生。这一评价主体既是教育的对象,同时又是教育活动的参与者和知识的获得者,对教育教学效果的评价最有发言权。一方面,是对教师教育教学效果的评价。因为融入教育最直接的对象就是大学生,他们的感受如何,是否获得真正的启发,是否更好地把握马克思主义理论和传承中华优秀传统文化,大学生有自己的判断。另一方面,大学生之间的评价也非常重要。大学生们学习、生活在一起,彼此之间情况都非常清楚,因此学生的自评和互评能反映出融入后的教育情况,这对学生进行自我反省、及时查漏补缺都不无益处。学生学会客观公正地进行评价,就会更清楚地认识到教师的不易,认清自我,并实现与教师和同学之间的感情交流,使思想政治理论课的学习不仅局限于课堂,更延伸至生活中乃至今后的工作中,从而转变自己的学习态度,更重视思想政治理论课的学习。

第四,社会。当前在构建评价机制过程中,社会是一个易被忽视的重要主体。大学所培养的教育对象最终是要走向社会的,用人单位对大学生的评价从另一方面反映出思想政治理论课的教育教学效果。走上工作岗位后的大学生能否得到用人单位的肯定,不仅要看其知识能力,更多的是看是否有团队协作的能力,是否有高尚的人格品质等,这些都是对中华优秀传统文化融入后教育效果的检验。所以不能忽视社会评价,它对于完善融入教育能起到很好的导向作用。

目前一直存在的问题是评价机制的评价主体相对比较单一,并且将评价主体和评价客体进行了严格区分。此外,评价结果能否对教育教学活动起到正面的督促作用,还需要不断用实践检验。因此,高校应当坚持立德树人,建立并完善中华优秀传统文化教育评价机制,注重科学性、公正性,从多层次多角度进行评估;还要适当考虑教育教学活动的直接参与者的感受,鼓励一线思想政治理论课教师能从完善教育教学效果的出发点进行评价,树立评价主体的责任意识。

（二）评价客体

评价客体是评价机制中被评价的对象,解决的是评价谁的问题。这里的评价客体有一定的特殊性,高校和思想政治理论课教师既可以作为评价主体,同时也是被评价的对象。高校作为课程的第一责任人,在融入教育过程中是组织者,能否提供有效的组织保障应从这一评价客体出发进行评价;思想政治理论课教师作为实施者,一方面对于教育教学效果如何最有发言权,可以是评价主体的组成部分,另一方面对于实施教学活动是否有效也是最重要的被评价对象。此外,大学生作为教育的直接受益者,是教育对象也是评价对象,大学生的学习状况直接反映教育教学的开展情况,只有做出正确评价才能有效实施因材施教。

（三）评价过程

中华优秀传统文化教育评价机制是对思想政治理论课教师教育教学、大学生发挥主观能动性进行学习、学校或相关主管部门实施保障措施等环节进行评价的过程。评价过程应该包括评价准备、评价实施和评价结果反馈处理等阶段。评价准备阶段应根据要评价的融入教育的背景、涉及的教育教学重点问题以及评价对象的心理进行分析,制定出科学可行的评价方案,设置评价标准。评价实施阶段应从各个层次进行,可以有学校的评价、一线教师的评价、学生主体的评价,最后还可以请相关专家进行综合评价,充分考虑评价的全面性和客观性。评价结果反馈处理阶段就是要在综合评价的基础上进行定性或定量描述,然后给予等级评定;还要针对评价过程中发现的问题深入了解情况,科学进行分析,有针对性地找到解决办法,进一步改进相关工作,并及时反馈给相关人员。评价过程应该是动态发展的,对于融入教育的评价,需要及时修订评价标准、评价方案,避免不合理的评价结论影响教育效果的发挥。需要指出的是,最后的评价结果并不能说明一切,还得要注重在动态评价过程中对教育效果做出公正的评判。

（四）评价内容

这里主要是对中华优秀传统文化对大学生的影响程度等方面进行定性评价,因此评价内容应包括融入教育的相关教育教学要素、教育教学过程和教育教学效果。教育教学要素指的就是中华优秀传统文化融入高校思想政治理论课时要实现的教育教学目标、所选择的融入内容、采取的教育教学方法等。对这些要素进行评价，可以考察相关融入教育的计划、大纲是否科学合理，融入内容的选择是否能够满足培养时代新人的要求，所采取的方法是否能真正实现既定的目标等，从而为中华优秀传统文化科学地融入高校思想政治理论课提供明确的指导。

教育教学过程不仅是指课堂上大学生接受教师教育的过程，还包括课后大学生从融入教育中进行自学，及在各类学校社团活动、社会实践活动中不断提升自身综合素质的过程。因此，对教育教学过程的评价不能只看大学生在思想政治理论课上接受融入教育后学习所得到的分数，更应该了解大学生在整个学习过程中的具体表现情况。

对教育教学效果的评价，也不能只看到大学生对于融入教育的学习情况，还应综合评价大学生在政治立场、理论素养等方面是否符合融入教育需要实现的目标和要求，是否符合新时代中国特色社会主义发展的需要。目前在大学生综合素质提升等方面缺少相应的评价内容指标，同时，一致的标准又会否定大学生发展需求的差异性，因此教育教学效果的评价内容的覆盖面一定要广泛，特别是不能忽视对大学生的学习状态的评价，包括大学生的思想认识水平、实践能力水平、在融入教育过程中表现出的综合素养等，都应该成为评价的内容之一。要通过系统全面的评价内容确保评价的公平公正性，为进一步完善融入教育发挥作用。

二、中华优秀传统文化教育评价机制的基本要求

构建科学的中华优秀传统文化教育评价机制，应体现出对人的尊重，不仅要对教师尊重，还要对学生尊重，要充分调动教师和学生的积极主动性，加强价值引领和能力培养。

（一）以实践性为原则

理论的学习是为了更好地指导实践，在评价机制中不仅要体现对理论学习程度的考察，更应从学生实践能力方面着手，突出对价值引领效果、综合素质提升等因素的评价，将大学生参与中华优秀传统文化教育实践活动的获得感与满足感纳入评价机制。对评价机制本身上，应从实践的发展态势出发不断进行动态调整，要综合考虑教育过程中各种变量的发生，多采取定性而不是定量的方式进行评价。要在实践中不断完善评价机制的科学性，及时发现问题，调动学生参与学习的主动性，促进教育与评价的良性循环。

（二）以主体性与主导性相结合为重点

中华优秀传统文化教育评价机制既要发挥学生的主体性，还要注重高校思想政治理论课教师的主导性。教师在融入教育过程中起到了组织和引导作用，没有教师的主导性，那么学生在学习过程中容易迷失方向，抓不住重点，对相关理论的理解不能全面深入，也就不能很好地解决碰到的问题。体现教师主导性的评价机制，既要肯定教师的主体地位，围绕教师自身素质的提升、教学效果的取得等进行科学评价，还要充分体现他们的主导地位，重点考察思想价值引领方面，评估大学生在学习过程中的思想政治素质，以及世界观、人生观、价值观是否正确树立。评价机制中还要体现大学生的主体性，它表现在两个方面。一是大学生对教师和高校的评价。大学生对教师的评价是评价机制中的一项重要参考标准，教师的教育教学是否成功最后还是要在被教育对象身上得到反映，因此大学生最有评价的资格，充分发挥其主体性，让学生对教师进行客观公正评价，并给出积极的建议，能够帮助教师进一步完善教育教学工作；学生对学校组织管理的评价也很重要，对提升学校管理水平、优化教师教学效果大有帮助。二是重视对大学生综合素养的评价和考察。要将大学生综合素养作为评价的重要内容，要对学生的长远发展进行评价，不能只看到他们目前对融入内容的把握情况。

（三）以全面性为方向

构建全面、合理的中华优秀传统文化教育评价标准，在统一原则的指导下还应该突出特殊性。考虑到不同层次、不同阶段、不同专业和不同年级的学生对同一问题的看法也不尽相同，评价标准要尽可能做到全面客观。这也要求教师在将中华优秀传统文化融入高校思想政治理论课时注意层次性，不能千篇一律，要研究学生的特点，从学生的具体情况出发，采取不同的融入方法，尽量满足学生学习的需要。另外，评价机制的全面性不仅要体现在广度上，还要体现在深度上。例如，对教师的评价，不能仅仅是看教育教学效果，对教师的综合素质、理论水平、教学技能还有师德师风都应该做出相应的评价。教育评价机制具有全面性和综合性，这样的评价才有意义。

三、中华优秀传统文化教育评价机制的构建路径

构建科学合理、行之有效的中华优秀传统文化教育评价机制，是为了更好地促进融入，提升教育教学效果。中华优秀传统文化教育评价机制的目标就是通过科学合理的评价，不断激发高校思想政治理论课教师和大学生的积极性与主动性，更好地传承中华优秀传统文化，提升高校思想政治理论课的实效性。因此，应该从思

想政治理论课教师、大学生和高校的角度出发,充分考虑中华优秀传统文化教育评价机制的构建路径。

（一）完善高校思想政治理论课教师的主导性评价

高校思想政治理论课教师在中华优秀传统文化融入高校思想政治理论课过程中起主导作用,充分发挥中华优秀传统文化教育作用,就是要将中华优秀传统文化教育纳入思想政治理论课的基本评价中去,不断提升教师运用中华优秀传统文化教书育人的能力,不断增强思想政治理论课教师的责任感和使命感。

1）构建完善的指导性评价内容

高校思想政治理论课教师是中华优秀传统文化教育的组织者和实施者,其指导作用的发挥关系到最终育人目标的实现。构建中华优秀传统文化教育评价机制应积极引导教师充分发挥其在教育过程中的主导性,而不是仅仅挑剔存在的问题,应给予人文关怀。首先是评价教师的综合素质,主要体现在教师的政治素养、理论水平、中华优秀传统文化素养、道德品行等方面;其次是评价教师的主导能力,主要体现在对教学活动的整体把握和应变能力上。构建教师的主导性评价标准主要针对中华优秀传统文化教育活动的设计、实施和总结这三个阶段。

在中华优秀传统文化融入高校思想政治理论课的总体设计阶段,主要考察思想政治理论课教师对中华优秀传统文化和思想政治理论课相关内容的熟悉程度以及在此基础上设计教学大纲的能力。即要求思想政治理论课教师根据大学生的专业所学、已有的知识结构和学习环境等,在教学目标、融入内容、融入方式等方面进行规划和设计,并保障融入相应的内容后思想政治教育活动顺利进行。在中华优秀传统文化融入高校思想政治理论课的实施阶段,主要考察思想政治理论课教师对学生的组织管理能力,是否引导大学生投入到融入内容的学习中。在中华优秀传统文化融入高校思想政治理论课的总结改进阶段,主要考察思想政治理论课教师在教育教学过程中是否及时对大学生的相关学习情况进行总结,以及发现问题并适时调整的能力。

高校在重视中华优秀传统文化融入高校思想政治理论课的同时,也可以通过评价考核激励思想政治理论课教师加强中华优秀传统文化教育的相关工作。可将其纳入教师业绩考核中,从教学工作、教学效果、师德师风、教学建设与改革等方面进行评价。在教学工作方面,主要是思想政治理论课教师承担中华优秀传统文化融入高校思想政治理论课的教学工作,包括课堂学习、课后参赛情况、实践学习等;在教学效果方面,主要是融入后学生评教、学生综合能力提升、学生精神风貌改变、学生获奖情况、教师获奖情况等；在师德师风方面，主要是思想政治理论课教师是否不断提升自身中华优秀传统文化素养、是否不断改进工作作风等；在教学建设与改革方面，主要是教师在教学科研工作中是否注重中华传统文化与高校思想政治理论课相结合、是否不断推出符合实际教学的理论成果等。

2）完善过程评价与结果认定

在中华优秀传统文化教育过程中应综合考虑过程与结果的评价关系，不能忽视学习过程对学生的影响。

首先是思想政治理论课教师自评与大学生评价相结合。这是一个双向评价过程，具有客观性和全面性。教师自评可以从教学业绩、科研成果、社会服务等方面进行，最后学校对教师进行综合评价；大学生评价可以从教师评教、切身教育感受、对融入后的教育教学满意度等方面展开。教师评价和学生评价都应该得到重视，要在评价机制中充分发挥教师和学生的积极性、主动性，并认真分析两个群体的评价结果之间存在的内在联系，找到成功的经验和失败的教训，进一步促进教师与学生之间的交流与沟通。

其次是定性评价与定量评价相结合。通过对教学效果、教学改革情况等方面进行定性分析和反馈，体现教师在中华优秀传统文化融入高校思想政治理论课中的主导作用；依靠数据的采集和分析开展定量评价，精准把握中华优秀传统文化教育过程中的问题；最后将定性评价与定量评价相结合，综合把握中华优秀传统文化的育人效果。

再次是过程评价和结果评价相结合。在中华优秀传统文化教育的评价机制中要兼顾过程评价和结果评价，这样才能反映出中华优秀传统文化教育的普遍性和特殊性，以确保融入后教育效果的客观性。

3）开展评价结果的反馈与自我完善

评价的最终目的是为了促进中华优秀传统文化教育更好地发展，因此应在第一时间将评价结果反馈给评价对象。教师和学生都应知道结果，对有疑义的地方及时提出，并加强沟通，使评价结果更加客观科学有效。反馈是为了促进反思，对反馈的评价结果进行客观分析，更清楚存在的问题，可以为下一阶段更好地提升教育工作的完成度、思想政治理论课教师对设定的教学目标任务的完成度、学生在教育过程中的感受度提前做好准备，还可以为中华优秀传统文化更好地融入提供参考依据。

（二）构建大学生主体的体验性评价

大学生是中华优秀传统文化融入高校思想政治理论课的直接参与者与体验者，同时也是中华优秀传统文化教育的重要评价对象，因此具有双主体性。确立大学生的主体地位，在中华优秀传统文化教育评价机制中就是要突出对大学生学习感受的评价。教育的目的就是让学生从中有所收获，因此要及时了解大学生在这些教育教学活动中的收获情况，不仅是知识学习情况，更重要的是思想观念改变和道德素养提升情况。要将大学生的体验评价与中华优秀传统文化融入高校思想政治理论课的教育教学方案设计、组织实施结合起来，提升大学生学习的积极性。

1）确定体验性的评价指标

大学生的体验性评价主要集中在对教学内容的领悟程度、对价值观引领的感受程度、对综合素质提升的影响程度等方面，并贯彻在学习活动、评价反馈的全过程中，要综合设定评价指标。

从教育教学的过程来看，体验性评价指标体现在三个阶段中。首先是准备阶段，主要是制定融入教育的目标，设计融入的具体方案；其次是教育教学实施阶段，主要是中华优秀传统文化教育过程中大学生的学习表现和育人效果，包括参与教育教学活动的积极主动性等；再次是总结反馈阶段，即对大学生在中华优秀传统文化教育过程中的思想困惑和行为问题进行梳理总结，分析原因并制定出具有针对性的解决方案。最后，还需要根据具体情况展开对评价指标的综合考评，使评价指标更有针对性。

从评价实效来看，体验性评价服务于高校思想政治理论课立德树人的根本任务。新时代需要的是综合能力强的人才，高校应突出培养大学生的综合素质，政治素养、理论水平、道德观念、实践能力等都应是体验性评价需要考虑的指标。具体而言，评价应当包括以下四个方面的内容。第一是大学生主体对中华优秀传统文化教育的认知情况，包括对相关教育教学的内容、目标、方案和计划等的认知，它直接影响到参与融入教育的效果；第二是大学生主体对中华优秀传统文化教育的态度，包括大学生对中华优秀传统文化教育活动的情感态度和主观体会，反映了大学生参与融入教育的主观心态；第三是大学生的努力程度，即大学生为实现教育目标而自觉进行相关内容的学习及在学习过程中克服困难的意识；第四是大学生对中华优秀传统文化教育的自觉行为意识，即大学生在教育教学活动中的行为选择，自觉行为是中华优秀传统文化教育的最终落脚点。

2）完善评价的过程监管与结果认定

对中华优秀传统文化教育的评价最终是以结论的形式出现的，这一结论应该注重对教育教学过程的考察，应是对各阶段的全面评价。评价的目的并不是要站在教师的对立面专门挑问题，而是要对整个教育过程实行监管，帮助教师更好地完成相关教育教学工作。首先，要构建多维度立体化的评价方式。考虑到教育教学过程、学生能力提升等都包含多个维度，应将定性评价与定量评价结合起来得出最终的结论；如果在评价过程中发现问题，应该进行及时反馈，不能等到最后下结论时才将问题提出来。其次，对中华优秀传统文化教育的评价结果的认定应慎重。要充分发挥评价结果对教师的激励作用，更好地发挥思想政治理论课的育人作用；评价结果不是用来区分等级的，而是为了建立健全评价监管制度，提升中华优秀传统文化教育评级机制的合理性、科学性。

3）评价结果的反馈与自我完善

只有将评价结果建立在科学公正的基础上，才能形成有效的反馈；而教师与学生只有对反馈的建议给予认可，才能进一步对教育教学进行反思并及时进行调整和探索。如果不能形成有效反馈，那么评价结果就会毫无意义。首先，要保证反馈的时效性。反馈的建议必须要遵循公平性和准确性，除此之外，反馈的时效性也非常重要。反馈越及时，则越早发现问题，对于教师和学生来说可以尽早进行教育和学习的调整。其次，要把握反馈的技巧。反馈时应注意从教师和学生的具体情况出发，尽量采用积极评价的方式进行引导和激励，慎用批评式的反馈方式；反馈时不仅要反馈结果，还应该注重对中华优秀传统文化教育的价值理念、思想引领作用等一并进行反馈；反馈时不仅针对教师的教育教学活动提出看法，还要针对学生的学习情况和结果进行分析，从而更好地帮助教师进行教学、学生进行学习。另外，对于反馈后教师和学生的想法、建议也要及时进行收集、沟通，以便对反馈结果进一步调整和完善。再次，要充分利用评价结果。中华优秀传统文化教育的大学生主体评价仅仅是手段，目的是不断完善中华优秀传统文化教育。要通过科学合理的评价指标建立相应的数据库，并逐步完善中华优秀传统文化教育的档案数据，运用大数据和行为分析技术挖掘出中华优秀传统文化融入高校思想政治理论课的教育教学规律，为更好地融入提供科学依据。

（三）重视高校的综合性评价

高校是思想政治教育工作的组织者和领导者，为了让中华优秀传统文化能更好地融入高校思想政治理论课，并能持续发展，高校应完善这方面的评价，为中华优秀传统文化教育工作提供更多的发展平台。

1）构建完善的综合性评价指标

高校及高校的马克思主义学院等主管部门要将中华优秀传统文化教育工作纳入高校教育教学和大学生思想政治教育评估体系，及时对表现优异的教师进行宣传和表彰；制定适合本校的考核办法，调动教师增强中华优秀传统文化育人的意识，提高育人的水平，真正落实立德树人根本任务。

第一，要体现中华优秀传统文化教育的目标导向。要将中华优秀传统文化教育目标纳入高校办学水平评估的目标导向中，将中华优秀传统文化教育目标融入高校人才培养的全局性、整体性规划中，在办学质量提升过程中突出中华优秀传统文化教育的作用；要不断完善原有的教育理念，以大学生综合素质特别是文化素养、道德水平提升为重点，提高高校人才培养的质量，提升高校办学水平。

第二，要强调中华优秀传统文化教育的思想理念。要进一步明确"培养什么人""怎样培养人""为谁培养人"根本问题及高校办学理念，强调中华优秀传统文化教育的思想理念；要在办学评估思想中强调提高大学生综合素养的人才培养目标，要在办学评估思想中体现中华优秀传统文化的核心思想，强调大学生学习知识、提升自我、服务社会的同时应注重对中华优秀传统文化的学习。

第三，要保障中华优秀传统文化教育的办学投入。高校办学投入主要包括课程建设投入、基本设施投入和人员经费投入等。要保障中华优秀传统文化教育的办学投入，在课程建设方面应提供更多的资源，搭建更便利的平台，并予以相应的学分与课时；在基本设施方面应提供实践基地、多功能教学设备等设施；在人员经费方面要落实中华优秀传统文化教育过程中的队伍建设和活动经费。

第四，要充分考虑社会评价。高校思想政治理论课培养出的大学生最终是要走向社会，面对用人单位的。在用人单位的表现如何，尤其综合素质如何，是否能得到用人单位和社会的肯定，这时候融入教育所起到的作用就会凸显出来。因此，要将社会的评价、用人单位的评价与高校的综合性评价结合起来，这样才能对中华优秀传统文化教育有一个全面的客观的评价。

2）完善评价过程的保障

应保障评价过程公平公正进行，使中华优秀传统文化教育的评价结果能真正起到完善教育的目的，并能保证中华优秀传统文化教育评价工作的有序展开。

首先，要完善中华优秀传统文化教育评价的工作制度。一方面，要制定与中华优秀传统文化教育评价相匹配的制度，为高校思想政治教育质量的提升提供保障。

高校应将重视中华优秀传统文化教育的理念贯彻到各项规章制度当中,在学校工作要点、相关工作方案、教师考核方案、学生综合测评等方面有所体现。另一方面,要注重中华优秀传统文化教育相关工作制度的制定。例如,明确规定校院领导、职能部门的工作任务,推动协同运行,共同为做好中华优秀传统文化教育工作形成合力;制定考评制度,从考核对象、内容等方面下功夫,做到严格执行和人文关怀相结合;制定协同制度,规定相关岗位和部门之间要及时沟通交流;制定保障制度,切实维护投身于中华优秀传统文化教育的教师的利益。

其次,要落实中华优秀传统文化教育的评价环节。应重视评价、反馈、优化教育的每一个环节,如此循环往复才能形成评价结果不断完善的工作局面,其中评价是基础,反馈是关键,优化是重点。中华优秀传统文化教育的评价环节应包括以下几个方面。一是落实全面的中华优秀传统文化教育评价,注重评价数据收集的全面性和科学性,运用网络平台和大数据等技术掌握中华优秀传统文化融入高校思想政治理论课后的客观情况,确保评价的时效性和准确性;二是及时对中华优秀传统文化教育评价结果进行反馈,使评价对象准确把握融入后的教育教学开展情况,及时进行调整;三是在实践中不断完善中华优秀传统文化教育的顶层设计,有针对性地优化中华优秀传统文化教育工作。

中华优秀传统文化融入高校思想政治理论课是一项复杂的系统性工程,我们应不断提高认识,积极进行探索,在习近平新时代中国特色社会主义思想的指导下,努力实现中华优秀传统文化教育的创新性发展。

第九章 结 语

新时代,高校思想政治理论课要想真正发挥立德树人、培育堪当民族复兴大任时代新人的作用,需要不断推进中华优秀传统文化融入其中,这也是由思想政治理论课的政治性和理论性决定的。思想政治理论课首先就是要给大学生讲清楚什么是马克思主义。马克思主义之所以能在中国开花结果,离不开马克思主义中国化时代化。马克思主义理论不仅是马克思、恩格斯、列宁等的理论成果,还包括毛泽东思想、中国特色社会主义理论体系,特别是习近平新时代中国特色社会主义思想。这部分内容要想讲清楚、讲透彻,就必须"把马克思主义思想精髓同中华优秀传统文化精华贯通起来、同人民群众日用而不觉的共同价值观念融通起来,不断赋予科学理论鲜明的中国特色,不断夯实马克思主义中国化时代化的历史基础和群众基础,让马克思主义在中国牢牢扎根"[①]。因此在新时代,思想政治理论课更应该以习近平新时代中国特色社会主义思想作为指导。思想政治理论课还要对大学生进行价值引领,回应大学生关心关注的问题。这同样需要从中华优秀传统文化中汲取养分和力量,运用鲜活的案例增强大学生的民族认同感和自豪感。中华优秀传统文化融入高校思想政治理论课,既是一个具有重大意义的理论问题,又是一个值得探讨的实践问题。

中华优秀传统文化融入高校思想政治理论课,首先要弄清楚"是什么"的问题。因为并不是所有的内容都可以进行融入,所以必须明确衡量内容的标准。本书认为有五个方面的标准,即能够符合社会发展和时代发展要求、能够经得住实践检验、能够促进民族团结和振兴、能够凝聚民族精神和增强文化自信、能够促进世界文明发展。本书还从理论内涵、价值内涵、时代内涵三个方面进一步明确融入的内容到底"是什么",并对高校思想政治理论课的内涵抓住"主渠道""主阵地""关键课程""重要抓手"四个关键词展开分析。虽然目前全国上下都非常关注思想政治理

[①]习近平.高举中国特色社会主义伟大旗帜 为全面建设社会主义现代化国家而团结奋斗——在中国共产党第二十次全国代表大会上的报告(2022 年 10 月 16 日)[M].北京:人民出版社,2022:18.

论课,但如何准确把握课程内涵还是需要梳理清楚。本书着重讨论了中华优秀传统文化融入高校思想政治理论课的内涵,融入的实质是坚持马克思主义指导并提高思想政治理论课的实效性,融入的过程必须科学严谨,融入后的发展应可持续进行。融入教育的构成要素包括融入的实现主体即高校思想政治理论课教师、融入的教育对象即大学生,融入的主要内容要有针对性、精准性和系统性,融入的方法要把握综合性、注重实效性、富有创造性。融入后所表现出的特点是内容的互补性、主题的贯通性、价值的一致性。厘清了基本概念和内涵后,对融入的研究将更准确。

中华优秀传统文化融入高校思想政治理论课并不是一个伪命题,而是有着丰富的理论依据和现实依据。本书的依据研究分为两个部分,首先是进行理论依据的梳理。虽然马克思、恩格斯、列宁等没有专门研究过中华优秀传统文化,但是他们对传统文化提出了重要的理论观点。他们认为应以批判的态度对待传统文化的继承,以积极的态度对待传统文化的转化,以创新的态度对待传统文化的发展。列宁还特别强调无产阶级政党必须掌握对文化建设的领导权,进一步指出文化建设的主体是广大人民群众。马克思主义经典作家的论述为我们提供了看待中华优秀传统文化的科学态度和方法论。马克思主义中国化的理论成果则凝聚着对中华优秀传统文化的正确认识。毛泽东思想明确指出,我们创造探索的中华优秀传统文化必须从社会意识与经济基础的互动关系出发,必须具有人民性,强调中华优秀传统文化的继承性、创造性;科学分析了对待中华优秀传统文化应坚持尊重历史传统、批判继承的原则方法、"双百"方针和"二为"方向,纠正了很长时期存在的对中华优秀传统文化的错误看法。中国特色社会主义理论体系中邓小平理论、"三个代表"重要思想和科学发展观都结合了时代特征,推动了我们党和人民对中华优秀传统文化的认识,促进其不断传承和发展。习近平新时代中国特色社会主义思想阐明了中华优秀传统文化的时代价值包括个体价值、社会价值、国家和民族价值以及人类价值;提炼了中华优秀传统文化的思想精髓,特别强调要促进中华优秀传统文化的创造性转化创新性发展,要坚持马克思主义指导,要坚持社会主义核心价值观指引,要在中国式现代化道路行进中发展,要在人类命运共同体构建中转化。由此可见,马克思主义的一系列指导思想为正确认识融入教育提供了根本遵循。然后,本书分析了融入的现实依据,包括党的十一届三中全会至今各阶段国家出台的相关政策扶持以及相关高校中华优秀传统文化教育实践的开展情况。这些政策及相关实践成果都为本书探讨融入问题提供了借鉴。

　　为了回答好"中华优秀传统文化为什么要融入高校思想政治理论课"这个问题,本书分析了融入的价值意蕴,包括理论价值和现实价值。融入的理论价值表现在,一是进一步加强高校思想政治理论课政治性和学理性相统一。要坚持政治性引领学理性,明确正确政治立场,厚植民族根基;要保证学理性支持政治性,注重与中华优秀传统文化相结合,增强说服力。二是进一步增强课程的系统性和整体性。三是进一步促进中华优秀传统文化的时代发展。要对中华优秀传统文化赋予时代内涵;要顺应时代发展趋势,优化顶层设计与政策指导。融入的现实价值表现在,一是对高校思想政治理论课建设的现实价值,是更好发挥高校思想政治理论课立德树人关键作用的内在要求,是丰富高校思想政治理论课教学内容的有效手段,是更好促进高校思想政治理论课改革创新的必然条件;二是对培养新时代大学生的现实价值,包括强化爱国主义的动力价值、发挥"价值理念"的引领价值、彰显人文素质的培育价值、形成"基因文化"的整合价值。

　　关于"中华优秀传统文化融入高校思想政治理论课的现状如何",本书针对高校思想政治理论课教师和大学生群体采用了问卷调查的方式,并对结果进行了分析。通过实证研究发现,不论是教师还是学生,对融入是持肯定态度的,教师和学生都表现出对融入教育、中华优秀传统文化感兴趣等的倾向,但是融入的效果并不理想,融入的广度和深度都需要提升。主要问题集中在融入的主体缺乏主动性、融入的内容缺乏规划、融入的话语转化不够顺畅、融入的具体方法缺少创新等方面。这些问题之所以存在,是因为大学生群体文化观念日趋复杂、缺少相关的师资队伍、中华优秀传统文化与现代网络文化之间存在对峙,同时还缺乏有效的融入路径。可见,存在很多亟待解决的问题。

　　要想解决中华优秀传统文化融入高校思想政治理论课目前存在的问题,首先必须明确融入的目标、原则和方法,正所谓"纲举目张",只有顶层设计科学有效,才能指导构建更有效的融入路径。目标任务显然与新时代高校思想政治理论课的建设目标是一致的。根本目标就是要增强大学生的使命担当,培养的时代新人要有崇高理想、过硬本领、使命担当。具体目标就是在教育主体层面,促进高校思想政治理论课教师自身文化修养的提升;在教育客体层面,帮助大学生成为以中华优秀传统文化涵养自身的主力军、排头兵;在教育介体层面,推动高校成为中华优秀传统文化教育的主阵地、新堡垒;在教育环体层面,打造具有中华优秀传统文化元素和意境的文化环境。通过层层递进的目标任务,使融入能够做到有的放矢。融入还应遵循一定的原则,包括传承性与创新性相统一、理论性与实践性相统一、思想性与人文性相统一、主导性与主体性相统一、认知性和践行性相统一、民族性与世界性相统一。在原则的指导下,还应不断创新融入的教学方法。对方法论的总体认识可以从三个层面来看,即方法论意义上的教学方法、一般教学方法和具体教学方法。对具体教学方法进行了进一步探讨,包括正确的教学方法观的确定和导引、教育学意义上的一般教学方法借鉴,有助于在融入过程中采用合适的具体教学方法。本书探讨了专题式教学、案例式教学、研究式教学、实践教学、情境式教学五种方法。在使用这些方法时,还应注意调动学生的积极性,突出互动教学;注重课堂内外结合,系统综合地推进教学方法改革。

关于"中华优秀传统文化应该怎样融入高校思想政治理论课",需要明确具体的实践路径。这是本书要解决的重点问题。第一,如何选择融入的内容,这是进行融入教育的首要问题。要坚持科学原则,合理选择融入内容;要立足思想政治理论课,全面构建融入内容;要挖掘中华优秀传统文化价值,科学设计融入内容。第二,融入的话语体系,即教师应如何将这些内容有效传递给学生。即使融入内容没有问题了,如果不能有效传递,还是会削弱融入教育的效果。话语体系构建的主体是多结构、多层次主体,话语体系中主体间要加强互动。话语体系构建有非常重要的作用,既有利于形成具有中国特色的新提法,也有利于增强思想政治理论课话语表达的穿透力、感染力与说服力。话语体系构建要明确要求,不断突出话语体系的针对性,不断增强话语主体的感召力,不断提升话语体系的创新性。话语体系构建的途径应结合时代特征,突出政治性与文化主体性相结合的特点,构建生动活泼的话语体系,塑造大学生喜闻乐见的话语风格,创新话语传播手段。第三,融入的教育环境。本书认为,这里的教育环境是指思想政治教育活动生成的以及对思想政治教育过程产生影响的一切因素的总和。要重视教育环境的优化作用,因为它对融入教育可以更好地发挥引导作用、保障作用和激励作用。教育环境优化的路径包括在"变"与"不变"中寻求优化、在环境要素的重点把握中寻求优化、在环境构建机制中寻求优化。第四,融入的有效载体,其能够保证课程的正常进行。本书认为,无论有效载体是什么样的媒介形式,它必须能够承载中华优秀传统文化融入高校思想政治理论课所要实现的目标、内容等信息,必须能够为高校思想政治理论课教师所运用和控制,必须能够有利于大学生有效快捷地获得包括中华优秀传统文化等在内的相关思想政治教育内容。有效载体的特点包括装载性、传递性、能控性、多样性和发展性。有效载体的类型包括作为实践产品的载体、作为主观心态的载体、作为实践本身的载体、作为网络虚拟存在的载体。对有效载体的选择,应遵循的依据是结合新时代中国改革发展实际、关切大学生成长实际、体现高校思想政治教育自身的创新发展。因此,有效载体的创新方式包括对传统的有效载体进行改造和创新、创设一些以前没有的新型有效载体、综合现有的多种载体形成整体性的思想政治教育载体。

要想中华优秀传统文化融入高校思想政治理论课的教育效果能够持续,离不开必要的条件保障机制。本书认为可以从以下几个方面着手加强相关队伍或机制建设。第一,提升高校思想政治理论课教师队伍的整体素质,包括传统文化素养、运用中华优秀传统文化意识、教学能力,并创造提升条件。第二,制定大学生积极主动性激发机制。大学生积极主动性激发机制指的是大学生对中华优秀传统文化融入思想政治理论课学习的内在需要与外在需要。在学习过程中,通过一定的激励措施调动大学生的积极性,鼓励大学生自觉学习,可以提升大学生的综合素质,并为成长为时代新人不断努力。这一机制的构建包括学习启发机制的构建、学习引导机制的构建、学习支持机制的构建。第三,建立健全相关制度保障机制。需要把握的总体原则是四个关键词,即遵循根本指导、坚持根本方向、落实根本任务、强化根本保证。这一制度保障机制包括国家宏观政策保障机制、学校微观制度保障机制、课程运行保障机制、规划管理保障机制、动态反馈保障机制,应将这些机制不断协同完善,发挥合力。第四,完善中华优秀传统文化教育评价机制。这一机制的基本要素包括四个方面,一是评价主体,即高校管理者、高校思想政治理论课教师、大学生和社会;二是评价客体,即高校、思想政治理论课教师和大学生;三是评价过程,包括评价准备、评价实施和评价结果反馈处理等阶段;四是评价内容,包括教育教学过程评价、教育教学效果评价。评价机制的基本要求是以实践性为原则,以主体性与主导性相结合为重点,以全面性为方向;构建路径包括完善高校思想政治理论课教师的主导性评价、构建大学生主体的体验性评价、重视高校的综合性评价。

总之,对中华优秀传统文化融入高校思想政治理论课的研究任重而道远,还需要不断深化。本书仅对融入的内涵、依据、价值、现状、目标、原则、方法、实践路径和条件保障等方面进行了探讨,对这一问题的思考还有待进一步加强和完善,希望未来在这一问题上能够探索和研究出更丰富的结论。

附 录

（一）中华优秀传统文化融入高校思想政治理论课
调查问卷（学生）

　　为了更准确地了解当前中华优秀传统文化与高校思想政治理论课（以下简称为"思政课"）教学相结合的现状，把握高校学生对中华优秀传统文化的认同意识、知识结构和信仰期待，从而更全面地进行中华优秀传统文化融入思政课的研究，特做此调查问卷。本问卷实行匿名制，所有数据仅用于统计分析，题目选项无对错之分。请您按照实际情况填写，谢谢您的配合。

1. 您的性别？　　　　　　　　　　　　　　　　　　　　　　　（　　）

    A. 男　　　　　　　　　　　B. 女

2. 您现在在哪一类大学求学？　　　　　　　　　　　　　　　　（　　）

    A. 一本大学　　　　　　　　B. 二本大学

    C. 职业本科　　　　　　　　D. 高职高专

    E. 其他

3. 您现在是几年级学生？　　　　　　　　　　　　　　　　　　（　　）

    A. 大一　　　　　　　　　　B. 大二

    C. 大三　　　　　　　　　　D. 大四

    E. 研究生　　　　　　　　　F. 已毕业

4. 您的专业所属类别？　　　　　　　　　　　　　　　　　　　（　　）

    A. 理工类　　　　　　　　　B. 文史类

    C. 经济类　　　　　　　　　D. 管理类

    E. 师范类　　　　　　　　　F. 农林类

    G. 艺术类　　　　　　　　　H. 医学类

    I. 其他类

5. 您的政治面貌？　　　　　　　　　　　　　　　　　　　（　　）

　　A. 群众　　　　　　　　　　　B. 共青团员

　　C. 预备党员　　　　　　　　　D. 中共党员

　　E. 民主党派

6. 您在学习思政课之前对思政课的印象如何？　　　　　　　（　　）

　　A. 很有趣的课　　　　　　　　B. 很有意义的课

　　C. 很有用的课　　　　　　　　D. 很无聊的课

　　E. 其他

7. 您对思政课感兴趣吗？　　　　　　　　　　　　　　　　（　　）

　　A. 非常感兴趣　　　　　　　　B. 感觉一般般

　　C. 完全不感兴趣　　　　　　　D. 其他

8. 您对中华优秀传统文化了解多少？　　　　　　　　　　　（　　）

　　A. 非常了解　　　　　　　　　B. 一般了解

　　C. 不太了解　　　　　　　　　D. 不了解

　　E. 其他

9. 您对中华优秀传统文化是否感兴趣？　　　　　　　　　　（　　）

　　A. 有兴趣　　　　　　　　　　B. 比较有兴趣

　　C. 一般般　　　　　　　　　　D. 不太有兴趣

　　E. 没有兴趣

10. 您一般通过哪些途径了解中华优秀传统文化？（可多选）（　　）

　　A. 影视剧、广播　　　　　　　B. 课外书本、杂志、报纸、展览

　　C. 课堂、讲座　　　　　　　　D. 旅游参观名胜古迹

　　E. 父母长辈　　　　　　　　　F. 网络

　　G. 游戏　　　　　　　　　　　H. 其他

11. 您喜欢的中华优秀传统文化有哪些？（可多选）　　　　（　　）

　　A. 文学艺术　　　　　　　　　B. 思想文化

　　C. 民族建筑　　　　　　　　　D. 传统节日

　　E. 民间习俗　　　　　　　　　F. 传统服饰

　　G. 饮食文化　　　　　　　　　H. 其他

12. 您是怎样看待中国传统文化的？（可多选）　　　　　　（　　）

　　A. 传统文化博大精深、源远流长, 应继承并发扬光大

B. 传统文化既有糟粕也有精华,接受时要有所扬弃

C. 在现今时代,传统文化过时了、保守了

D. 不关心也没有什么认识

13. 您是否清楚中华优秀传统文化包括哪些内容？ （ ）

    A. 有全面的认识

    B. 有模糊的概念,具体哪些不太了解

    C. 完全不了解

14. 请问您阅读过以下优秀传统文化类书籍中的哪几种？（可多选） （ ）

    A.《论语》   B.《道德经》

    C.《弟子规》   D.《大学》

    E.《中庸》   F.《孟子》

    G.《史记》   H.《资治通鉴》

    I. 四大名著   J. 其他传统文化类书籍

15. 您认为目前高校思政课体系中对中华优秀传统文化的涉及程度如何？

                                        （ ）

    A. 涉及范围非常广泛   B. 涉及范围一般

    C. 没有涉及   D. 不清楚

16. 您认为是否有必要将中华优秀传统文化融合于高校思政课中？ （ ）

    A. 非常有必要   B. 比较有必要

    C. 没有必要   D. 不清楚

17. 您认为在中华传统文化融入高校思政课过程中影响学习效果的因素有哪些？（可多选） （ ）

    A. 学校和任课教师重视程度不够

    B. 教师在讲解过程中过于教条,照本宣科

    C. 有时因听不懂或看不明白而影响了学习兴趣

    D. 感觉即使学了也没有什么用

    E. 其他

18. 您认为采用何种方式能有效了解并学习中华优秀传统文化？（可多选）

                                        （ ）

    A. 在思政课中适时增添与课程有关的中华优秀传统文化知识

    B. 马克思主义学院开展各种活动,重拾古人文化传统

C. 马克思主义学院开办讲座、选修课程

D. 利用网络、电视、报纸、杂志、书籍等加大宣传

E. 其他方式

19. 在思政课学习中,您是否认同将中华优秀传统文化与课程内容相融合,借助优秀传统文化的精神力量能够增强课程的感召力? （　　）

A. 非常认同　　　　　　　　　B. 比较认同

C. 不认同　　　　　　　　　　D. 不清楚

20. 在思政课学习中,您赞成将中华优秀传统文化的哪些内容与课程相融合?（可多选） （　　）

A. 厚植爱国情怀　　　　　　　B. 弘扬奋斗精神

C. 培养创新意识　　　　　　　D. 弘扬人文精神

E. 传承道德教育　　　　　　　F. 其他

21. 您认为在思政课中增添中华优秀传统文化内容的学习意义有哪些?（可多选） （　　）

A. 提高人格修养　　　　　　　B. 培养家国情怀

C. 促进良好社会关系　　　　　D. 传承中华优秀传统文化

E. 反哺马克思主义理论知识的学习效果

F. 与人生发展无关　　　　　　G. 其他意义

22. 您认为在当前大学生培养过程中,将中华优秀传统文化融合于思政课教育教学中存在的主要问题有哪些?（可多选） （　　）

A. 缺少传统文化类实践活动

B. 思政课与中华传统文化类知识的课堂教学方法有待改进

C. 缺乏相关领域优质的指导教师资源

D. 缺乏适用的教材

E. 传统文化典籍对于学生读懂和理解有一定的难度

F. 其他问题

23. 对于将中华优秀传统文化与思政课相融合这个问题,您是否还有更多宝贵的意见?

（二）中华优秀传统文化融入高校思想政治理论课
调查问卷（教师）

尊敬的老师：

您好！感谢您参加这次问卷调查活动。您的合作和支持，将为我们深入了解当前高校思想政治理论课（以下简称为"思政课"）教师在教学实践中将中华优秀传统文化融入思政课的基本状况提供重要帮助，对于构建中华优秀传统文化融入思政课创新体系，切实提高思政课的实效性、增强学生的获得感具有十分重要的意义。本次调研采取无记名的方式进行。您的回答不涉及是非对错，请按照自身实际情况逐一回答每个问题即可。衷心感谢您的支持与配合！

1. 您的年龄？ （　　）
   A. 35 岁以下　　　　　　　　　B. 35—50 岁
   C. 50 岁以上

2. 您的文化程度？ （　　）
   A. 大学本科　　　　　　　　　　B. 硕士研究生
   C. 博士研究生　　　　　　　　　D. 其他

3. 您所属的党派？ （　　）
   A. 中国共产党　　　　　　　　　B. 民主党派
   C. 群众　　　　　　　　　　　　D. 其他

4. 您的职称？ （　　）
   A. 新入职还未评定　　　　　　　B. 初级
   C. 中级　　　　　　　　　　　　D. 高级
   E. 其他

5. 如果说当前中华优秀传统文化教育存在缺失，您认为有哪些原因？（可多选） （　　）
   A. 学校没有足够重视
   B. 传统文化不符合现代生活方式，难以发展
   C. 学生对传统文化缺乏兴趣
   D. 整个社会没有形成学习传统文化的氛围
   E. 西方文化思潮的冲击
   F. 其他

6. 您认为中华优秀传统文化有必要融入思政课吗？　　　　　（　　）

    A. 非常有必要　　　　　　　　　B. 有必要

    C. 无所谓　　　　　　　　　　　D. 没必要

    E. 其他

7. 您是否愿意加强中华优秀传统文化的学习和实践，积极为学生答疑解惑、排忧克难以及做思想引领吗？　　　　　（　　）

    A. 非常愿意　　　　　　　　　　B. 愿意

    C. 不太愿意　　　　　　　　　　D. 不愿意

    E. 非常不愿意　　　　　　　　　F. 其他

8. 您是否有意识地把中华优秀传统文化的核心思想理念、人文精神等融入到思政课教学当中？　　　　　（　　）

    A. 从不　　　　　　　　　　　　B. 偶尔

    C. 经常　　　　　　　　　　　　D. 说不清楚

9. 您在课下是否经常与学生讨论中华优秀传统文化的相关话题？　（　　）

    A. 从不　　　　　　　　　　　　B. 偶尔

    C. 经常　　　　　　　　　　　　D. 说不清楚

10. 您将中华优秀传统文化融入思政课的原因有哪些？（可多选）（　　）

    A. 可提高学生政治素养

    B. 帮助学生树立正确的价值观、人生观

    C. 引领良好的社会风气

    D. 为学生传递正能量

    E. 为学生进一步深造做准备

    F. 学校要求

    G. 其他

    H. 从未有过

11. 您认为将中华优秀传统文化融入思政课有哪些作用？（可多选）（　　）

    A. 提升中华优秀传统文化素养和思想政治教育意识

    B. 提升挖掘课程蕴含的中华优秀传统文化思想政治教育资源的能力

    C. 提升运用中华优秀传统文化理论分析解决现实问题的能力

    D. 其他

12. 您对增强思政课教师将中华优秀传统文化融入思政课的意识和能力培养

有哪些建议？（可多选）   （   ）

A. 加强对中华优秀传统文化核心思想的理论学习

B. 加强运用中华优秀传统文化进行思想政治教育的实践锻炼

C. 建立常态化的中华优秀传统文化思想政治教育学习与培训机制

D. 加强思政课教师与专业课教师之间的沟通与合作教学

E. 建立相应考评制度和激励机制

F. 其他

13. 您认为将中华优秀传统文化融入思政课的教学方法有哪些？（可多选）

                                                （   ）

A. 教师为主导的讲授式教学   B. 讨论式教学

C. 专题式教学   D. 情景模拟式教学

E. 其他

14. 从长期看，您认为将中华优秀传统文化融入高校思政课学生的收获会怎
么样？   （   ）

A. 收获非常大   B. 有一定收获

C. 无任何收获   D. 说不清

E. 其他

15. 您认为目前中华优秀传统文化融入思政课的主要问题有哪些？（可多选）

                                                （   ）

A. 缺少思想政治教育与中华优秀传统文化教育的融合意识

B. 缺少可以融合的优质教育资源

C. 学生对中华优秀传统文化的学习不够重视

D. 教师的课堂教学方法有待改进

E. 与课余活动的结合较少

F. 其他

16. 您认为中华优秀传统文化能为思政课提供丰富的教育资源吗？   （   ）

A. 能提供丰富的教育资源   B. 能提供一定的教育资源

C. 能提供较少的教育资源   D. 不能提供教育资源

E. 其他

17. 请留下您对中华优秀传统文化融入思政课的建议：

参 考 文 献

(一) 中文著作

[1] 中共中央马克思恩格斯列宁斯大林著作编译局. 马克思恩格斯文集:第1-10卷[M]. 北京:人民出版社,2009.

[2] 中共中央马克思恩格斯列宁斯大林著作编译局. 马克思恩格斯选集:第1-4卷[M]. 北京:人民出版社,2012.

[3] 中共中央马克思恩格斯列宁斯大林著作编译局. 列宁专题文集:第1-5卷[M]. 北京:人民出版社,2009.

[4] 中共中央马克思恩格斯列宁斯大林著作编译局. 列宁选集:第1-4卷[M]. 北京:人民出版社,1995.

[5] 中国李大钊研究会. 李大钊全集:第1-5卷[M]. 北京:人民出版社,2013.

[6] 毛泽东. 毛泽东选集:第1-4卷[M]. 北京:人民出版社,1991.

[7] 毛泽东. 毛泽东文集:第1-8卷[M]. 北京:人民出版社,1993-1999.

[8] 邓小平. 邓小平文选:第1-3卷[M]. 北京:人民出版社,1993-1994.

[9] 陈云. 陈云文选:第3卷[M]. 北京:人民出版社,1995.

[10] 江泽民. 江泽民文选:第1-3卷[M]. 北京:人民出版社,2006.

[11] 胡锦涛. 胡锦涛文选:第1-3卷[M]. 北京:人民出版社,2016.

[12] 习近平. 习近平谈治国理政[M]. 北京:外文出版社,2014.

[13] 习近平. 习近平谈治国理政:第2卷[M]. 北京:外文出版社,2017.

[14] 习近平. 习近平谈治国理政:第3卷[M]. 北京:外文出版社,2020.

[15] 习近平. 习近平谈治国理政:第4卷[M]. 北京:外文出版社,2022.

[16] 胡锦涛. 高举中国特色社会主义伟大旗帜 为夺取全面建设小康社会新胜利而奋斗[M]. 北京:人民出版社,2007.

[17] 胡锦涛. 坚定不移沿着中国特色社会主义道路前进 为全面建成小康社会而奋斗[M]. 北京:人民出版社,2012.

[18] 习近平. 在纪念毛泽东同志诞辰120周年座谈会上的讲话[M]. 北京:人

民出版社,2013.

[19] 习近平.在文艺工作座谈会上的讲话[M].北京:人民出版社,2015.

[20] 中共中央宣传部.习近平总书记系列重要讲话读本[G].北京:学习出版社,2016.

[21] 中共中央文献研究室.习近平关于社会主义文化建设论述摘编[G].北京:中央文献出版社,2017.

[22] 习近平.决胜全面建成小康社会 夺取新时代中国特色社会主义伟大胜利——在中国共产党第十九次全国代表大会上的报告[M].北京:人民出版社,2017.

[23] 中共中央宣传部.习近平新时代中国特色社会主义思想三十讲[M].北京:学习出版社,2018.

[24] 中共中央宣传部.习近平新时代中国特色社会主义思想学习纲要[M].北京:学习出版社,2019.

[25] 中国共产党第十九届中央委员会第四次全体会议文件汇编[G].北京:人民出版社,2019.

[26] 习近平.在党史学习教育动员大会上的讲话[M].北京:人民出版社,2021.

[27] 习近平.在全国脱贫攻坚总结表彰大会上的讲话[M].北京:人民出版社,2021.

[28] 中共中央文献研究室.建国以来重要文献选编:第1-20册[G].北京:中央文献出版社,1992-1998.

[29] 中共中央文献研究室.十二大以来重要文献选编:上[G].北京:中央文献出版社,1986.

[30] 中共中央文献研究室.十二大以来重要文献选编:中[G].北京:中央文献出版社,1986.

[31] 中共中央文献研究室.十二大以来重要文献选编:下[G].北京:中央文献出版社,1988.

[32] 中共中央文献研究室.十三大以来重要文献选编:上[G].北京:中央文献出版社,1991.

[33] 中共中央文献研究室.十三大以来重要文献选编:中[G].北京:中央文献出版社,1991.

［34］中共中央文献研究室.十三大以来重要文献选编:下［G］.北京:中央文献出版社,1993.

［35］中共中央文献研究室.十四大以来重要文献选编:上［G］.北京:中央文献出版社,1996.

［36］中共中央文献研究室.十四大以来重要文献选编:中［G］.北京:中央文献出版社,1997.

［37］中共中央文献研究室.十四大以来重要文献选编:下［G］.北京:中央文献出版社,1999.

［38］中共中央文献研究室.十五大以来重要文献选编:上［G］.北京:中央文献出版社,2000.

［39］中共中央文献研究室.十五大以来重要文献选编:中［G］.北京:中央文献出版社,2001.

［40］中共中央文献研究室.十五大以来重要文献选编:下［G］.北京:中央文献出版社,2003.

［41］中共中央文献研究室.十六大以来重要文献选编:上［G］.北京:中央文献出版社,2005.

［42］中共中央文献研究室.十六大以来重要文献选编:中［G］.北京:中央文献出版社,2006.

［43］中共中央文献研究室.十六大以来重要文献选编:下［G］.北京:中央文献出版社,2008.

［44］中共中央文献研究室.十七大以来重要文献选编:上［G］.北京:中央文献出版社,2009.

［45］中共中央文献研究室.十七大以来重要文献选编:中［G］.北京:中央文献出版社,2011.

［46］中共中央文献研究室.十七大以来重要文献选编:下［G］.北京:中央文献出版社,2013.

［47］中共中央文献研究室.十八大以来重要文献选编:上［G］.北京:中央文献出版社,2014.

［48］中共中央文献研究室.十八大以来重要文献选编:中［G］.北京:中央文献出版社,2016.

［49］中共中央文献研究室.十八大以来重要文献选编:下［G］.北京:中央文献

出版社,2018.

[50] 中共中央文献研究室.十九大以来重要文献选编:上[G].北京:中央文献出版社,2019.

[51] 中共中央文献研究室.十九大以来重要文献选编:中[G].北京:中央文献出版社,2021.

[52] 全国人民代表大会常务委员会办公厅.中华人民共和国第八届全国人民代表大会第三次会议文件汇编[G].北京:人民出版社,1995.

[53] 中国共产党第十六次全国代表大会文件汇编[G].北京:人民出版社,2002.

[54] 中共中央文献研究室.建党以来重要文献选编(1921—1949):第20册[G].北京:中央文献出版社,2011.

[55]《中华人民共和国学校思想政治理论课重要文献选编》编写组.中华人民共和国学校思想政治理论课重要文献选编:上、下册[G].北京:人民出版社,2022.

[56] 王文锦.大学中庸译注[M].北京:中华书局,2019.

[57] 王先慎.韩非子集解[M].北京:中华书局,2013.

[58] 陈鼓应.老子今注今译[M].北京:商务印书馆,2016.

[59] 王文锦.礼记译解[M].北京:中华书局,2016.

[60] 杨伯峻.论语译注[M].北京:中华书局,2017.

[61] 杨伯峻.孟子译注[M].北京:中华书局,2018.

[62] 顾颉刚,刘起釪.尚书校释译论:第1-4册[M].北京:中华书局,2018.

[63] 周振甫.诗经译注[M].修订本.北京:中华书局,2010.

[64] 荀况.荀子[M].杨倞,注;耿芸,标校.上海:上海古籍出版社,2014.

[65] 张载.张子正蒙[M].王夫之,注;汤勤福,导读.上海:上海古籍出版社,2020.

[66] 黄寿祺,张善文.周易译注[M].新修订本.上海:上海古籍出版社,2018.

[67] 艾四林.新时代如何办好思想政治理论课[M].北京:人民出版社,2019.

[68] 曹础基.庄子浅注[M].修订重排本.北京:中华书局,2007.

[69] 陈秉公.思想政治教育学原理[M].沈阳:辽宁人民出版社,2001.

[70] 陈来.传统与现代:人文主义的视界[M].北京:生活·读书·新知三联书店,2009.

[71] 陈来.中华文明的核心价值:国学流变与传统价值观[M].北京:生活·

读书·新知三联书店,2015.

[72] 陈胜云.文化哲学的当代发展[M].南昌:江西人民出版社,2007.

[73] 陈万柏,张耀灿.思想政治教育学原理[M].3 版.北京:高等教育出版社,2015.

[74] 陈先达.文化自信中的传统与当代[M].北京:北京师范大学出版社,2017.

[75] 陈序经.中国文化的出路[M].北京:中国人民大学出版社,2004.

[76] 陈昭瑛.台湾与传统文化[M].台北:台湾大学出版中心,2005.

[77] 邓球柏.中国传统文化与思想政治教育[M].北京:首都师范大学出版社,1999.

[78] 段妍.比较视域下当代大学生核心价值观培育研究[M].北京:人民出版社,2016.

[79] 方克立.现代新儒学与中国现代化[M].天津:天津人民出版社,1997.

[80] 方启迪.价值是什么——价值学引论[M].台北:台北联经出版事业公司,1986.

[81] 费孝通.文化与文化自觉[M].北京:群言出版社,2016.

[82] 费孝通.中国文化的重建[M].上海:华东师范大学出版社,2014.

[83] 冯刚,彭庆红,佘双好,等.新时代高校思想政治教育学原理[M].北京:人民出版社,2021.

[84] 冯刚.理直气壮开好思政课——把握新时代思政课建设规律[M].北京:人民出版社,2019.

[85] 冯友兰.中国哲学简史[M].北京:北京大学出版社,2013.

[86] 高文苗.新时代中华优秀传统文化教育研究[M].北京:人民出版社,2020.

[87] 葛兆光.古代中国文化讲义[M].上海:复旦大学出版社,2012.

[88] 龚鹏程.中国传统文化十五讲[M].北京:北京大学出版社,2006.

[89] 顾友仁.中国传统文化与思想政治教育的创新[M].合肥:安徽大学出版社,2011.

[90] 韩振峰.新时代思想政治理论课改革创新研究[M].北京:中央编译出版社,2021.

[91] 韩震.社会主义核心价值体系研究[M].北京:人民出版社,2007.

[92] 何兆武. 中西文化交流史论[M]. 北京：中国青年出版社，2001.

[93] 贺麟. 文化与人生[M]. 上海：上海文艺出版社，2001.

[94] 胡适. 中国文化的反省[M]. 上海：华东师范大学出版社，2013.

[95] 黄俊杰. 传统中华文化与现代价值的激荡[M]. 北京：社会科学文献出版社，2002.

[96] 霍洪波. 高校思想政治教育中传统文化融入问题研究[M]. 北京：中国社会科学出版社，2019.

[97] 中共中央政策研究室. 江泽民论社会主义精神文明建设[M]. 北京：中央文献出版社，1999.

[98] 金元浦，谭好哲，陆学明. 中国文化概论[M]. 北京：首都师范大学出版社，2008.

[99] 靳义亭. 传统文化融入高校思想政治教育研究[M]. 北京：中国社会科学出版社，2016.

[100] 孔庆榕，李权时. 中华民族凝聚力论纲[M]. 广州：广东人民出版社，1995.

[101] 郭凤志. 高校思想政治理论课程建设研究[M]. 北京：北京师范大学出版社，2019.

[102] 李申申，陈洪澜，李荷蓉，等. 传承的使命：中华优秀文化传统教育问题研究[M]. 北京：人民出版社，2011.

[103] 李安增，卢忠帅，程刚. 马克思主义与中国传统文化关系研究[M]. 北京：北京师范大学出版社，2020.

[104] 李宗桂，等. 中华民族精神概论[M]. 广州：广东人民出版社，2007.

[105] 李宗桂. 当代中国文化探讨[M]. 广州：花城出版社，2012.

[106] 梁启超. 新民说[M]. 宋志明，选注. 沈阳：辽宁人民出版社，1994.

[107] 梁启超. 中国近三百年学术史[M]. 北京：东方出版社，1996.

[108] 梁漱溟. 中国文化要义[M]. 上海：上海人民出版社，2011.

[109] 梁漱溟. 梁漱溟全集：第3卷[M]. 济南：山东人民出版社，2005.

[110] 刘思阳，等. 中国优秀传统文化与大学生思想政治教育探究[M]. 北京：中国水利水电出版社，2016.

[111] 楼宇烈. 中国的品格[M]. 海口：南海出版公司，2009.

[112] 楼宇烈. 中国文化的根本精神[M]. 北京：中华书局，2016.

[113] 陆卫明,李红.中国文化精神与现代社会[M].北京:中国社会科学出版社,2015.

[114] 骆郁廷.思想政治教育原理与方法[M].北京:北京师范大学出版社,2019.

[115] 孟宪平.嬗变与重组:转型期社会主义文化建设机制研究[M].北京:人民出版社,2014.

[116] 庞朴.庞朴文集:第1-4卷[M].济南:山东大学出版社,2005.

[117] 庞朴.中国文化十一讲[M].北京:中华书局,2008.

[118] 戚万学,等.道德教育的文化使命[M].北京:教育科学出版社,2010.

[119] 钱穆.民族与文化[M].北京:九州出版社,2012.

[120] 钱穆.文化学大义[M].北京:九州出版社,2011.

[121] 钱穆.中国文化史导论[M].北京:九州出版社,2011.

[122] 钱穆.中华文化十二讲[M].北京:九州出版社,2012.

[123] 祁明.思想政治理论课教学研究[M].上海:同济大学出版社,2021.

[124] 秦宣.分化与整合:社会转型时期的思想政治教育研究[M].北京:中国人民大学出版社,2017.

[125] 曲文君.中国传统文化与现代化[M].济南:山东人民出版社,2011.

[126] 沈壮海.新编思想政治教育学原理[M].北京:中国人民大学出版社,2022.

[127] 孙隆基.中国文化的深层结构[M].北京:中信出版社,2015.

[128] 汤一介.新轴心时代与中国文化的建构[M].南昌:江西人民出版社,2007.

[129] 唐君毅.人文精神之重建[M].桂林:广西师范大学出版社,2005.

[130] 唐君毅.中国人文精神之发展[M].桂林:广西师范大学出版社,2005.

[131] 唐明燕.思政课教学的中华优秀传统文化资源及应用[M].上海:复旦大学出版社,2022.

[132] 习近平.之江新语[M].杭州:浙江人民出版社,2007.

[133] 萧萐父.活水源头何处寻——关于传统文化与现代化之间历史接合点问题的思考[M]//萧萐父.吹沙集.成都:巴蜀书社,2007.

[134] 徐永春.中国传统文化与思想政治教育[M].北京:光明日报出版社,2016.

[135] 许俊. 中国人的根与魂：中华优秀传统文化通识[M]. 北京：人民出版社,2016.

[136] 薛学共. 中国传统文化与马克思主义中国化[M]. 长沙：湖南师范大学出版社,2010.

[137] 杨晓慧. 当代大学生成长规律研究[M]. 北京：人民出版社,2010.

[138] 杨晓慧. 社会主义核心价值体系融入大学生思想政治教育全过程的基本问题研究[M]. 北京：人民出版社,2011.

[139] 于憬之. 传统文化中的治国理政智慧[M]. 北京：人民日报出版社,2015.

[140] 余秋雨. 中国文化课[M]. 北京：中国青年出版社,2019.

[141] 王易. 传统文化与思想政治教育创新[M]. 北京：中国人民大学出版社,2018.

[142] 张岱年,程宜山. 中国文化与文化论争[M]. 北京：中国人民大学出版社,1990.

[143] 张岱年,方克立. 中国文化概论[M]. 修订版. 北京：北京师范大学出版社,2004.

[144] 张岱年. 中国文化的基本精神[M]//张岱年. 张岱年全集：第7卷. 石家庄：河北人民出版社,1996.

[145] 张岱年. 中华的智慧[M]. 北京：中华书局,2017.

[146] 张江. 建设新时代社会主义文化强国[M]. 北京：中国社会科学出版社,2019.

[147] 张雷声. 思想政治理论课教学的境界[M]. 北京：中国人民大学出版社,2018.

[148] 张立文. "自己讲""讲自己"：中国哲学的重建与传统现代的度越[M]. 北京：北京师范大学出版社,2007.

[149] 张岂之. 张岂之谈中华优秀传统文化[M]. 西安：太白文艺出版社,2012.

[150] 张岂之. 中华人文精神[M]. 北京：人民出版社,2011.

[151] 张岂之. 中华优秀传统文化的核心理念[M]. 南京：江苏人民出版社,2016.

[152] 张澍军. 德育哲学引论[M]. 北京：中国社会科学出版社,2008.

［153］张澍军，等.高校学生思想政治教育载体研究［M］.北京：北京出版社，1999.

［154］张澍军，赵野田，等.未成年人思想道德教育［M］.长春：东北师范大学出版社，2009.

［155］张耀灿，等.思想政治教育学前沿［M］.北京：人民出版社，2006.

［156］张耀灿，郑永廷，吴潜涛，等.现代思想政治教育学［M］.北京：人民出版社，2006.

［157］张造群.优秀传统文化的当代价值——中国特色社会主义视角的省察［M］.北京：中国社会科学出版社，2015.

［158］张昭君，孙燕京.中国近代文化史［M］.北京：中华书局，2012.

［159］赵康太，李英华.中国传统思想政治教育理论史［M］.武汉：华中师范大学出版社，2006.

［160］郑金洲.教育文化学［M］.北京：人民教育出版社，2000.

［161］中共中央马克思恩格斯列宁斯大林著作编译局.马克思恩格斯论中国［M］.北京：人民出版社，2018.

［162］钟明善，朱正威.中国传统文化精义［M］.西安：西安交通大学出版社，1997.

［163］钟永圣.传承与复兴——社会主义核心价值观的中华传统文化解读［M］.北京：中国青年出版社，2015.

［164］朱康有.中华优秀传统文化与马克思主义［M］.重庆：重庆出版社，2019.

（二）译著

［1］［美］斯诺.西行漫记［M］.董乐山，译.北京：生活·读书·新知三联书店，1979.

［2］［美］史华兹.古代中国的思想世界［M］.程钢，译.南京：江苏人民出版社，2004.

［3］［美］狄百瑞.东亚文明：五个阶段的对话［M］.何兆武，何冰，译.南京：江苏人民出版社，2012.

［4］［美］费正清，［美］赖肖尔.中国：传统与变革［M］.陈仲丹，潘兴明，庞朝阳，译.南京：江苏人民出版社，2012.

［5］［德］黑格尔.历史哲学［M］.王造时，译.上海：上海书店出版社，2001.

[6][美]亨廷顿.文明的冲突与世界秩序的重建[M].修订版.周琪,刘绯,张立平,等译.北京:新华出版社,2010.

[7][韩]金日坤.儒教文化圈的伦理秩序与经济:儒教文化与现代化[M].邢东田,黄汉卿,史少锋,译.北京:中国人民大学出版社,1991.

[8][德]韦伯.新教伦理与资本主义精神[M].马奇炎,陈婧,译.北京:北京大学出版社,2012.

[9][德]荣格.东洋冥想的心理学:从易经到禅[M].杨儒宾,译.北京:社会科学文献出版社,2000.

[10][英]汤因比.历史研究:上、下卷[M].郭小凌,王皖强,杜庭广,等译.上海:上海人民出版社,2010.

[11][美]希尔斯.论传统[M].傅铿,吕乐,译.上海:上海人民出版社,2009.

[12][英]密尔.论自由[M].许宝骙,译.北京:商务印书馆,2019.

[13][美]罗尔.媒介、传播、文化:一个全球性的途径[M].董洪川,译.北京:商务印书馆,2012.

(三)期刊论文

[1]安丽梅.思想政治理论课运用中华优秀传统文化资源的逻辑理路探析[J].思想理论教育导刊,2020(2).

[2]包晓光.中国传统文化精神:阶段性、转型与特征[J].学习与探索,2012(2).

[3]柏嫱,柏华.中华优秀传统文化融入大学生思想政治教育的现实路径[J].学校党建与思想教育,2019(16).

[4]曾亚雄.从"尊神"、"崇圣"到"科学"、"民主"——"冲击反应论"与中华民族文化精神的嬗变[J].科学社会主义,2005(5).

[5]陈爱萍,刘焕明.中华优秀传统文化融入高校思想政治理论课的实践路径[J].思想教育研究,2020(9).

[6]陈继红,王易.中国传统文化与思想政治教育研究的论域、问题与趋向[J].思想理论教育导刊,2013(11).

[7]陈健,郭淑新.文化自信视阈下高校优秀传统文化教育研究[J].广西社会科学,2017(9).

[8]陈敏,鲁力.论儒家文化的思想政治教育价值[J].理论学刊,2015(1).

[9]陈庆庆,李祖超.中华优秀传统文化融入大学生思想政治教育的路径创新

[J].思想政治教育研究,2020(4).

[10]陈少平,陈桂香.高校中华传统文化教育与思想政治教育研究综述[J].思想教育研究,2016(6).

[11]陈跃,熊洁.关于当代大学生信仰问题的深层思考[J].高校理论战线,2010(4).

[12]陈泽环.共同理想·儒家伦理·传统话语——弘扬中华优秀传统文化的一点思考[J].江西社会科学,2012(6).

[13]陈占安,赵为民,潘成鑫,等.当代大学生与中国传统文化[J].北京大学学报:哲学社会科学版,1996(1).

[14]陈一收.论以马克思主义为指导的文化自信[J].思想理论教育导刊,2016(7).

[15]迟成勇.论中华优秀传统文化与高校思想政治理论课教学的融合[J].思想理论教育,2014(12).

[16]崔宜明.社会主义核心价值观与中华优秀传统文化的再认识[J].道德与文明,2014(5).

[17]邓晓芒.信仰三题:概念、历史和现实[J].马克思主义与现实,2015(4).

[18]段超.中华优秀传统文化当代传承体系建构研究[J].中南民族大学学报:人文社会科学版,2012(2).

[19]段妍.新时代构建思政课育人新格局的重要着力点[J].思想政治教育研究,2020(2).

[20]樊海源.国学经典社团在大学文化建设中的价值观照[J].思想政治教育研究,2019(3).

[21]方华,孙成武.高校中华优秀传统文化课程体系建构的逻辑[J].西北师大学报:社会科学版,2019(4).

[22]方克立.当代中国文化的"魂"、"体"、"用"关系[J].中国社会科学院研究生院学报,2012(1).

[23]方世南.努力建设中华民族现代文明的深厚政治意蕴[J].学术探索,2023(7).

[24]冯刚,刘晓玲.坚持以文化人 深入推进社会主义核心价值观培育践行[J].思想理论教育导刊,2016(1).

[25]冯刚,史宏月.新时代立德树人的理论内涵及其价值意蕴[J].社会主义

核心价值观研究,2019(5).

[26] 冯刚,朱宏强.思想政治教育内生动力的理论审思[J].马克思主义理论学科研究,2022(6).

[27] 傅永军.现代性与传统——西方视域及其启示[J].山东大学学报:哲学社会科学版,2008(2).

[28] 胡萱,胡小君.中华优秀传统文化融入大学生思想政治教育的价值与实现路径[J].学校党建与思想教育,2022(14).

[29] 高地.西方学者中国思想政治教育研究述评[J].马克思主义研究,2016(10).

[30] 葛丛栩.中华优秀传统文化融入高校思想政治教育研究[J].学校党建与思想教育,2019(16)。

[31] 韩丽颖.立德树人:生成逻辑·精神实质·实践进路[J].东北师大学报:哲学社会科学版,2016(6).

[32] 何蓉.中国历史上的"均"与社会正义观[J].社会学研究,2014(5).

[33] 黄岩,朱杨莉.中华优秀传统文化融入高校思政课的思考[J].思想政治教育研究,2019(1).

[34] 黄韬宏.利用科学技术建设优秀传统文化传承体系[J].山西社会主义学院学报,2012(1).

[35] 纪宝成.弘扬中华优秀传统文化 建设民族共有精神家园[J].教学与研究,2008(4).

[36] 姜益琳,李鹏.中华优秀传统文化与思想政治教育亲和力的生成机理研究[J].学校党建与思想教育,2019(8).

[37] 靳浩辉.论马克思主义基本原理同中华优秀传统文化相结合的四重视阈[J].甘肃社会科学,2023(3).

[38] 孔宪峰.中华优秀传统文化的当代价值——兼论中国共产党关于传统文化的新认识[J].教学与研究,2015(1).

[39] 李艳,杨晓慧.文化自觉:高校思想政治教育的研究定位[J].思想理论教育导刊,2014(3).

[40] 李波,赵丽.现代性、传统文化与马克思主义中国化[J].前沿,2013(17).

[41] 李德顺.人类命运共同体理念的基础和意义[J].领导科学论坛,2017(22).

[42] 李国娟.中华优秀传统文化融入高校思想政治理论课教学研究[J].思想理论教育,2014(7).

[43] 李国娟.高校加强中华优秀传统文化教育的理论思考与实践逻辑[J].思想理论教育,2015(4).

[44] 李国良,周向军.中华优秀传统文化的价值及其实现——基于大学生思想政治教育视域[J].思想教育研究,2018(9).

[45] 李国泉,周向军.学习习近平总书记关于传承和弘扬中华优秀传统文化的重要论述[J].思想理论教育,2014(10).

[46] 李红兵.关于中华优秀传统文化传承研究的学术综述[J].中国矿业大学学报:社会科学版,2023(4).

[47] 李煌明.论儒家传统核心价值观体系的结构[J].云南师范大学学报:哲学社会科学版,2009(2).

[48] 李璐璐,何桂美.关于中华优秀传统文化融入高校思想政治教育的思考[J].学校党建与思想教育,2022(4).

[49] 李仁质.中华文化在台湾的传承和发展[J].中央社会主义学院学报,2013(3).

[50] 李荣启.弘扬中华传统文化与建设社会主义核心价值观[J].中国文化研究,2014(3).

[51] 李先明,成积春.中华优秀传统文化传承体系的构建:理论、实践与路径[J].南京社会科学,2016(11).

[52] 李忠军."铸魂育人"是思想政治教育本质核心内涵的探讨[J].思想理论教育导刊,2015(10).

[53] 李宗桂.试论中国优秀传统文化的内涵[J].学术研究,2013(11).

[54] 刘建军.论高校思想政治理论课教育教学的"八个统一"[J].教学与研究,2019(7).

[55] 刘建军.论思想政治教育内容的基本形态[J].思想理论教育导刊,2020(9).

[56] 刘建军,邱安琪.论新时代思想政治教育的高质量发展[J].思想理论教育,2021(4).

[57] 刘建军.论思想政治理论课教育教学的本质特征与基本要求——习近平考察中国人民大学相关重要论述的理论阐释[J].思想政治课研究,2022(3).

[58] 刘海燕.新时代高校传播中华优秀传统文化略论[J].学校党建与思想教育,2019(1).

[59] 刘水静.酝酿社会主义核心价值观要立足中华优秀传统文化[J].湖北社

会科学,2015(1).

[60] 鲁力. 新时期弘扬中国传统文化的原则与途径研究[J]. 船山学刊,2016(4).

[61] 陆卫明,曹飞燕. 中国优秀传统文化在文化强国战略中的地位[J]. 求是,2013(9).

[62] 潘懋元,张应强. 华文教育与中华优秀传统文化现代价值的彰显[J]. 高等教育研究,1998(3).

[63] 潘懋元. 中华优秀传统文化与高等教育现代化建设[J]. 东南学术,1998(3).

[64] 任志锋. 论思想政治教育理论的逻辑向度[J]. 马克思主义理论学科研究,2019(2).

[65] 佘双好. 当代社会思潮在高校生成和发展的新特点及发展趋势[J]. 学校党建与思想教育,2013(10).

[66] 佘双好. 中华优秀传统文化与思想政治理论课教学[J]. 理论与改革,2021(1).

[67] 佘双好,周伟. 党的十八大以来高校思想政治工作的主要成就、基本经验与发展趋势[J]. 思想理论教育,2022(9).

[68] 佘双好,马桂馨. 新时代高校思想政治工作的主要成就、基本经验与发展趋势[J]. 思想理论教育,2022(2).

[69] 沈壮海. 将优秀传统文化融入高校立德树人实践[J]. 思想政治工作研究,2014(4).

[70] 沈壮海. 文化自信之核是价值观自信[J]. 求是,2014(18).

[71] 沈壮海,段立国. 坚定文化自信 建设文化强国[J]. 理论导报,2020(11).

[72] 沈壮海. "中华文化时代精华论"的三维解读[J]. 马克思主义理论学科研究,2022(9).

[73] 沈壮海. 文化图强的世界图景[J]. 武汉大学学报:哲学社会科学版,2022(3).

[74] 石书臣. 中国优秀传统文化与现代德育的内在联系[J]. 思想理论教育,2012(3).

[75] 石文卓. 文化自信:基本内涵、依据来源与提升路径[J]. 思想教育研究,2017(5).

[76] 孙燕青. 从两重性共生看传统文化扬弃的三个维度[J]. 现代哲学,2013(5).

[77] 王杰. 中国传统文化的当代价值[J]. 中国党政干部论坛,2007(2).

[78] 王凤玲.大众化:优秀传统文化传承的理性选择[J].湖南社会科学,2012(4).

[79] 王继尧.优秀传统文化是社会主义核心价值观之根[J].时事报告,2014(8).

[80] 王四达."天命有德":中国古代对政治合法性的探索及其历史归宿[J].哲学研究,2012(1).

[81] 王伟光.当代中国马克思主义的最新理论成果——习近平新时代中国特色社会主义思想学习体会[J].中国社会科学,2017(12).

[82] 王泽应.论承继中华优秀传统文化与践行社会主义核心价值观[J].伦理学研究,2015(1).

[83] 王征国.论建设优秀传统文化传承体系[J].贵州师范大学学报:社会科学版,2012(2).

[84] 习近平.从延续民族文化血脉中开拓前进——在纪念孔子诞辰 2565 周年国际学术研讨会暨国际儒联第五届会员大会开幕会上的讲话[J].孔子研究,2014(5).

[85] 习近平.一个国家、一个民族不能没有灵魂[J].前线,2019(5).

[86] 习近平.坚定文化自信,建设社会主义文化强国[J].实践:思想理论版,2019(7).

[87] 习近平.把中国文明历史研究引向深入 增强历史自觉坚定文化自信[J].求知,2022(8).

[88] 肖贵清,张安.关于坚定中国特色社会主义文化自信的几个问题[J].当代世界与社会主义,2018(1).

[89] 沈江平.思想政治理论课要重视在马克思主义指导下融入中华优秀传统文化[J].思想理论教育导刊,2020(1).

[90] 徐佩瑛,王晓鸣.中华文化传承创新的路径建构[J].中央社会主义学院学报,2013(3).

[91] 徐祖胜.教学过程中"转识成智"的过程理解与策略分析[J].中国教育学刊,2014(3).

[92] 许静波,王春朝.中华优秀传统文化融入高校思想政治教育路径探析[J].学校党建与思想教育,2018(14).

[93] 许慎.中国共产党运用中华优秀传统文化凝心聚力的百年实践与经验[J].思想教育研究,2021(1).

[94] 杨宏伟.论马克思主义中国化与中国传统文化[J].社会科学家,2012(4).

[95] 杨晓慧.社会主义核心价值体系融入大学生思想政治教育全过程论析[J].东北师大学报:哲学社会科学版,2009(5).

[96] 颜晓峰,任倚步.中国式现代化视域中马克思主义基本原理同中华优秀传统文化相结合的学理探析[J].思想教育研究,2023(6).

[97] 张允熠.马克思主义中国化与中国传统文化[J].思想理论教育,2014(12).

[98] 叶小文.中国式现代化之中华优秀传统文化支撑的四维审视[J].北京社会科学,2023(6)

[90] 张弘政.马克思发展理论的社会发展合理性意蕴[J].理论与现代化,2006(1).

[100] 张红飞.深入推进马克思主义基本原理同中华优秀传统文化相结合[J].东岳论丛,2023(6).

[101] 张岂之.大学生文化素质与中国优秀传统文化[J].高等教育研究,1996(5).

[102] 张洪娟.论中华优秀传统文化与大学生思想政治教育的融合[J].学校党建与思想教育,2021(17).

[103] 张诗亚,王晓燕.弘扬中华传统文化应当关注的几个环节[J].当代教育与文化,2013(1).

[104] 张万强.论中国传统核心思维方式的分析理性之殇[J].云南社会科学,2014(6).

[105] 张卫良,龚珊.思想政治教育的中华优秀传统文化认同机制探究[J].思想理论教育导刊,2016(5).

[106] 张兆端.正确认识和科学对待中华优秀传统文化——论习近平的马克思主义传统文化观[J].东北师大学报:哲学社会科学版,2017(1).

[107] 郑秋月,郭亚苹.论中华优秀传统文化在思想政治教育中的"文化育人"及促成路径[J].学校党建与思想教育,2018(18).

[108] 中共国家文物局党组.建设传承体系 保护文化遗产[J].求是,2013(4).

[109] 查广云.中华优秀传统文化融入高职院校思想政治理论课教学的逻辑理路与实践路径[J].思想教育研究,2023(5).

[110] 左康华,朱林锋."中国优秀传统文化当代价值"的理论探讨[J].学术研究,2013(1).

（四）报纸文章

[1] 江泽民.江泽民会见高校党建和中小学德育工作会议代表时指出 加强学校党建和精神文明建设[N].人民日报,1997-06-12.

[2] 胡锦涛.在中国文联第八次全国代表大会中国作协第七次全国代表大会上的讲话[N].人民日报,2006-11-11.

[3] 胡锦涛.自觉担负起时代的重任[N].中国青年报,2008-06-12.

[4] 胡锦涛.在庆祝清华大学建校 100 周年大会上的讲话[N].人民日报,2011-04-25.

[5] 习近平.在中央党校建校 80 周年庆祝大会暨 2013 年春季学期开学典礼上的讲话[N].人民日报,2013-03-03.

[6] 习近平.在第十二届全国人民代表大会第一次会议上的讲话[N].人民日报,2013-03-18.

[7] 习近平.顺应时代前进潮流 促进世界和平发展——习近平在莫斯科国际关系学院的演讲[N].人民日报,2013-03-24.

[8] 习近平.习近平在同全国劳动模范代表座谈时的讲话[N].人民日报,2013-04-29.

[9] 习近平.习近平在同各界优秀青年代表座谈时的讲话[N].人民日报,2013-05-05.

[10] 汪力.科学继承中华传统核心价值观[N].人民日报,2013-07-18.

[11] 习近平.习近平在全国宣传思想工作会议上强调 胸怀大局把握大势着眼大事 努力把宣传思想工作做得更好[N].人民日报,2013-08-21.

[12] 习近平.弘扬人民友谊 共创美好未来——在纳扎尔巴耶夫大学的演讲[N].人民日报,2013-09-08.

[13] 习近平.习近平在会见第四届全国道德模范及提名奖获得者时强调 深入开展学习宣传道德模范活动 为实现中国梦凝聚有力道德支撑[N].人民日报,2013-09-27.

[14] 习近平.习近平在欧美同学会成立 100 周年庆祝大会上的讲话[N].人民日报,2013-10-22.

[15] 习近平.习近平在山东考察时强调 认真贯彻党的十八届三中全会精神 汇聚起全面深化改革的强大正能量[N].人民日报,2013-11-29.

[16] 习近平.习近平在中共中央政治局第十二次集体学习时强调 建设社会主

义文化强国 着力提高国家文化软实力[N].人民日报,2014-01-01.

[17] 习近平.习近平在中共中央政治局第十三次集体学习时强调 把培育和弘扬社会主义核心价值观作为凝魂聚气强基固本的基础工程[N].人民日报,2014-02-26.

[18] 习近平.习近平在联合国教科文组织总部的演讲[N].人民日报,2014-03-28.

[19] 习近平.习近平在布鲁日欧洲学院的演讲[N].人民日报,2014-04-02.

[20] 张东刚.完善青少年优秀传统文化教育[N].人民日报,2014-04-11.

[21] 习近平.青年要自觉践行社会主义核心价值观——在北京大学师生座谈会上的讲话[N].人民日报,2014-05-05.

[22] 孙守刚.弘扬优秀传统文化 振奋中华民族精神——深入学习习近平同志关于继承和弘扬中华优秀传统文化的重要论述[N].人民日报,2014-05-21.

[23] 陈来.中华传统文化与核心价值观[N].光明日报,2014-08-11.

[24] 习近平.在纪念孔子诞辰 2565 周年国际学术研讨会暨国际儒学联合会第五届会员大会开幕会上的讲话[N].人民日报,2014-09-25.

[25] 习近平.习近平在中共中央政治局第十八次集体学习时强调 牢记历史经验历史教训历史警示 为国家治理能力现代化提供有益借鉴[N].人民日报,2014-10-14.

[26] 习近平.习近平主持召开文艺工作座谈会强调 坚持以人民为中心的创作导向 创作更多无愧于时代的优秀作品[N].人民日报,2014-10-16.

[27] 习近平.在庆祝澳门回归祖国 15 周年大会暨澳门特别行政区第四届政府就职典礼上的讲话[N].人民日报,2014-12-21.

[28] 陈先达.马克思主义和中国传统文化[N].光明日报,2015-07-03.

[29] 习近平.习近平在北京市八一学校考察时强调 全面贯彻落实党的教育方针 努力把我国基础教育越办越好[N].人民日报,2016-09-10.

[30] 习近平.习近平在中国文联十大、中国作协九大开幕式上的讲话[N].人民日报,2016-12-01.

[31] 习近平.习近平在全国高校思想政治工作会议上强调 把思想政治工作贯穿教育教学全过程 开创我国高等教育事业发展新局面[N].人民日报,2016-12-09.

[32] 习近平.习近平首次点评"95 后"大学生[N].人民日报,2017-01-03.

[33] 习近平. 习近平会见清华大学经济管理学院顾问委员会海外委员和中方企业家委员[N]. 人民日报,2017-10-31.

[34] 习近平. 在纪念马克思诞辰 200 周年大会上的讲话[N]. 人民日报,2018-05-05.

[35] 习近平. 习近平主持召开学校思想政治理论课教师座谈会强调 用新时代中国特色社会主义思想铸魂育人 贯彻党的教育方针落实立德树人根本任务[N]. 人民日报,2019-03-19.

[36] 习近平. 在纪念五四运动 100 周年大会上的讲话[N]. 人民日报,2019-05-01.

[37] 习近平. 深化文明交流互鉴 共建亚洲命运共同体——在亚洲文明对话大会开幕式上的主旨演讲[N]. 人民日报,2019-05-16.

[38] 习近平. 习近平寄语新时代青年强调 坚定理想信念站稳人民立场 练就过硬本领投身强国伟业 向全国各族青年致以节日的祝贺和诚挚的问候[N]. 人民日报,2020-05-04.

[39] 段妍. 在历史前进中铸就中华文化新辉煌[N]. 光明日报,2020-11-02.

[40] 习近平. 习近平在清华大学考察时强调 坚持中国特色世界一流大学建设目标方向 为服务国家富强民族复兴人民幸福贡献力量[N]. 人民日报,2021-04-20.

[41] 习近平. 在庆祝中国共产党成立 100 周年大会上的讲话[N]. 人民日报,2021-07-02.

[42] 刘玉山. 以中华优秀传统文化滋养思政教育[N]. 中国社会科学报,2021-11-23.

[43] 习近平. 在庆祝中国共产主义青年团成立 100 周年大会上的讲话. 人民日报,2022-05-11.

[44] 魏圆圆. 中华优秀传统文化融入高校思政教育的实践[N]. 中国文化报,2022-06-17.

[45] 赵聪. 用"两个结合"提升高校育人实效[N]. 中国社会科学报,2022-07-14.

[46] 习近平. 高举中国特色社会主义伟大旗帜 为全面建设社会主义现代化国家而团结奋斗——在中国共产党第二十次全国代表大会上的报告[N]. 人民日报,2022-10-26.

［47］习近平.习近平在文化传承发展座谈会上强调 担负起新的文化使命 努力建设中华民族现代文明［N］.人民日报,2023-06-03.

［48］魏圆圆.把中华优秀传统文化融入新时代高校思想政治教育［N］.新华日报,2023-8-25.

（五）学位论文

［1］李艳.高校思想政治教育的中国文化自觉［D］.东北师范大学,2015.

［2］陈婷.论中华优秀传统文化与大学生思想政治教育的融合［D］.中北大学,2016.

［3］叶杨.中华优秀传统文化在马克思主义中国化进程中的价值研究［D］.吉林大学,2017.

［4］郑晶晶.社会主义核心价值观的中华优秀传统文化底蕴研究［D］.大连海事大学,2017.

［5］周婷婷.中华优秀传统文化融入大学生思想政治教育研究［D］.山西师范大学,2018.

［6］刘丽娜.中华优秀传统文化融入大学生思想政治教育的路径探析［D］.东北师范大学,2018.

［7］袁安妮.中华优秀传统文化融入高校德育研究［D］.西安理工大学,2019.

［8］韩典轩.习近平中华优秀传统文化观研究［D］.中共黑龙江省委党校,2019.

［9］王燕茹.中华优秀传统文化融入大学生思想政治教育的路径研究［D］.东北师范大学,2019.

［10］王春朝.中华优秀传统文化融入大学生思想政治理论课研究［D］.东北农业大学,2019.

［11］朱杨莉.新时代中华优秀传统文化融入高校思想政治理论课教学研究［D］.杭州电子科技大学,2019.

［12］丁胜.中华优秀传统文化融入大学生理想信念教育研究［D］.哈尔滨师范大学,2020.

［13］宋慧.中华优秀传统文化涵育大学生文化自信研究［D］.湖南师范大学,2020.

［14］赫宁.中华优秀传统文化融入大学生思想政治教育研究［D］.沈阳师范大学,2020.

［15］刘成喆.中国共产党传统文化观变迁研究［D］.东北师范大学,2020.

［16］王梅琳.中华优秀传统文化融入中国共产党治国理政的机制研究［D］.曲阜师范大学,2020.

［17］王静.中华优秀传统文化融入大学生思想政治教育的 SWOT 分析［D］.山西师范大学,2021.

［18］秦冰馥.中华优秀传统文化融入高校思想政治教育研究［D］.东北师范大学,2021.

［19］贾锦涛.新时代中华优秀传统文化创新性发展路径研究［D］.吉林大学,2021.

［20］刘浔.中华优秀传统文化融入大学生思想政治教育的价值及实现路径研究［D］.重庆理工大学,2021.

［21］辛双.中华优秀传统文化融入高校思想政治教育路径研究［D］.辽宁工业大学,2021.

［22］赵信彦.习近平新时代中国特色社会主义思想传承创新中华优秀传统文化研究［D］.山东大学,2022.

［23］梁志玲.新时代大学生中华优秀传统文化自信培育研究［D］.广西师范大学,2022.

（六）外文文献

［1］Guillain Charlott. Chinese Culture［M］. London：Heinemann Library,2008.

［2］Fu Chunjiang, Chay Geraldine, Han Y N. Gateway to Chinese Culture［M］. Singapore：Asiapac Books Pte Ltd,2003.

［3］Cantoni Davide, Chen Yuyu, Yang D Y, et al. Curriculumand Ideology［R］. NBER Working Paper, No 20112,2014.

［4］Barme G R. In the Red：On Contemporary Chinese Culture［M］. New York：Columbia University Press,1999.

［5］Dreier James. Contemporary Debates in Moral Theory［M］. Hoboken：Wiley-Blackwell Publisher,2006.

［6］Burton John. Conflict：Human Needs Theory［M］. New York：Macmillan Press Ltd,1990.

［7］Besio K, Tung C. Three Kingdoms and Chinese Culture［M］. Albany：State University of New York Press,2007.

［8］Gunde Richard. Culture and Customs of China［M］. London：Greenwood Publishing Group，2002.

［9］De Bary W T，Lufrano R. Sources of Chinese Tradition：From 1600 Through the Twentieth Century［M］. 2nd ed. New York：Columbia University Press，2000.

（七）网络文献

［1］中华人民共和国中央人民政府. 中共中央 国务院印发《关于加强和改进新形势下高校思想政治工作的意见》［EB/OL］. http：//www. gov. cn/xinwen/2017-02/27/content_5182502. htm.

［2］中华人民共和国教育部. 教育部关于印发《完善中华优秀传统文化教育指导纲要》的通知［EB/OL］. http：//www. moe. gov. cn/srcsite/A13/s7061/201403/t20140328_166543. html.

［3］中华人民共和国教育部. 教育部关于印发《新时代高校思想政治理论课教学工作基本要求》的通知［EB/OL］. http：//www. moe. gov. cn/srcsite/A13/moe_772/201804/t20180424_334099. html.

［4］中华人民共和国教育部. 教育部关于印发《高等学校课程思政建设指导纲要》的通知［EB/OL］. http：//www. moe. gov. cn/srcsite/A08/s7056/202006/t20200603_462437. html.

［5］中华人民共和国教育部. 中华人民共和国教育部令（第 43 号）：普通高等学校辅导员队伍建设规定［EB/OL］. http：//www. gov. cn/gongbao/content/2017/content_5244874. htm.

［6］周衍冰. 习近平总书记系列重要讲话精神解读之九：关于继承和弘扬优秀传统文化的论述［EB/OL］. http：//cpc. people. com. cn/n/2014/1027/c68742-25916328. html.

［7］习近平. 思政课是落实立德树人根本任务的关键课程［EB/OL］. http：//www. qstheory. cn/dukan/qs/2020-08/31/c_1126430247. htm.

后 记

本部著作是江苏省社会科学基金一般项目"新时代中华优秀传统文化传承创新教育路径与机制研究"(20MLB011)的结项成果。新时代中华优秀传统文化融入高校思想政治理论课,是高质量建设立德树人关键课程、疏通铸魂育人主渠道的重要方式和方法,找到中华优秀传统文化融入高校思想政治理论课的契入点,对培养堪当民族复兴大任的时代新人具有重要意义。如何挖掘好、结合好、运用好中华优秀传统文化中丰富的思想政治教育资源,将中华优秀传统文化有效融入高校思想政治理论课是当前亟待解决的一个重要问题。解决了这一问题,既可以充分发挥中华优秀传统文化的时代价值,又能够提高高校思想政治理论课的实效性。对中华优秀传统文化融入高校思想政治理论课的研究任重而道远,还需要不断深化。本书仅对融入的内涵、依据、价值、现状、目标、原则、方法、实践路径和条件保障等方面进行了探讨,对这一问题的思考还有待进一步加强和完善,希望未来在这一问题上能够探索和研究出更丰富的结论。

一路走来,我能够顺利完成这部著作,得益于家人、领导、老师、同事的关心、支持和帮助。首先要特别感恩我的父母、丈夫和儿子,家人们的全力支持是我努力前行的动力与保障。为了不影响工作与写作,我主动放弃了寒暑假及周末休息的时间,占用了很多本应陪伴家人尤其是与儿子相伴的时间,在此向他们表示深深的歉意。真诚致敬我的工作单位——南京工业职业技术大学马克思主义学院,由衷感谢关心和支持我的领导与同事。衷心感谢苏州大学徐维英研究员给予我的鼎力支持与精心指导,在我碰到困难时更是关怀备至、悉心引导;致谢我的导师钮菊生教授,对我的谆谆教诲仍铭记在心,不断鞭策与激励着我更上一层楼。

书山有路勤为径,学海无涯苦作舟。唯有用更多更好的成果与收获,才能答谢在我成长的道路上一直给予我关心、支持和帮助的所有人。

在本书的写作过程中,我参阅了相关学者的研究成果,在此向他们表示衷心感谢! 由于我的学识和水平有限,书中不免存在疏漏之处,恳请广大读者批评指正。